O português arcaico
fonologia, morfologia e sintaxe

Rosa Virgínia Mattos e Silva

O português arcaico
fonologia, morfologia e sintaxe

Copyright © 2006 Rosa Virgínia Mattos e Silva
Todos os direitos desta edição reservados à
Editora Contexto (Editora Pinsky Ltda.)

Capa e diagramação
Gustavo S. Vilas Boas

Revisão
Vera Quintanilha

Dados Internacionais de Catalogação na Publicação (CIP)
(Câmara Brasileira do Livro, SP, Brasil)

Silva, Rosa Virgínia Mattos e
O português arcaico : fonologia, morfologia e sintaxe / Rosa Virgínia Mattos e Silva. – 2. ed., 1ª reimpressão. – São Paulo : Contexto, 2023.

ISBN 978-85-7244-338-8

1. Português – Até 1500 I. Título.

06-5320   CDD-469.702

Índices para catálogo sistemático:
1. Português arcaico : Linguística   469.702

2023

Editora Contexto
Diretor editorial: *Jaime Pinsky*

Rua Dr. José Elias, 520 – Alto da Lapa
05083-030 – São Paulo – SP
PABX: (11) 3832 5838
contato@editoracontexto.com.br
www.editoracontexto.com.br

Proibida a reprodução total ou parcial.
Os infratores serão processados na forma da lei.

Sumário

Abreviaturas, convenções e alfabeto fonético 9

Explicação inicial ao leitor 13

Por que estudar hoje o português arcaico? 15

FONOLOGIA 19

    Definindo o português arcaico 21
        O português arcaico no tempo da língua portuguesa 21
        Subdividindo o português arcaico 23
        Sumarizando a questão 24
        Antigos textos referidos 26
        Pistas para o leitor iniciante 28

    Como conhecer o português arcaico 33
        Fontes primárias e secundárias 33
        Sobre a documentação remanescente: as fontes primárias 33
            O qualificador *remanescente* 33
            Uma tipologia da documentação remanescente 35
            Do escrito para o falado no período arcaico 42
        Fontes secundárias: os estudos sobre o português arcaico 43
            Tipos de estudos 43
            Para concluir 48

Rastreando o português arcaico: fonologia/fonética 49
   O sistema vocálico e as variantes fonéticas 50
      O sistema vocálico em posição acentuada 50
      As vogais em posição não acentuada 54
      Sequências vocálicas orais: ditongos e hiatos 63
      Nasalizações: vogais, hiatos, ditongos 67
   O sistema consonântico e variantes fonéticas 73
      O sistema do latim em confronto com o atual 74
      As diferenças na distribuição medial, interior da palavra 75
      As variações e o sistema no português arcaico 79
   Fechando esta parte 93

Morfologia e sintaxe 95

   Para começar 97
   O nome e o sintagma nominal: morfologia e estrutura 99
      A morfologia flexional do nome do latim
      para o português: breve memória 100
      Classes mórficas dos nomes: vogal temática 101
      O gênero dos nomes 102
      O número dos nomes 105
      Determinantes dos nomes 106
      Quantificadores 112
      Qualificadores 115
   O verbo e o sintagma verbal: morfologia e estrutura 117
      O verbo do latim para o português: breve memória 118
      Verbos de padrão geral ou regulares 121
      Verbos de padrão especial 128
      Sequências verbais 139
      Qualificadores e quantificadores do verbo 144
   A frase 147
      O predicado 148
      O sujeito 159

A concordância verbo-nominal 161
Complementos e adjuntos preposicionais 162
Pronominais 168
Conexão de frases 175
A ordem dos constituintes na frase 188
Para encerrar este livro 197

REFERÊNCIAS BIBLIOGRÁFICAS 199

AGRADECIMENTOS 205

Abreviaturas, convenções e alfabeto fonético

SN	:	sintagma nominal
SV	:	sintagma verbal
SA	:	sintagma adjetival
SPREP	:	sintagma preposicional
N	:	nome
V	:	verbo
ADJ	:	adjetivo
ADV	:	advérbio
PREP	:	preposição
v, AUX	:	verbo auxiliar
DET	:	determinante
Qt	:	quantificador
Ql	:	qualificador
SUB	:	subordinante
SNsuj	:	sintagma nominal sujeito
S^{v}pred	:	sintagma verbal predicado
OD	:	objeto direto
OI	:	objeto indireto
OBL	:	objeto oblíquo
COMPL	:	complemento
ADJT	:	adjunto
VT	:	vogal temática
MMT	:	morfema modo-temporal
MNP	:	morfema número-pessoal
pres.	:	presente
pret.	:	pretérito
fut.	:	futuro
imp.	:	imperativo
IdPr	:	indicativo presente
IdPt1	:	pretérito imperfeito
IdPt2	:	pretérito perfeito
IdPt3	:	pretérito mais-que-perfeito

IdFt1   : futuro do presente
IdFt2   : futuro do pretérito
SbPr   : subjuntivo presente
SbPt   : imperfeito do subjuntivo
SbFt   : futuro do subjuntivo
PP   : particípio passado
GER   : gerúndio
INF   : infinitivo
INFfl   : infinitivo flexionado
C, I, II, III : 1ª, 2ª, 3ª conjugações
P1 a 6   : 1ª a 6ª pessoas
E, T, N   : espacial, temporal, nocional
E, R   : emissor, receptor
< >   : representação de grafemas
/ /   : representação de fonemas
[ ]   : representação de realizações fonéticas
x > y   : x origina y
x < y   : y origina x
x ~ y   : x varia com y
x : y   : x se opõe a y
x → y   : y reescreve x
↔   : equivalência
∈   : pertence a
∅   ; zero ou nulo
*x   : hipotético
v̆   : vogal breve do latim
v̄   : vogal longa do latim
ṽ   : vogal nasal
v̥   : realização fraca de vogal
/+vel/   : traço fônico velar
/+pal/   : traço fônico palatal

Semivogais

[y] : semivogal alta anterior
[w] : semivogal alta posterior

Vogais

[a] : baixa central aberta
[ɑ̀] : baixa central fechada
[e] : média anterior fechada
[ɛ] : média anterior aberta

[i] : alta anterior
[u] : alta posterior
[o] : média posterior fechada
[ɔ] : média posterior aberta
[i̯] : média anterior fechada, tendendo para a alta anterior
[u̯] : média posterior fechada, tendendo para a alta posterior

Consoantes

[p] : oclusiva bilabial surda
[b] : oclusiva bilabial sonora
[t] : oclusiva dental surda
[d] : oclusiva dental sonora
[k] : oclusiva velar surda
[g] : oclusiva velar sonora
[ts] : africada alveolar surda
[dz] : africada alveolar sonora
[tʃ] : africada palatal surda
[dʒ] : africada palatal sonora
[f] : fricativa labiodental surda
[v] : fricativa labiodental sonora
[β] : fricativa bilabial sonora
[s] : fricativa alveolar surda
[z] : fricativa alveolar sonora
[s̺] : fricativa apicoalveolar surda
[z̺] : fricativa apicoalveolar sonora
[s̻] : fricativa predorsodental surda
[z̻] : fricativa predorsodental sonora
[θ] : fricativa interdental surda
[ʃ] : fricativa palatal surda
[ʒ] : fricativa palatal sonora
[m] : nasal bilabial
[n] : nasal alveolar
[ɲ] : nasal palatal
[l] : lateral alveolar
[ʎ] : lateral palatal
[ɾ] : vibrante alveolar simples
[r̃] : vibrante alveolar múltipla
[x] : fricativa velar
[h] : aspirada

Explicação inicial ao leitor

A junção de *O português arcaico: fonologia*, publicado em 1991, e de *O português arcaico: morfologia e sintaxe*, de 1993, por convite de Jaime Pinsky, merece uma explicação, ainda que breve, ao leitor.

Esses dois livros foram escritos para a coleção *Repensando a língua portuguesa*, coordenada por Ataliba de Castilho, que em carta-circular solicitava aos colegas que transformassem em livro pesquisas que estivessem realizando e especificava, na referida carta-circular, que os livros teriam como público-alvo os estudantes do curso de Letras e professores desses cursos e do ensino médio.

Passada mais de uma década da publicação dos dois volumes, muito se pesquisou sobre o período arcaico da língua portuguesa, devido, sobretudo, ao conhecido retorno aos estudos histórico-diacrônicos, no caso, da língua portuguesa, tanto pela via da sociolinguística laboviana como da teoria gerativa e, mais recentemente, dos funcionalismos, sobretudo no que se refere aos processos de gramaticalização, e ainda pelo retorno à Filologia, com novas edições de outros textos do período arcaico.

Atendi ao convite de Jaime Pinsky porque considero ainda válidos os dois livros acima referidos, veja-se, por exemplo, as reimpressões, sobretudo, do primeiro.

Revistos os dois livros, senti que devia, pelo menos, informar o leitor sobre alguns pontos que considerei significativos:

- Sobre o item *Subdividindo o português arcaico*, no quadro que sumariza a questão, escrevi um artigo – *Para uma caracterização do período arcaico do português*, em que apresentei um novo quadro, em que reuni propostas de periodização para o período arcaico de doze especialistas, filólogos e/ou linguistas;
- A questão referente aos limites inicial e final foi reaberta, nos fins da década de 1990, quando Ana Maria Martins encontrou nos IAN-TT, documentos não literários, que fazem recuar para o ano de 1175 o mais antigo texto em português – *Notícia de fiadores*. É uma questão em debate. Centra-se tal debate no seguinte: será esse documento (e outros semelhantes) escrito em português, em *scripta conservadora* ou será ainda um texto em latinorromance? Isso no que se refere ao limite inicial. Quanto ao limite final, pesquisas de membros do *Programa para a história da língua portuguesa* (PROHPOR), grupo de pesquisa que coordeno, vêm verificando que características do português arcaico se prolongam até meados do século XVI, quando, por exemplo, o verbo *ser* perde o traço semântico de transitoriedade, próprio ao português arcaico, e também quando o verbo *haver* perde o traço semântico de posse, característico do período referido.
- No item *Uma tipologia da documentação remanescente*, quando trato da *Documentação poética*, não só o *Pergaminho Vinidel* descoberto no século XX, que contém o Livro de Cantigas do trovador Martin Codax, mas também outro Livro de Cantigas foi descoberto, nos IAN-TT, nos inícios dos anos 90 e ficou denominado de *Pergaminho Scharrer*, que contém sete *Cantigas de amor* de D. Dinis, embora em estado fragmentário. Ainda nos IAN-TT, Arthur Askins encontrou um manuscrito com uma quarta versão dos *Diálogos de São Gregório*. Certamente muito escondem os arquivos portugueses. Com pesquisas em curso e futuras novas surpresas serão reveladas ao público interessado pelo período arcaico ou medieval do português.

Almejo que esta nova publicação tenha o feliz destino que tiveram, a meu ver, os dois pequenos livros de cor cinza da coleção *Repensando a Língua Portuguesa*.

A autora

Por que estudar hoje o português arcaico?

Começamos por uma pergunta porque ela costuma ser feita quando se sabe que um dos nossos principais interesses de pesquisa sobre a língua portuguesa se centra nesse período de sua história.

Para alguns, talvez muitos, o interesse por um momento tão recuado na história do português, mais recuado ainda para nós, falantes do português brasileiro, o estudo desse tempo não passa de especulação, "curtição" erudita, naquela compreensão de que o não imediatamente aplicável não faz sentido, é quase uma inutilidade. É claro que é essa uma concepção banal, mas existente...

Sem dúvida, trabalhar sobre períodos recuados na história de qualquer língua exige, pelo menos, certa "erudição", no sentido de que, diferentemente do trabalho sobre qualquer língua na sincronia contemporânea ao pesquisador, se faz necessário que, para além do conhecimento de teorias e métodos da Linguística, esteja ele informado sobre vários aspectos da contextualização histórica em que funcionava a língua no momento estudado.

Ele não pode deixar de conhecer, por exemplo, aspectos da sociedade em que a língua era utilizada como instrumento cotidiano de comunicação. Não pode ignorar também o passado desse período pretérito, já que o que era antes e o que veio depois são balizamentos para apreender-se aquele momento que se quer estudar.

Chega-se assim, no caso do português, a ter-se a necessidade, muitas vezes, de ir buscar no latim dados que, para um estudo do português de nossa contemporaneidade, já não se fazem necessários. Não se pode deixar de conhecer também como se processava a transferência daquela língua, que era falada, para a matéria escrita, cuja documentação será a base empírica para observar o que seria a língua em uso. Daí requerer-se, necessariamente, uma certa preparação filológica que informará ao pesquisador sobre mecanismos das escritas medievais e da transmissão dos manuscritos já que ainda não existia o texto impresso.

Por tudo isso, pelo menos, é um trabalho que exige alguma informação, se não formação, que se pode considerar hoje erudita, no sentido, portanto, de tratarem-se de saberes que não são mais passíveis de serem difundidos para todos, porque, para além de razões sociopolíticas, outros centros de interesse têm dominado entre os pesquisadores de línguas, os linguistas, também porque outros objetivos perseguem hoje o ensino das línguas e da língua portuguesa entre elas, em que os problemas da história presente são muito mais urgentes de serem equacionados e explicados do que os da história pregressa. E não havia de ser diferente, senão seríamos fortes candidatos à alienação da realidade em que vivemos.

Contudo, para lá desse trabalho que se pode considerar hoje erudito – estudar o português arcaico pelo português arcaico – há "motivações externas" ao mero interesse científico e cultural próprio ao pesquisador (que nunca deverá ser minimizado, ao contrário!) para voltar-se hoje e aqui ao primeiro período documentado da história do português.

Vejamos, entretanto, como exemplo, algumas das "motivações externas" a que nos referimos:

No plano da Linguística teórica de hoje, os dados do passado das línguas podem fornecer argumentos para teorias que têm como objetivo explicações dos mecanismos cognitivos e psicológicos que estão na base de qualquer língua histórica. Para outras teorias linguísticas contemporâneas, tal como os dados empíricos das línguas em uso no presente, abrem portas para a compreensão de aspectos de períodos passados, os dados empíricos de períodos passados fornecem elementos para a explicitação de fenômenos em uso no presente. Referimo-nos, nos dois casos, respectivamente, às teorias gerativas e às teorias sociolinguísticas contemporâneas.

Ultrapassando o plano teórico geral para a compreensão das línguas e da história das línguas e considerando, agora, a relação entre o período arcaico do português e o português contemporâneo, destacamos duas motivações que podem mover o pesquisador na direção do conhecimento do período arcaico.

Poderíamos dizer, parafraseando, que nada, ou quase nada, nas línguas se perde, tudo se transforma e é observando o passado que se podem recuperar surpresas que o presente, com frequência, nos faz. Para algumas perplexidades que a variação sincrônica levanta, um rápido olhar para a história passada esclarece.

Exemplos de todos conhecidos: por que *irmãos,* mas *corações, cães,* se no singular temos *irmão, coração, cão?* Por que *fazer/feito, ver/visto, escrever/escrito,* se o geral é verbo de infinito *-er* ter particípio em *-ido?* Variações do presente, heranças do passado. Queremos com isso dizer que o passado se esgueira pelo presente e pode clareá-lo, mesmo que se tenha, teoricamente, em muitos casos, como explicar (ou descrever?) o presente sem viagens pelo passado. Sem dúvida, para quem hoje usa e tem a oportunidade de refletir sobre a língua que usa, alguma informação histórica passada é um instrumento útil para abrir caminhos para o conhecimento de sua língua.

Outro aspecto de que estamos pouco conscientes e que é fortemente motivador para o estudo do português arcaico é o fato de que àquela altura da história do português ainda não se explicitara a norma, os padrões do uso prestigiado, estabelecidos pelos gramáticos. O português arcaico escrito, representação do falado, move-se independente dos gramáticos e do ensino do português padrão nas escolas, já que por toda a Idade Média europeia é o latim a língua da escola, para os raros escolarizados. Tanto gramáticas do português como "português língua de escola" só entram na cena da nossa história no século XVI. Quais as consequências desses fatos históricos para quem descobre interesse pelo português naquele período?

Caracteriza a documentação escrita dessa época a variação. Não apenas variação na grafia – as primeiras propostas de ortografia para o português se iniciam nos meados do século XVI – mas também a variação na morfologia e na sintaxe. Pela variação gráfica se podem depreender indícios de realizações fônicas conviventes e pela variação morfológica e sintática podem ser percebidas possibilidades estruturais, então em uso, que são indicadores para mudanças que depois vieram a ocorrer e que, a partir da normatização gramatical, a documentação escrita exclui, já que serão sempre algumas das variantes as selecionadas para o uso escrito normativizado das línguas. Com isso queremos pôr em destaque o fato de que o texto escrito do período arcaico se aproxima, em geral, mais da fala do que os textos escritos posteriores à normativização gramatical.

Assim, a documentação remanescente do período arcaico é importante subsídio para o conhecimento da língua em uso de então, apesar das restrições necessariamente impostas na transferência do oral para o escrito.

Além disso, essa variação documentada fornece dados significativos para o processo histórico de mudança da língua e para melhor apreensão e compreensão de variantes que persistiram para além do período arcaico e até hoje permanecem em variantes, sobretudo, mas não apenas, regionais do português.

O português arcaico: fonologia, primeira parte deste livro, depois de introduções que julgamos esclarecedoras para os iniciantes sobre os limites do português arcaico e sobre características da documentação remanescente e como trabalhar com elas, procuraremos rastrear as estruturas características do português arcaico, marcando, sempre que possível, a variação interna refletida na documentação.

Nas rotas de *O português arcaico: fonologia, morfologia e sintaxe* sinalizarão nossos caminhos – tanto na organização dos dados como nas interpretações – o que têm legado, e pode ser aplicado à história do português, a dialectologia histórica, a análise estrutural, também as teorias sociolinguísticas e ainda a Filologia. Sem esta, é impossível desvendar os meandros que um período passado, representado pela escrita, nos apresenta. Seguiremos assim um percurso de *Linguística Histórica* histórica e não a-histórica, formal, que também é possível de ser percorrido, como têm feito estruturalistas e gerativistas diacrônicos.

Fonologia

Definindo o português arcaico

O português arcaico no tempo da língua portuguesa

Denominamos aqui *português arcaico* o período histórico da língua portuguesa que se situa entre os séculos XIII e XV. A simplicidade dessa afirmativa recobre alguma discussão que merece ser apresentada, mesmo de uma forma que esteja longe de esgotar a questão. Aliás, qualquer tentativa de periodização histórica, como qualquer classificatória ou taxionomia é arbitrária e está necessariamente condicionada pelos princípios que estão na base da classificação. A delimitação do português arcaico, no fluxo da história da língua portuguesa, não poderá fugir a essa fatalidade.

Os historiadores e filólogos que a esse período do português se têm dedicado são unânimes em situar seu início nos princípios do século XIII, porque para isso têm uma razão explícita: é nesse momento que a língua portuguesa aparece documentada pela escrita.

O tempo que o precede é denominado ou de período *pré-literário*, de uma maneira geral; ou é subdividido em *pré-histórico,* quando na documentação remanescente em latim ainda não se podem detectar traços da futura variante românica que se esboçava no noroeste da Península Ibérica; e em *proto-histórico,* em geral situado a partir do século IX, quando já esses traços podem ser detectados por especialistas em documentos escritos no tradicionalmente chamado *latim bárbaro,* isto é, latim notarial ou tabeliônico, veiculado na área românica antes das línguas românicas se tornarem línguas oficiais.

Marcam o nascimento do português arcaico, ou seja, o início da história escrita da língua portuguesa *o Testamento de Afonso II,* datado, indiscutivelmente, de 1214, e a *Notícia do Torto,* que hoje se considera que foi escrita entre 1214-1216 (Costa, 1979).

Admite-se também que as mais antigas cantigas de amigo e de amor do *Cancioneiro Medieval Português* se situam, na sua origem, nos inícios do século XIII, já que tanto a *Cantiga da Ribeirinha,* de amigo, e a *Cantiga da Garvaia,* de amor, têm como inspiradora Maria Pais Ribeiro, a Ribeirinha, personagem documentada na História como amante do rei D. Sancho I, que deteve a coroa portuguesa entre 1185 e 1212. Recentemente, Giuseppe Tavani propõe que se recue para 1196 a data do mais antigo texto poético – uma cantiga de escárnio de Joam Soares de Paiva, identificada por seu primeiro verso: *Ora faz ost'o senhor de Navarra.* Para Tavani (1988:41), os fatos narrados no poema se situam naquela data e o *ora (= agora)* que inicia o poema é indício de sua contemporaneidade em relação aos eventos históricos referidos.

Não se pode deixar de estar ciente de que, enquanto *o Testamento de Afonso II e a Notícia do Torto* são documentos escritos na segunda década do século XIII, as versões escritas das referidas cantigas persistem nos *Cancioneiros* hoje conhecidos, que são cópias tardias: o da *Ajuda,* dos fins do século XIII; e, do começo do século XVI, os cancioneiros da *Biblioteca Nacional de Lisboa* e o da *Vaticana,* embora descendentes de uma compilação de meados do século XIV. Entre os fins dos séculos XII e XIII, as cantigas circulavam na tradição oral e, pode-se admitir, em folhas escritas soltas com poemas de um poeta ou mesmo em "livros" de poemas com o conjunto da sua produção.

Se o início do português arcaico pode ser marcado pelos fatos descritos, o limite final desse período é uma questão em aberto, embora se costume considerar o século XVI como o ponto de partida de um novo período na história da língua. Um limite final para a fase arcaica da língua, com base em fatos linguísticos, está à espera de que se estabeleça uma cronologia relativa para o desaparecimento de características linguísticas que configuram o português antigo em oposição ao moderno.

Enquanto essa cronologia não estiver feita – e certamente indicará não um ponto no tempo mas uma fase de transição delimitável no tempo – são acontecimentos extralinguísticos que são tomados como balizas para marcar o fim do período arcaico, tais como: o surgimento do livro impresso, em substituição aos manuscritos medievais, nos fins do século XV, e suas consequências culturais; o incremento da expansão imperialista portuguesa no mundo, que se refletiu na sociedade portuguesa europeia pelo contato com novas culturas e novas línguas, provocando, certamente, reflexos na língua portuguesa no seu processo de variação e mudança; o delineamento de uma normativização gramatical, a partir de 1536, com a gramática de Fernão de Oliveira, e de 1540, com a gramática de João de Barros, aparelho pedagógico que, juntamente com as cartilhas, que se multiplicaram daí por diante, darão conformação explícita a um futuro "dialeto" que se tornará a base para o ensino. Desde então será o português a língua da escola ao lado do latim, língua exclusiva da escola em toda a Idade Média românica.

Os acontecimentos históricos enumerados são de fato extralinguísticos, mas, na história de qualquer língua, os fatores extralinguísticos, tanto culturais como sociais, são condições que podem favorecer os processos de mudanças nas línguas. Os três acontecimentos mencionados inter-relacionados e outros que possam ser destacados favoreceram, muito provavelmente, mudanças linguísticas que vieram a eliminar as características que em geral se apresentam para a fase arcaica do português.

Falta ainda, contudo, uma investigação sistemática da documentação remanescente do português arcaico, em confronto com o do século XVI, para que, com maior rigor e precisão, nos permita dizer não apenas que o período arcaico termina nos fins do século XV ou na primeira metade do século XVI.

Subdividindo o português arcaico

Também se discute, e é uma questão já antiga, a subperiodização do português arcaico.

Leite de Vasconcelos limitava-se no início do século xx a designar esse período pela expressão única de *português arcaico*. Já Carolina Michaëlis de Vasconcelos, com base na produção literária medieval portuguesa, subdivide esses três séculos: *o período trovadoresco* até 1350 e o período do *português comum* ou da *prosa histórica*. Essa posição foi aceita por Serafim da Silva Neto na sua *História da Língua Portuguesa*. L. F. Lindley Cintra opõe ao *português antigo*, do século XIII às primeiras décadas do XV, *o português médio*, daí até as primeiras décadas do século XVI. Outros estudiosos do português, como Pilar Vasquez Cuesta, fazem a mesma delimitação temporal, mas adotam a designação de *galego-português* e de *português pré-clássico*.

Com a dicotomia galego-português/português se faz necessário ressaltar uma face do problema que é de caráter não apenas diacrônico, mas também diatópico. Esse enfoque para a questão da subperiodização não é apenas baseado na produção literária, como são, explicitamente, o de Carolina M. de Vasconcelos e Serafim da Silva Neto, mas tem a ver com a possível diferenciação dialetal da língua falada a que se poderia opor uma primeira fase do período pré-moderno, em que haveria uma unidade galego-portuguesa, refletida na documentação escrita, e uma segunda fase em que se poderia definir a distinção entre o diassistema do galego e o do português. Fatores históricos direcionaram a diferenciação entre o galego e o português que, na sua origem, constituíam uma mesma área linguística em oposição a outras áreas ibero-românicas.

A questão da unidade galego-portuguesa em uma primeira fase do período arcaico já é de há muito defendida pelos estudiosos da lírica medieval do ocidente ibérico e tem seu limite final estabelecido em 1350. Tanto que *lírica galego-portuguesa* é uma designação geralmente aceita, embora alguns especialistas tenham observado que essa designação caberia com maior precisão à lírica própria de poetas de variados locais da península, enquanto a lírica religiosa de Afonso X – as *Cantigas de Santa Maria* – teria características diferenciadoras, que seriam mais próprias ao galego antigo que ao português. Parece-nos que esse é um ponto a ser ainda sistematicamente pesquisado: o confronto entre o conjunto de cantigas do cancioneiro mariano e o do cancioneiro profano.

Clarinda Maia (1986), a partir de um *corpus* de 168 documentos não literários escritos entre os séculos XIII e XVI (1255 a 1516), demonstra o processo de diferenciação histórica entre o galego e o português, ao examinar documentos de além e aquém rio Minho (fronteira antiga entre a Galiza e Portugal). Verifica que, ao longo do eixo temporal examinado, os fatos fonéticos e morfológicos estudados demonstram a diferenciação entre as variantes do noroeste hispânico, isto é, o galego e o português da área entre o Minho e o Douro, o chamado português setentrional, na dialectologia portuguesa contemporânea. Este trabalho confirma as proposições que defendem uma fase comum galego-portuguesa e uma subsequente, em que as duas áreas se definem. A própria autora deixa claro que, para confirmar o que demonstrou a documentação estudada, se faz necessário estudo análogo sobre documentos do mesmo tipo escritos na área centro-meridional portuguesa.

Essa última área tem história pretérita diferente, já que aí se desenvolveram os chamados *dialetos moçárabes* – dialetos românicos falados pelos cristãos que ficaram sob o domínio árabe, desde o século VIII e durante o processo de Reconquista (séculos XI ao XIII no ocidente peninsular). Com a Reconquista se encontram na parte centro-meridional o chamado galego-português do norte e a variante românica que se usava no centro-sul português.

Não se deve, portanto, desligar a periodização temporal da realidade linguística diferenciada no espaço. Com base nisso, parece procedente uma subperiodização do português arcaico, em que se considere uma primeira fase galego-portuguesa e outra que se definirá como portuguesa, sobretudo a partir da centralização política no eixo Coimbra-Lisboa. Definidos os limites do novo reino português, sela-se um destino histórico diferenciado para o português e o galego. Esse fato culmina com a decisão de D. Dinis, que falece em 1325, de legalizar o português como língua oficial de Portugal.

Sumarizando a questão

O quadro seguinte (Castro, org., 1988:12) sumariza diferentes propostas de periodização para a história da língua portuguesa:

Época	Leite de Vasconcelos	Silva Neto	Pilar V. Cuesta	Lindley Cintra
até séc. IX (882)	pré-histórico	pré-histórico	pré-literário	pré-literário
até ± 1200 (1214-1216)	proto-histórico	proto-histórico		
até 1385/1420	português arcaico	trovadoresco	galego-português	português antigo
até 1536/1550		português comum	português pré-clássico	português médio
até séc. XVIII	português moderno	português moderno	português clássico	português clássico
até séc. XIX/XX		moderno	português moderno	português moderno

Enquanto maior número de estudos sistemáticos da documentação remanescente escrita em português entre os séculos XIII e princípios do XVI não esteja feito com o objetivo de estabelecer os limites do período arcaico em relação ao moderno e, no interior do arcaico, as subdivisões necessárias, se pode aceitar que uma designação abrangente, como *português arcaico* (batismo do mestre Leite de Vasconcelos) recubra o período que vai do primeiro documento escrito – *o Testamento de Afonso II* – até, por exemplo, 1536/1540, datas das primeiras reflexões sistemáticas e com intenção normativizadora, sobretudo a primeira, sobre a língua portuguesa: a *Gramática da linguagem portuguesa*, de Ferrão de Oliveira, e a *Gramática da língua portuguesa*, de João de Barros.

Não deixemos de ter claro, entretanto, que as taxionomias já propostas ou se baseiam em fatos históricos extralinguísticos, decorrentes da história externa de Portugal ou da história da literatura ou de informações sobre a dialetação diatópica diacrônica que favorece a hipótese de uma primeira fase galego-portuguesa, seguida de outra em que o galego e o português já se apresentam como diassistemas distinguíveis, tendo os meados do século XIV como divisor de águas.

Para tornar precisa essa subdivisão, o estudo da documentação não literária escrita do Douro para o sul entre o século XIII e o XVI é essencial. A poesia trovadoresca, que finaliza em meados do século XIV, mostra certa unidade que levou a denominá-la de língua galego-portuguesa. No entanto, certamente isso tem a ver com o "dialeto literário" próprio a esse tipo de produção poética. Os estudos existentes em prosa classificada como literária permitem reconhecer diferenças, a partir da metade do século XIV, entre textos escritos considerados galegos e textos escritos portugueses.

Os fatos já conhecidos permitem considerar que se defina como provável limite inicial da segunda fase do período arcaico a segunda metade de trezentos. Observe-se, contudo, no quadro transcrito, que os especialistas que subdividem o período arcaico propõem como limite da primeira fase datas posteriores, entre 1385 e 1420.

Portanto, a nosso ver, para que se chegue a determinar com rigor o limite último do período arcaico e suas possíveis subdivisões, faz-se necessário ainda que se tome ou retome a documentação remanescente com o objetivo de nela buscar as respostas a tais questões.

Antigos textos referidos

A. Cantiga de Escárnio datável de 1196 (proposta de Giuseppe Tavani) de autoria de Joam Soares de Paiva (ou Pávia):

CBN, 1330; CV. 937

    Ora faz ost'o senhor de Navarra,
    pois en Proenç' est'
    el-Rei d'Aragon;
    non lh'an medo de
    pico nem de marra
    Tarraçona, pero
    vezinhos son;
5 nen an medo de lhis poer boçon
    e riir-s'an muit'Endurra e Darra;
    mais, se Deus traj' o
    senhor de Monçon,
    ben mi cuid'eu que a
    cunca lhis varra.
    Se lh'o bon Rei varrê-la escudela
10 que de Pamplona
    oístes nomear,
    mal ficará
    aquest'outr' en Todela,
    que al non á /a/
    que olhos alçar;
    ca verrá i o bon
    Rei sejornar

    e destruir atá
    burgo d'Estela:
15 e veredes Navarros lazerar
    e o senhor que os todos caudela.
    Quand'el-Rei sal
    de Todela, **estrẽa**
    ele sa ost' e todo
    seu poder;
    ben sofren i de trabalh' e de **pẽa**,
20 ca van a furt'e tornan-
    s' en correr;
    guarda-s' el-Rei, come
    de bon saber,
    que o non filhe luz en terra **alhẽa**,
    e onde sal, i s' 'ar
    tom' a jazer
    ao jantar ou se non aa **cẽa**.

(leitura crítica de Manuel Rodrigues Lapa, *Cantigas d'escárnio e de maldizer dos cancioneiros medievais galego-portugueses*. Vigo, Galaxia, 1965. p. 366-367).

B. Cantiga de amigo (*A Cantiga da Ribeirinha*) proposta como sendo de autoria do rei D. Sancho I (falecido em 1212, nascido em 1154 e rei a partir de 1185):

CBN 456
>
> Ai eu, coitada, como vivo em gram cuidado
> por meu amigo que ei alongado!
> Muito me tarda
> o meu amigo na Guarda!
> 5 Ai eu, coitada, como vivo em gram desejo
> por meu amigo que tarda e non vejo!
> Muito me tarda
> o meu amigo na Guarda!

(leitura crítica de J. Leite de Vasconcelos, *Textos Arcaicos,* 3ª ed., 1923, p. 17. Reproduzida em Elsa Gonçalves e Maria Ana Ramos, *A lírica galego-portuguesa*. Lisboa, Editorial Comunicação, 1983. p. 129).

C. Cantiga de amor *(A Cantiga da Garvaia)* de Pai (ou Paio) Soares de Taveirós, contemporâneo de D. Sancho I. Inspiradora: D. Maria Paes Ribeiro, a Ribeirinha, filha de Paai Moniz e amante do rei Sancho I:

A 38
>
> No mundo non me sei parelha
> mentre me for como me vai,
> ca ja moiro por vós e ai!
> mia senhor branca e vermelha,
> 5 queredes que vos retraia
> quando vos eu vi em saia.
> Mao dia me levantei
> que vos entom nom vi fea!
> E, mia senhor, des aquelha
> 10 me foi a mi mui mal di'ai!
> E vós, filha de dom Paai
> Moniz, e bem vos semelha
> d'aver eu por vós guarvaia,
> pois eu, mia senhor, d'alfaia
> 15 nunca de vós ouve nem ei
> valia d'ũa correa.

(leitura crítica de Valeria Bertolucci Pizzorusso, *Le Poesie de Martin Soares,* Bologna, 1963. p. 59-60. Reproduzida em E. Gonçalves e M. A. Ramos, A *lírica galego-portuguesa*. Lisboa, Editorial Comunicação, 1983. p. 134-135).

D. Início do primeiro documento não literário escrito em galego-português: o testamento de D. Afonso II, datado de 1214 (original atualmente no ANTT):

En'o nome de Deus, Eu rei don Afonso pela gracia de Deus rei de Portugal, seendo sano e saluo, temẽte o dia de mia morte, a saude de mia alma e aproe de mia molier raina dona Orraca e de me(us) filios e de me(us) uassalos e de todo meu reino fiz mia mãda p(er)
5 q(ue) depos mia morte mia molier e me(us) filios e meu reino e me(us) uassalos e todas aq(ue)las cousas q(ue) De(us) mi deu en poder sten en paz e en folgãcia. Primeiram(en)te mãdo q(ue) meu filio infante don Sancho q(ue) ei da raina dona Orraca agia meu reino enteg(ra)m(en)te e en paz. E ssi este for morto sen semmel, o maior filio q(ue)
10 ouuer da raina dona Orraca agia o reino entegram(en)te e en paz. E ssi filio barõ nõ ouuermos, a maior filia que ouuermos agia'o. ...

(leitura paleográfica-interpretativa de Avelino de Jesus da Costa, *Os mais antigos documentos escritos em português. Revisão de um problema histórico-linguístico.* Coimbra, 1979 (Separata da *Revista Portuguesa de História.* T. XVIII, p. 312).

Pistas para o leitor iniciante

Antes de cada uma das três cantigas está a indicação do Cancioneiro (CBN, CV, CA) em que se encontra e seu número respectivo. No texto D, apresentamos o início do *Testamento de Afonso II*, na leitura baseada no manuscrito do Arquivo Nacional da Torre do Tombo (ANTT). Ao fim dos textos estão as indicações bibliográficas referentes às edições utilizadas.

Provavelmente para o leitor iniciante o texto que oferecerá mais dificuldade será o A, a cantiga de escárnio de Joam Soares de Paiva (ou Pavha). Sem as interpretações dos dados históricos e geográficos e do glossário de M. Rodrigues Lapa dificilmente um leitor, mesmo especialista, decodificaria essa sátira política "de caráter rigorosamente histórico, referente à luta que se travou, depois da derrota de Alarcos (1195), entre o rei D. Sancho de Navarra, por um lado, e os reis D. Afonso IX de Castela e D. Pedro II de Aragão, por outro. O rei navarro devastava as terras de Castela e ainda as de Aragão, aproveitando-se da ausência do seu rei na Provença" (LAPA 1965:366, nota 240).

Com essa chave, abrimos várias portas da cantiga.

O poeta está contra o rei de Navarra e é a ele que dirige seu escárnio.

O recurso aos topônimos da região aragonesa e da região navarra é outra dificuldade para quem não conhece a geografia ibérica, mas R. Lapa, nas suas notas, esclarece alguns deles. *Tarraçona* (1.4), *Endurra e Darra* (1.6) são terras do rei aragonês e *Monçon* (1.7) também. Já *Todela* (ls. 11 e 13) pertence ao rei navarro. A depressão geográfica de Pamplona, terra navarra, é metaforicamente designada por *cunca* (1.8) e por *escudela* (1.9), por associação a seu formato côncavo. *Burgo de Estela* (1. 14) é cidade navarra, afastada dos limites com Aragão.

Dadas essas pistas históricas e geográficas, consideremos o valor semântico de alguns itens nominais e verbais: *pico e marra* (1.3) são armas da guerra medieval; a primeira, um tipo de lança; a outra, instrumento para quebrar pedras. *Boçon* (1.5), segundo Lapa, é "engenho para derrubar muros, aríete". *Sejornar* (1.13), verbo de origem provençal, 'repousar'. *Lazerar* (1.15), 'sofrer'; *caudelar* (1.16), 'comandar', associem *a caudatários, caudilho*, que têm a mesma base lexical; *estrear* (1.17), 'mostrar', 'apresentar pela primeira vez', lembrem-se de *estreia Filhar* (1.22), verbo de acepções múltiplas no período arcaico, aqui no sentido de 'alcançar'.

A interpretação de Lapa para os versos *20-25* facilita a sua compreensão: "A hoste do rei de Navarra só se aventurava, fora do Castelo de Tudela, em pequenas sortidas nocturnas, que lhe davam incómodo, pois o rei ordenara que, ao romper do dia, estivessem já em terras de Navarra". Nos dois últimos versos a conclusão depreciativa para o rei de Navarra: "e donde sai, volta outra vez para lá a horas do jantar ou, o mais tarde, à ceia" (Lapa 1965:367).

A cantiga traz uma rica amostra de características gramaticais do português arcaico: os alomorfes do artigo: *el* antes de *rei, la* assimilado ao *-r* do verbo anterior (1.9); a variante de *este, aqueste* (1.11); a variante de posição átona do possessivo: *sa* (1.18); o indefinido *al* (1.12), sua variante *ar* (1.23), 'outra vez', 'outra coisa'; os advérbios: *ora* (1.1); *i,* 'aí' (1s. 13, 19, *23);* as conjunções: *pero* (1.4), 'porém'; *ca* (1.13) *'pois'; onde* (1.23) 'donde' ('onde' era então *hu, u);* preposição *atá* (1.14), variante de *até, atēē, atēēs,* no período arcaico.

Da morfologia verbal própria à primeira fase do português arcaico: *poer (*1.5), depois *pôr; verrá* (1.13), depois *virá; veredes* (1.15), depois *vereis.*

Com essas pistas, almejamos que o leitor iniciante não se perca por complicados desvios...

O texto B, a leve e bela cantiguinha de amigo que se propõe – não sem discussão, é claro – que D. Sancho I tenha feito cantar sua amada e amante Dona Maria Paes Ribeiro, a Ribeirinha, não oferece dificuldades aos leitores de hoje. Talvez apenas à 1.2 – *que ei alongado* 'que tenho longe' (?) – levante a pergunta: *alongado ou alonjado?* O < g > podia nessa época representar a palatal /ʒ/, então *alongado* se derivaria de *lonje;* mas *longo,* daí *alongado,* com <g > representando a velar /g/, podia significar tanto *extenso* como *longínquo (cf.* a grande especialista da lírica e do português medieval C. Michaëlis de Vasconcelos (1922: *s.v. longo)). Coitada* (1. 1,5), derivado de *coita,* sofrimento de natureza amorosa, afetiva. *Guarda* (1.8), cidade portuguesa, onde estaria nas lides da guerra o rei-poeta D. Sancho I.

O C, conhecido na tradição dos estudos medievais portugueses como *a Cantiga da Garvaia* é, dos textos poéticos do *Cancioneiro Medieval Português,* talvez aquele que mais fez correr tinta. E continuará a correr, pois o seu mistério ficará por desvelar-se completamente. Supõe-se que lhe falte uma estrofe final que talvez desse a chave aos seus exegetas. Propõe-se que "a senhor branca e vermelha" (1.4) – 'de pele branca e rosada' (?) seja a mesma Dona Maria Paes Ribeiro, já que se sabe por dados históricos que Paai Moniz (1.11) é o pai da amante assumida do rei Dom Sancho. Discute-se se é esta uma cantiga de amor, se de maldizer. Se de um tipo, se de outro, as interpretações serão diferentes. Fica muito por saber, desde a interpretação clássica de C. Michaëlis, dada no começo do século, reavaliada por R. Lapa (1965:144-161) à recente de Francisco Rico, de 1973, que transcrevo de E. Gonçalves e M. A. Ramos (1983:135-136): "O poeta morre de desejo (mais do que de amor cortês), desde que viu *em saia* a 'filha de dom Paai Moniz'; esta quer que ele louve sua formosura, descrevendo-a não *em saia* como a viu, mas adornada com um manto luxuoso [a garvaia], artifício a que o trovador não está disposto, visto nunca ter recebido da dona 'valia d'ũa correa'."

Do ponto de vista estritamente linguístico a cantiga levantou, pelo menos, dois problemas semânticos: que significará *retraia* (1. 5), que será *garvaia* (1. 13)? Parece que ninguém mais discute que *garvaia* seja uma palavra de origem germânica e que se refira a algo de grande valia, supondo-se, no caso, que seja 'um manto digno de rei'. Será esse manto real com que a dama quer ser retratada (?), descrita (?), pintada (?), cantada (?), lembrada (?) ('retraer' poderá ser tudo isso e mais ...) pelo poeta que em "mui mal dia" (1. 10) se levantou e a viu *em saia,* isto é, *em cós* (expressão também da lírica medieval), que quer dizer 'em trajes não públicos'. Sem dúvida, muito deveria sofrer o *coitado* trovador para *retraer* com *garvaia* quem ele desejava *em saia,* ou menos!

Voltando às pistas linguísticas: *senhor* (1. 49), sem a flexão redundante do feminino, ausente dos nomes de lexemas terminados em *-r, -l* no período arcaico; *aquelha* (1. 9), variante pouco frequente, mas documentada em alguns textos, do demonstrativo *aquela; mia* (1.4,9), possessivo feminino, antes da inserção da nasal palatal, 'minha'; *mentre* (1. 2), conjunção temporal, 'enquanto', que deixou de ser usada, mas que ficou firme em outras variantes hispanorromânicas; *des* (1. 9), preposição à qual ainda não se associava *o de,* 'desde'. Na morfologia verbal: *moiro*, 1ª pessoa do presente do indicativo antes de regularizar-se pelo infinitivo 'morrer'; *queredes,* depois *quereis,* pela síncope do *d* e outras regras fonológicas subsequentes. Note-se também o verbo *aver,* com valor possessivo latino, perdido para *ter,* ao longo do período arcaico: *aver garvaia* (1. 13), *aver valia* (1. 15-16).

O texto D é documento jurídico, portanto de natureza formular, de que apresentamos apenas o início. Já desde o começo do século xx foi criteriosamente publicado e minuciosamente comentado por José Leite de Vasconcelos (1959:63-93) e, recentemente, por A. de J. da Costa (1979:307-321), que compara a versão do ANTT à descoberta nos arquivos da Sé de Toledo na década de 1970. Aqui vão apenas algumas observações.

Talvez dificulte a compreensão do iniciante: *a prol de* (1. 3) 'em prol de'; *manda* (1. 4) 'mandado', aqui 'testamento'; *entegramente* (1. 8), 'integramente', 'inteiramente'; *semmel* (1.9); por metonímia 'descendência'. Note-se aqui também o verbo *aver* em estrutura de posse: *filho que ei* (1. 8), *agia meu reino* (1. 8), *o maior filho que ouver* (1. 10); *agia o reino* (1. 10), *se filio baron non ouvermos* (1. 11). O verbo *ser*, com atributo de valor semântico transitório: eu... *seendo sano e salvo* (1. 1), a par de *estar – aquelas cousas sten en paz e en folgãcia* (1. 6), que substituirá *ser* nesse tipo de estrutura. *Sten* se apresenta na forma do subjuntivo etimológico de *estar*, depois substituído por *esteja*, analógico *a seja*.

Para o texto D, diferentemente dos anteriores, utilizamos uma edição diplomático-interpretativa que deixa entrever com mais precisão características da grafia e da escrita medieval, do que ficam despojadas as edições críticas.

O leitor não iniciado estranhará o uso de parênteses ao longo do texto: indicam eles que os segmentos dentro dos parênteses são desenvolvimentos das abreviaturas, de uso muito frequente nas escritas medievais, de responsabilidade do editor.

Características da grafia de então estão representadas sem interferência do editor. Observem-se: *gracia* (1. 1), *folgãcia* (1. 7), o < ci > representa a africada sibilante surda do período arcaico /ts/, ainda não representada por < ç >; *molier* (1.3), *filios* (1. 4), *filio* (1. 7), *filia* (1. 11), o < li > representa a palatal /ʎ/ que só será representada pelo dígrafo < lh > posteriormente; *agia* (1. 10), a africada palatal sonora, talvez já fricativa, está representada por < gi > e não por < i, j ou g > como posteriormente ocorrerá; as vogais nasais estão grafadas com til sobreposto ou seguidas de < n > : vejam-se, por exemplo, *teñete* (1. 2), *mãda* (1. 4), *folgãcia* (1. 7), *barõ* (1. 11), *nõ* (1. 11), mas *seendo* (1. 2), *sten* (1. 6), *infante* (1. 7); o dígrafo < nh > ainda não era utilizado para representar a nasal palatal, tal como o < lh > só se difunde esse uso gráfico mais tarde: *raina* (1. 10); o ditongo nasal final não está representado por < ão >: *sano* (1. 2), mas se sabe que nessa época já teria ocorrido a queda da nasal intervocálica no galego-português que permitiu a ditongação; observe-se ainda o uso de < u > para representar a fricativa labiodental sonora /v/: *saluo* (1. 2), *uassalo* (1. 4), *ouuer* (1. 10), *ouuermos* (1. 11), é essa uma tradição gráfica herdada do latim e que se manterá em uso ao longo do período arcaico. Note-se ainda, para concluir, a ausência do < h >, em todas as formas do verbo *aver*.

Trataremos das relações entre realizações fonéticas e representações gráficas, com detalhes, ao longo do capítulo "Rastreando o português arcaico" deste livro.

Nos textos A, B e C ocorrem também grafias distintas das atuais; com menos frequência, contudo, porque são leituras próprias às edições críticas, que eliminam grafias arcaicas que se julgam que não desfiguram as realidades fônicas de então.

As diferenças e as variações gráficas entre as formas de grafar na documentação arcaica e na contemporânea são, em primeiro momento de leitura, uma barreira que favorece a ideia de dificuldade de compreensão dos textos do período arcaico pelo leitor de hoje.

Como conhecer o português arcaico

Fontes primárias e secundárias

Esboçaremos neste capítulo como podemos chegar ao português arcaico. Podemos conhecê-lo, diretamente, pela leitura da documentação escrita remanescente, quer pelos próprios manuscritos existentes, quer pela intermediação de edições de vários tipos: são fontes que chamamos de primárias. Também podemos chegar a ele pelos estudos existentes fundados nessa documentação: são fontes secundárias, necessárias, mas que não substituem a leitura dos textos. Avaliaremos, de uma maneira sumária, esses dois tipos de testemunho.

Sobre a documentação remanescente: as fontes primárias

O qualificador *remanescente*

Remanescente significa aqui os fragmentos que os percalços da história, do tempo que passa, legaram aos nossos dias. A documentação escrita em português arcaico só pode ser avaliada na sua totalidade aproximada por hipóteses que se coloquem a partir do que permaneceu e de informações indiretas que o historiador pesquise.

Assim, o conhecimento de qualquer estágio passado de qualquer língua – se ela é documentada por algum tipo de *escrita* ou de *inscrição* – *é* sempre fragmentado, porque fragmentário é o espólio de que dispõe o pesquisador. O investigador dessa fase da história da língua não constituirá seu *corpus,* de acordo com os objetivos de sua pesquisa, mas terá de condicionar a seleção de seus dados à documentação remanescente. A partir desse condicionamento inicial é que recortará os dados que julgue necessários e suficientes para responder a suas questões.

Daí Labov (1982:20) ter definido muito adequadamente os estudos diacrônicos ao longo dos séculos – em oposição aos estudos de mudanças linguísticas em curso – como "a arte de fazer o melhor uso de maus dados". Maus dados porque "os fragmentos da documentação escrita que permanecem são o resultado de acidentes históricos para além do controle do investigador".

Um exemplo significativo dessa situação pode ser o já mencionado anteriormente quando nos referimos ao *Cancioneiro Medieval Português* profano: a reconstrução conjectural, com base na metodologia filológica, de Giuseppe Tavani (1988:55 a 121), a respeito das relações históricas entre os três *Cancioneiros* remanescentes leva ao seguinte *stemma codicum* em que, em letras do alfabeto grego, estão indicados prováveis documentos dessa tradição poética que desapareceram e em letras do alfabeto latino os cancioneiros remanescentes:

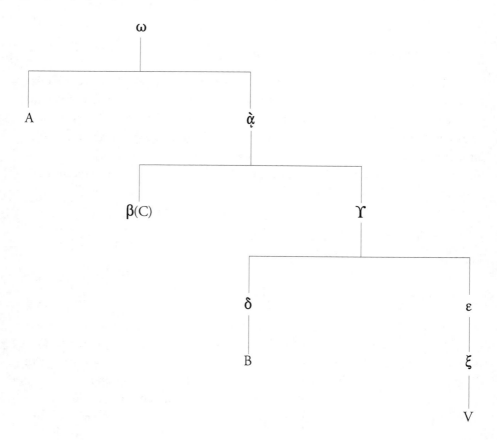

Ao A do *stemma* corresponde o Cancioneiro da Biblioteca da Ajuda ou da Ajuda, dos fins do século XIII; ao B corresponde o Cancioneiro da Biblioteca Nacional de Lisboa, antigo Colocci-Brancuti; ao V, o Cancioneiro da Biblioteca Vaticana ou da Vaticana. Os dois últimos dos começos do século XVI, descendentes de α̃, que deverá ter sido *o Livro de Cantigas do Conde de Barcelos,* compilado, possivelmente, entre 1340 e 1350, séc. XIV, portanto.

A análise filológica desenvolvida por Tavani leva a que se possa afirmar que além desses três cancioneiros remanescentes (A, B e C), deve ter havido os outros indicados no *stemma*. Vale dizer que os três cancioneiros não apresentam o mesmo rol de cantigas, pelo contrário. Embora haja cantigas comuns aos três, há outras que só aparecem em um dos três ou em dois. Outras ainda sabe-se que não chegaram até nós. É suporte para tal afirmativa a chamada "tavoa collociana": um índice, elaborado no século XVI por Angelo Collocci, de um cancioneiro perdido. No *stemma* está representado por β (C). *Nessa* "tavoa" (= tábua) estão arroladas cantigas intituladas e numeradas de 1 a 1675. Acrescente-se que o cancioneiro mais completo dos remanescentes é o B, o da Biblioteca Nacional de Lisboa, e a última cantiga tem o número 1664, havendo, no entanto, muitas lacunas textuais ao longo do códice.

Uma tipologia da documentação remanescente

Pode-se organizar essa documentação em três grandes grupos que, a nosso ver, se complementam para um conhecimento o mais abrangente possível dessa etapa histórica da língua portuguesa:

- a documentação poética, ou seja, a chamada "lírica galego-portuguesa" ou "cancioneiro medieval português";
- a documentação em prosa não literária, ou seja, a documentação de natureza jurídica;
- a documentação em prosa literária (*literário* aqui em sentido amplo, por oposição aos textos jurídicos), quer em textos originalmente escritos em português quer em textos traduzidos do latim e de outras línguas.

A documentação poética

É constituída do *Cancioneiro profano* que engloba, segundo Tavani (1988:21), para mais de 1679 poemas e se caracteriza, fundamentalmente, pelas cantigas de amigo, de amor, de escárnio e maldizer.

As últimas são poemas satíricos de finíssima crítica, sem censuras verbais ou socioculturais a indivíduos ou a acontecimentos. Constituem um conjunto de 428 textos, segundo a edição monumental – publicada em 1965 e já revista em 1970 – realizada por Manuel Rodrigues Lapa.

As cantigas de amigo e as de amor compõem a outra parte do cancioneiro profano e se distinguem, basicamente, porque nas primeiras o poeta fala pela amada/ inspiradora, enquanto nas outras assume a sua própria voz de apaixonado, ou de *coitado,* isto é, *o que sofre por amor.*

Para o seu estudo, com o objetivo de conhecer o português arcaico, tem-se que estar ciente, pelo menos de que:

- a lírica do *Cancioneiro* profano se situa entre os fins do século XII e os meados do século XIV, 1196-1350: são os limites propostos por Tavani; cobre, portanto, um século e meio de produção poética;
- os códices remanescentes se situam, o mais antigo, *o Cancioneiro da Ajuda,* nos fins do século XIII e os outros dois, *o da Biblioteca Nacional de Lisboa* e o *da Vaticana* são dos inícios do século XVI, embora tenham como antecedente, muito provavelmente, *o Livro de Cantigas* do Conde d. Pedro, de Barcelos, dos meados do séc. XIV (entre 1340-1350). O arquétipo dos três terá sido uma compilação realizada no *scriptorium* – centro ou oficina de produção do livro na Idade Média – de Afonso X, rei de Leão e Castela, falecido em 1284;
- assim sendo, os dados linguísticos fornecidos por esse tipo de documentação podem ser considerados como um representante da manifestação da variante literária poética da primeira fase do português arcaico. Não se pode perder de vista, contudo, que os códices do século XVI foram copiados na Itália e têm de ser avaliados, considerando as possíveis modificações linguísticas introduzidas ao longo do tempo, o que os distingue em relação ao códice ducentista do *Cancioneiro da Ajuda.*

Desses três cancioneiros dispõe-se da edição crítica de Carolina Michaëlis de Vasconcelos sobre *o Cancioneiro da Ajuda,* publicada em 1904, em Halle, na Alemanha, e ainda não substituída e recentes edições fac-similadas do *Cancioneiro da Vaticana* (Lisboa, Centro de Estudos Filológicos, 1973) e do *Cancioneiro da Biblioteca Nacional* (Lisboa, IN-CM, 1982). De todos há outras edições (cf. Tavani 1988:56-60). Ao longo deste século e sobretudo nesses últimos anos têm sido publicadas numerosas edições críticas de poetas individuais do *Cancioneiro Medieval Português.*

Além dos três grandes *Cancioneiros,* acrescentamos *o Pergaminho Vindel,* hoje na Pierpoint Morgan Library de Nova York. Descoberto neste século, mas realizado nos fins do século XIII ou princípios do século XIV, traz sete poemas de Martim Codax, cuja melhor edição crítica é a do mestre Celso Ferreira da Cunha (Rio, 1956). Documento de extrema significação porque é o único testemunho efetivo da existência de manuscritos com a produção de poetas individuais.

Complementa a lírica profana o cancioneiro religioso, ou mariano, com 427 *Cantigas de Santa Maria,* ou em louvor a Santa Maria. Persiste esse cancioneiro em quatro manuscritos do século XIII, contemporâneos a seu autor ou responsável pela compilação, Afonso X de Leão e Castela. Dispõe-se da edição crítica em quatro volumes realizados por W. Mettmann, publicada pela Universidade de Coimbra, entre 1959 e 1964 e o glossário de 1972.

Os quatro códices do Cancioneiro Mariano e o da Ajuda foram realizados no mesmo *scriptorium*, isto é, o de Afonso X.

Pode-se afirmar de uma maneira genérica que a documentação do Cancioneiro profano e a do mariano manifestam o galego-português literário da primeira fase do português arcaico. É essa uma afirmação genérica porque ainda não se fez um estudo mais abrangente, embora muito valioso, que o de R. Rübecamp ("A linguagem das cantigas de Santa Maria". Lisboa, *Boletim de Filologia*, *I* e *II*, 1932-1934. Separata de 96 págs.). Esse autor, a partir de um confronto, entre as *C.S.M.* e os cancioneiros profanos, além de considerar documentos galegos do século XIII, afirma que as *C.S.M.* divergem das outras pela presença de algumas características galegas, ao mesmo tempo em que divergem dos documentos galegos analisados. Recentemente, como já mencionamos, tem se voltado a discutir a unidade/diversidade do galego-português no período de que nos ocupamos.

A documentação linguística fornecida pelo conjunto da lírica medieval galego-portuguesa é riquíssima: seus dados são essenciais para o conhecimento do léxico da época. O fato de serem poemas de estrutura formal em versos rimados os torna fundamentais, no que concerne a estudos de história da língua, para o conhecimento de fatos fonéticos desse período, como sejam, por exemplo, questões referentes aos encontros entre vogais (hiatos/ditongos), ao timbre vocálico (abertura/fechamento), vogais e ditongos nasais/orais. A morfologia tanto a nominal como a verbal também tem nessa documentação uma fonte fundamental. A questão da sintaxe aí representada deve ser considerada, tendo sempre presente que o caráter excepcional e variável é essencial na construção poética.

Com os dados de que se dispõe hoje e que foram aqui indicados se pode dizer que o conjunto da lírica medieval portuguesa constitui um *corpus* hoje, de certa forma, fechado, nada impedindo, muito pelo contrário, que outros documentos remanescentes venham a ser encontrados. Basta relembrar a descoberta do Pergaminho Vindel e as indicações históricas de terem existido outros "Livros de Cantigas" em bibliotecas medievais; além disso, o fato de a reconstrução de G. Tavani levar à confirmação de terem existido códices intermediários entre o arquétipo e os cancioneiros remanescentes.

A documentação em prosa não literária

Como já dito anteriormente, o documento mais antigo em português, com data indiscutível, é de 1214 e contém o testamento do terceiro rei de Portugal, Afonso II. Está explícito, ao fim do documento, que dele foram feitas 13 cópias, com o mesmo teor, e a quem se destinam. Delas subsistem duas, uma que pertenceu ao arcebispado de Braga e está no Arquivo Nacional da Torre do Tombo (ANTT) em Lisboa e outra, destinada ao arcebispado de Toledo, hoje no Arquivo da Catedral de Toledo, que só foi encontrada no final do século XX.

Em rigoroso estudo – "Os mais antigos documentos escritos em português. Revisão de um problema histórico-linguístico" *(Revista Portuguesa de História,* XVII, 1979, pp. 263-310) –, o padre Avelino de Jesus da Costa não só publica as duas cópias remanescentes do *Testamento de Afonso II,* mas põe em questão a datação dos documentos não literários até então considerados os mais antigos escritos em português. Demonstra que aqueles antes considerados os mais antigos – *o Auto de Partilhas e o Testamento de Elvira Sanches* não são, respectivamente, de 1192 e 1193, mas ambos dos fins do século XIII, sendo sim, os seus originais em latim, dos fins do século XII. Também demonstra que *a Notícia do Torto,* que se datava de 1211, deve ser situada entre 1214-1216.

Neste ponto se encontra o estado da questão, ou seja, a da localização no tempo, dos documentos jurídicos mais antigos escritos não mais em latim, como era a tradição, mas na língua que pelo menos desde o século IX já seria a variante românica corrente no noroeste peninsular.

Esses documentos, todavia, aparecem como extemporâneos ou temporãos porque só a partir de 1255 é que voltam a aparecer documentos jurídicos escritos não mais em latim, e daí para adiante se multiplicam, até que no reinado de D. Dinis (1279-1325) a língua portuguesa se torna a língua oficial de Portugal e substitui o latim na documentação jurídica.

Embora seja esse o estado atual da questão, não é essa uma questão difícil de se reabrir porque ainda não está concluída uma investigação que tenha esgotado a documentação jurídica remanescente nos arquivos portugueses e em arquivos estrangeiros que guardem documentação de Portugal, tarefa onerosa, mas que não é impossível de ser feita.

L. F. Lindley Cintra no seu estudo pioneiro – "Les anciens textes portugais non-littéraires. Classement et bibliographie" *(Revue de linguistique romane.* Paris, 27, 1963. pp. 40-58) – classifica os textos não literários do período arcaico nos seguintes tipos: a. "chartes" (documentação notarial) reais; b. "chartes" privadas; c. foros e forais (ou foros breves); d. leis gerais.

Os *documentos notariais,* quer do cartório real, quer de cartórios particulares, tratam de doações, testamentos, compras, vendas, inventários etc. Os *foros,* também chamados *costumes,* reúnem o direito consuetudinário dos diversos concelhos (= divisão administrativa de então) que constituíam o reino; tratam, portanto, das imunidades e dos encargos de uma comunidade. Os *forais* são leis locais breves, outorgadas por um senhor – rei, bispo, abade ou um grande senhor – e neles se estabelecem as normas que disciplinam as relações entre os habitantes e a entidade outorgante. As *leis gerais* partem do rei para todo o reino.

Para o conhecimento do português arcaico tal documentação é fundamental. Começam esses textos a aparecer com muita frequência a partir dos meados do século XIII. São significativos e informativos para a história da língua porque trazem a data em que foram exarados, além de serem localizados ou de poderem ser localizados com certa precisão. Esse segundo dado é importante para uma aproximação ao conhecimento da provável variação dialetal existente no período arcaico.

É Lindley Cintra que inicia com metodologia segura o estudo desse tipo de documentação, nos fins da década de 1950. Demonstra, por exemplo, a variação dialetal galego-português antigo/leonês antigo na sua erudita tese de dialectologia histórica hispânica no século XIII, intitulada A *linguagem dos foros de Castelo Rodrigo* (Lisboa, C.E.F., 1959) e é também dele a primeira demonstração sistemática da utilização do estudo de grafias de documentos seriados, datados, para a depreensão de fatos fonéticos, refletidos na escrita, de possíveis dialetos regionais no período arcaico (cf. "Observations sur e'orthographe et la langue de quelques textes galiciens-portugais de la seconde moitié du XIIIe siècle". *Revue de linguistique romane*. Paris, 27, 1963. pp. 59-77). Caminho esse brilhantemente seguido por Clarinda Maia, a que antes já nos referimos (cf. "Subdividindo o português arcaico").

Os estudiosos da documentação medieval não literária têm afirmado que tais textos informam sobre a grafia e sua relação com as realizações fônicas, também sobre a morfologia, além do léxico que é rico e complementar, no que se refere às áreas semânticas que abrange, ao dos textos literários, poéticos e em prosa. Afirmam também que não são valiosos para o conhecimento da sintaxe, devido à estrutura formular restrita, às vezes alatinada, natural a esse tipo de texto que segue modelos da tradição jurídica latina. Todavia, acreditamos que uma observação sistemática dessa documentação, tanto a dos foros como a dos documentos notariais, ainda por ser feita, no nível da sintaxe, poderá matizar esse ponto de vista.

A documentação em prosa literária

A problemática que envolve a documentação em prosa literária nesse período é mais diversificada. Pretendendo não simplificar o problema estaremos aqui muito longe de esgotá-lo. Levaremos em consideração na caracterização desse tipo de fonte primária para o conhecimento do português: a. a localização no período arcaico da produção em prosa literária; b. o fato de serem textos originalmente escritos em português ou textos traduzidos de outras línguas; c. a natureza do texto, isto é, que tipo de narrativa encerram; d. a questão da tradição textual que envolve esse tipo de documentação remanescente.

Esses aspectos do problema não serão, todavia, abordados separadamente. Uma observação para a qual chamamos a atenção é a de que o designado aqui como *prosa literária* se define, basicamente, por oposição, não só à produção poética, mas também ao que antes caracterizamos como *prosa não literária*.

Lemos em histórias da literatura portuguesa que a prosa é mais tardia que a poesia em língua portuguesa.

De fato, a documentação escrita da produção poética que chegou até nós é dos fins do século XIII. Mas essa produção pode remontar a um século antes, veiculada oralmente, com certeza, e, por via escrita, provavelmente, antes dos fins do século XIII.

Observa-se, como vimos também, em galego-português documentação não literária desde antes de meados daquele século. Some-se a esses dados o fato de as compilações do fim do século XIII permitirem a suposição da existência de textos poéticos escritos anteriormente.

No que concerne à prosa literária, costuma-se afirmar que ela começa a se desenvolver nos meados do século XIV, quando se apaga da documentação remanescente a produção poética. Essa complementaridade cronológica é simplificadora. Tanto no que se refere à poesia (não há de fato documentação remanescente entre meados do século XIV até a segunda metade do século XV; mas daí afirmar-se, como ocorre, que houve um século sem poesia, é difícil de aceitar!) como no que se refere à prosa nesse período.

Alguns especialistas, como Carolina Michaëlis de Vasconcelos e depois Rodrigues Lapa, defenderam com brilho que o *Ciclo do Graal* ou *Matéria da Bretanha*, narrativas em torno do tema da busca do cálice sagrado da última ceia, já existia em português (galego-português?) no século XIII, traduzido do francês. Veja-se também a introdução de Ivo de Castro à recente edição da *Demanda do Santo Graal* (PIEL e NUNES, Lisboa, IN-CM, 1988). Entretanto, o manuscrito que persistiu é do século XV, mas provadamente cópia de manuscrito mais antigo. Sabe-se, também, por referências históricas, que existiu no medievo português um livro do *Merlin*, o mago da saga do Graal. Além disso, recentemente, foi descoberto um fragmento de manuscrito do *Merlin*. *O José de Arimateia*, primeira das narrativas do ciclo, persiste em cópia, dos começos do século XVI, de texto provavelmente do século XIV.

A historiografia, por sua vez, um tipo de narrativa que marca toda a Idade Média hispânica, apresenta-se com tradições textuais ricas, quanto ao número de códices, ao contrário da maioria dos textos literários em prosa de que, regra geral, rémanesce *o codex unicus*, mas, em geral, nunca anteriores ao século XV os remanescentes.

No *scriptorium* de Afonso X, em Toledo, na segunda metade do século XIII, se desenvolveu uma rica escola historiográfica, ampla e profundamente estudada pela filologia hispânica. É, justamente, com D. Dinis, poeta e neto de Afonso X, rei entre 1279 e 1325, que se situam as mais antigas informações sobre as origens da historiografia medieval em português: é ele que manda traduzir *a Crônica do Mouro Rasis*, texto nunca encontrado, mas utilizado em crônicas posteriores; é seu filho Pedro, conde de Barcelos, que morre em 1354, a quem já nos referimos ao tratar da produção poética, que manda compilar em português *a Crônica Geral de Espanha*, conhecida, entre as crônicas gerais da Espanha medieval, como a de 1344; é também o conde de Barcelos o responsável pelo *Livro de Linhagens* mais desenvolvido, *o IV Livro de Linhagens ou Nobiliário do Conde d. Pedro*, que precede no tempo a crônica de 1344. Nesse livro de linhagens já há narrativas lendárias, originalmente escritas em português, certamente veiculadas na tradição oral, e não apenas informações históricas.

Esses fatos se situam, portanto, entre os fins do século XIII e os meados do século XIV. Então, conclui-se, já existiam narrativas em português, ou traduzidas de outras línguas, pelo menos meio século antes da segunda metade do século XIV. Vale não esquecer, contudo, que os manuscritos remanescentes, os mais antigos, são posteriores, sobretudo do século XV, mas com indicadores seguros de que são cópias de outros mais antigos.

Tudo indica também que a narrativa da Batalha do Salado, ocorrida em 1340, foi escrita por alguém que a viveu e é considerada por Antônio José Saraiva como um digno antecessor da prosa de Fernão Lopes, unanimemente considerado o iniciador da prosa elaborada, literária propriamente dita, em português.

Também se afirma que as traduções de hagiografias e outros tipos de textos que transmitiam a tradição religiosa e ética cristãs, típica literatura medieval, só começam a ser produzidas da segunda metade do século XIV em diante. Sabe-se que no *scriptorium* de Afonso X muitos desses textos foram traduzidos. Vimos que a tradição escrita do cancioneiro galego-português se originou também ali. A historiografia hispânica ali se constituiu e o mesmo tipo de tradição veio para Portugal com o filho e o neto do rei de Leão e Castela. Não é de se descartar que também já nos fins do século XIII e começos do XIV se tenham iniciado as traduções do latim de literatura de tradição cristã, não só em mosteiros mas também em outros centros de cópia.

Nosso estudo sobre as versões portuguesas remanescentes dos *Diálogos de São Gregário,* uma datada de 1416, outra situável por dados externos, entre os fins do século XIV e o começo do XV e a mais antiga, muito provavelmente anterior às últimas décadas do século XIV, leva a supor outras cópias anteriores à versão que situamos como anterior às duas últimas décadas do século XIV.

Dados como os apresentados permitem afirmar que já se escrevia em prosa, não apenas a documentação jurídica, pelo menos na passagem do século XIII para o XIV ou, quem sabe, mesmo antes.

Com isso procuramos mostrar que não se pode aceitar, sem avaliar com rigor, que só pelos meados do século XIV surge a prosa literária, em vernáculo, no ocidente da Península. É certo, contudo, que são raros os manuscritos dos tipos de narrativas referidas que sejam do século XIV e que esse tipo de documentação se multiplica a partir dos começos do século XV.

É na corte dos príncipes da dinastia de Avis que se criará um ambiente cultural favorável ao desenvolvimento literário. E aí que a prosa terá prioridade e não mais a poesia, como ocorreu com D. Dinis, com seu pai Afonso III, o Bolonhês, e seu filho bastardo, o conde de Barcelos. Basta lembrar as figuras de Fernão Lopes, o cronista-mor do reino, que escreveu suas crônicas entre 1418 e 1454; de D. Duarte, o rei filósofo; e de D. Pedro, Duque de Coimbra, que como seu pai, D. João I, escreveram obras em prosa, originalmente escritas em português: como *o Livro da Montaria* de D. João I, o *Leal Conselheiro e o Livro da Ensinança de Bem Cavalgar* de D. Duarte, ou traduzidas do latim como *o Livro dos Ofícios e a Virtuosa Benfeitoria* de D. Pedro, duque de Coimbra.

A par dessa corte favorecedora à cultura, desenvolvia-se, contemporaneamente, sob a proteção real, o mosteiro beneditino de Alcobaça que, pelos meados do século XV, reunia a maior biblioteca ou "livraria" da Idade Média portuguesa.

No decorrer do século XV se multiplicam traduções para o português. Não só da literatura religiosa de tradição cristã, mas também de autores clássicos, como é o caso da *Vida e feitos de Júlio César,* traduzida do francês. Na historiografia, seguem-se a Fernão Lopes, ainda no século XV, Gomes Eanes de Azurara e Rui de Pina.

Para o conhecimento da língua na sua fase arcaica é fundamental a produção em prosa literária. A documentação poética e a não literária se complementam para o conhecimento do léxico do português arcaico. A prosa literária documenta abundantemente a morfologia nominal e verbal, as estruturas morfossintáticas dos sintagmas nominal e verbal. Sobretudo é importante para o estudo das possibilidades sintáticas da língua, porque não sofre as limitações, já ressaltadas, da documentação poética e jurídica.

Para os estudos fonéticos oferece restrições decorrentes de não se poder sistematizar com o mesmo rigor, relativamente possível para a documentação seriada não literária, as relações entre som e letra, e por não oferecer os recursos formais da poesia.

O fato de essa documentação não ser, em muitos casos, localizada, impede também que por ela se possa chegar a dados sobre a variação dialetal de então, quando é possível uma aproximação pela documentação jurídica.

Quanto à cronologia dos fenômenos linguísticos, embora não seja possível uma seriação estreita, como o é, para a documentação não literária, toda ela datada, é possível, contudo, a partir de um *corpus* criteriosamente selecionado – se não datado, pelo menos situável em um determinado momento desse período – estabelecer um estudo diacrônico no âmbito do período arcaico com base nesses textos em prosa literária.

Sem dúvida, é nesse tipo de texto que se podem entrever, com mais amplitude, os recursos sintáticos e estilísticos disponíveis para o funcionamento efetivo da língua nesse período, já por serem textos extensos, já pela variedade da temática.

Do escrito para o falado no período arcaico

Discute-se muito sobre a relação entre os dados que a documentação medieval fornece e a língua então falada. Isto é, discute-se se é possível chegar, através da documentação escrita ao português corrente. Há até quem defenda que sobre a documentação arcaica só se possam construir gramáticas de textos, nunca uma gramática de um estado de língua passado.

É complexa a relação entre a representação escrita de uma língua ou de um estado de língua e a realidade oral a ela subjacente. Não entraremos aqui nessa discussão, ultrapassaria nossos limites.

Consideraremos, contudo, que, sendo a documentação escrita que permanece, e sendo essa uma representação convencional da fala, desta teremos nos documentos um reflexo que permite tirar conclusões até certo ponto seguras, no nível fônico-mórfico, já que, não havendo então uma normatização ortográfica, a análise da variação da escrita oferece indícios para alguma percepção da voz. Do mesmo modo, se o que está escrito procura espelhar a voz e esta nos falta, pelo escrito se pode depreender, embora não integralmente, a língua no seu uso primeiro, em qualquer dos níveis em que se pode estruturá-la: fônico, mórfico, sintático, discursivo. Também a ausência de um controle gramatical normativo faz com que no texto medieval a variação seja constante, fato que também é indicador de usos da fala.

Faltará sempre *o falante nativo* para dirimir dúvidas quanto à possibilidade de estruturas não documentadas; para esclarecer quanto à gramaticalidade/ agramaticalidade de umas e quanto à aceitabilidade/inaceitabilidade de outras.

Por causa disso, consideramos que para o conhecimento o mais abrangente desse período da língua se faz necessária uma análise detalhada e o mais completa possível dos três tipos de documentação remanescente a que nos referimos.

Se pelas teorias da Linguística Histórica e com suporte de teorias linguísticas em geral se pode chegar à caracterização esquemática de um momento na história passada de uma língua, são os dados empíricos, fornecidos pela documentação remanescente, que confirmarão ou não as teorias e que permitem rastrear e em parte reconstruir o seu uso vivo.

Assim, para chegar-se às possibilidades gramaticais do português arcaico as teorias e os dados deverão estar interligados.

Fontes secundárias: os estudos sobre o português arcaico

Nos estudos de períodos passados de línguas já documentadas pela escrita, é fundamental a existência de reflexões de gramáticos ou de outros tipos de textos em que transpareçam comentários sobre os usos linguísticos do período que se estuda.

No caso do português arcaico, não se dispõe desse tipo de bibliografia. As primeiras obras que refletem essa preocupação aparecem e se multiplicam para a língua portuguesa de 1536 em diante, em pleno século XVI, portanto. Aliás não é essa uma especificidade da língua portuguesa, mas das línguas românicas em geral já que, nessas áreas, a língua de cultura até iniciado o Renascimento era o latim e também era a língua da escola. Só nos fins da Idade Média, mas sobretudo do século XVI em diante é que começam a ter significado cultural e político maior as línguas nacionais românicas. A partir dessa nova ideologia linguística surgem as gramáticas das "línguas vulgares", isto é, das línguas românicas.

Para o primeiro período histórico da língua portuguesa não se contará, portanto, com o contributo da informação de gramáticos seus contemporâneos.

Tipos de estudos

Consideraremos aqui como fontes secundárias para o conhecimento do português arcaico: A. Edições paleográficas ou diplomáticas e edições críticas; B. Glossários;

C. Observações linguísticas que acompanham edições de vários tipos; D. Monografias sobre fatos linguísticos caracterizadores do português arcaico; E. Gramáticas históricas do português; F. Dicionários etimológicos; G. Histórias da língua portuguesa.

Edições de textos do período arcaico

Sendo quase impossível trabalhar diretamente com a documentação remanescente, guardada, arquivada como obras raras – como, aliás, não poderia deixar de ser – em seções de reservados de bibliotecas e de arquivos, o conhecimento da documentação sobre que discorremos anteriormente em geral se torna possível através da mediação de *edições paleográficas,* também chamadas *diplomáticas* ou de *edições críticas.*

As do primeiro tipo podem ser hoje substituídas por reproduções fotográficas cada vez de melhor qualidade técnica ou por microfilmes. Apesar disso, as edições *diplomáticas,* talvez mais adequadamente denominadas de *diplomático-interpretativas,* têm, entretanto, seu lugar e valor, porque transcrevem em caracteres da imprensa moderna as escritas medievais que só são acessíveis para os que têm treinamento para ler esses manuscritos. Como nelas a interferência do editor é mínima e explicitada nos critérios editoriais, tornam-se uma base importante e necessária para estudos da língua arcaica que precisem de uma exata informação sobre a grafia dos manuscritos.

Para estudos com finalidade linguística, as edições críticas, que já trazem maior intervenção do editor crítico – também explícita nos critérios editoriais – como as anteriores, ao serem selecionadas, precisam de ser avaliadas, para se ter certeza de até que ponto o discernimento, ou falta de discernimento do editor interferiu nas características linguísticas do documento que edita.

Em geral, para estudo de grafias e para aqueles que a partir das grafias objetivam tirar conclusões sobre fatos fonéticos e sistemas fonológicos, as edições críticas não são as mais adequadas, mesmo que o editor, nos seus critérios editoriais, indique em que pontos interferiu nas características do texto que publica. Para estudos de natureza linguística são mais seguras, portanto, aquelas edições críticas realizadas por filólogos de formação linguística, que vejam e deixem claro que o texto sobre que trabalham está editado com o objetivo também de poder ser utilizado como base para estudos da língua naquele período.

Ao apresentar a documentação remanescente, fizemos menção a edições críticas de valor e que podem ser utilizadas para estudos da língua arcaica. Muitas delas já são antigas, mas continuam sem substitutos. E o caso da edição do começo deste século do *Cancioneiro da Ajuda,* realizada por Carolina Michaëlis de Vasconcelos. Mencionamos também para a documentação poética a de Rodrigues Lapa (1965) sobre as cantigas de escárnio e maldizer contidas nos três cancioneiros remanescentes e a de Walter Mettmann (1959-1972) sobre as *Cantigas de Santa Maria* de Afonso X.

Também nos referimos, no que diz respeito à documentação não literária, à edição da família de foros em galego-português e leonês contida na obra de L. F. Lindley

Cintra, *A linguagem dos foros de Castelo Rodrigo* (1959) e à edição de 168 documentos da Galiza e de Entre-Douro-e-Minho publicada na obra de Clarinda Maia, *História do galego-português* (1986). Vale destacar que esses dois autores editaram os textos referidos em função dos estudos linguísticos que tinham como objetivo no seu trabalho. Não fizeram a edição crítica apenas pela edição em si, mas também para terem a base filológica adequada sobre o que desenvolver o estudo da língua veiculada no documento editado.

Ainda no que concerne aos documentos não literários, destacamos aqui a nova edição que se vem cumprindo desde o começo da década de 1980 dos *Portugaliae Monumenta Historica*. A edição está sob responsabilidade de Joseph Piel, especialista no galego-português medieval, e de José Mattoso, historiador e medievalista. Também, ultimamente, vem sendo publicado por José Azevedo Ferreira, com embasamento filológico e linguístico, o conjunto da obra jurídica de Afonso X, na sua versão galego-portuguesa dos fins do século XIII para o XIV.

Ao conjunto de textos que incluímos na categoria de prosa literária há que acrescentar muitas edições, tanto diplomáticas como críticas, mas de qualidade extremamente variável, sobretudo no que diz respeito à sua utilização para estudos do português arcaico.

Destacamos como exemplares:

A monumental edição crítica da *Cronica Geral de Espanha* de 1344, em quatro volumes, realizada a partir da década de 1950 por L. F. Lindley Cintra. Funda-se na versão de um manuscrito das primeiras décadas do século XV, o mais antigo entre os remanescentes, embora o original seja de meados do século anterior. As edições de Giulano Macchi, publicadas na Itália, das duas das três crônicas indubitavelmente reconhecidas como de Fernão Lopes *a Crônica de D. Pedro e a Crônica de D. Fernando,* escritas nas primeiras décadas do século XV, com uma tradição textual rica e complexa, mas cujos manuscritos mais antigos são dos fins do século XV. As edições de Joseph Piel, já antigas, mas ainda não substituídas das obras de D. Duarte *(o Leal Conselheiro* e o *Livro de Ensinança de bem cavalgar toda sela)* e do *Livro dos Ofícios,* tradução do De *officiis* de Cícero por D. Pedro, Duque de Coimbra, autores contemporâneos de Fernão Lopes. De textos da segunda metade do século XV há as edições da *Imitação de Cristo* e da *Vida e paixões dos apóstolos,* realizadas por Isabel V. Cepeda, textos traduzidos e que representam a literatura de formação cristã, tão frequente na Idade Média. Também da segunda metade do século XV há a edição da *Vida e feitos de Júlio César,* realizada por Maria Helena Mira Mateus.

As edições mencionadas recobrem textos produzidos entre meados do século XIV e segunda metade do século XV, textos historiográficos e de natureza religiosa. Em 1988, publicou a Imprensa Nacional de Lisboa a edição crítica da *Demanda do Santo Grani*, realizada por Joseph Piel na primeira metade do século e que foi reencontrada, depois de percurso histórico singular.

Pelas edições mencionadas, não esquecendo a especificidade de cada texto e de sua tradição manuscrita, pode-se ter uma sequência cronológica do português literário e não literário desde o século XIII ao XV.

Há muitas outras edições portuguesas valiosas de textos medievais realizadas em Portugal, no Brasil, nos Estados Unidos e em outros pontos da Europa. No caso do Brasil é bom não esquecer a atividade nesse campo realizada por Serafim da Silva Neto e Celso F. da Cunha.

Glossários

Muitas edições de textos arcaicos são acompanhados de *glossários* que podem ser *exaustivos,* isto é, esgotam o vocabulário do texto editado, ou *seletivos,* em que os editores escolhem nos seus verbetes os itens que julgam de interesse para a história da língua. Certamente o glossário mais exaustivo que existe para o conhecimento do português arcaico é o que acompanha a edição crítica de *La traducción gallega de la cronica general y de la cronica de Castilla,* realizada por Ramón Lorenzo, publicada em 1975, em Orense-Galiza.

São exemplos de glossários seletivos, mas fundamentais para o conhecimento do vocabulário de então os que acompanham as edições de Joan Zorro e Martin Codax de C. F. da Cunha e ainda o do *Cancioneiro da Ajuda* de C. Michaëlis de Vasconcelos, o de Rodrigues Lapa, que acompanha a edição das cantigas de escárnio e maldizer e o de W. Mettmann, o IV volume da sua edição das *Cantigas de Santa Maria.*

Observações linguísticas que acompanham edições

Muitas vezes o editor de textos arcaicos, também estudioso dessa fase do português, faz preceder suas edições de observações linguísticas referentes ao documento, que são, em muitos casos, fundamentais como destaque de especificidades do texto. Tais dados, contudo, se tornam atomizados se se deseja ter uma compreensão sistemática e sistêmica da língua que o texto veicula, já que, sempre, são destacados os fatos que mais caracterizam o texto; as exceções, portanto, e não as regras.

Monografias sobre o português arcaico

O português arcaico se ressente da ausência de monografias específicas sobre determinados fenômenos ou sobre sincronias que se podem recortar no conjunto do período. Já mencionamos o estudo, da década de 1930, de R. Rübecamp sobre *a Linguagem das Cantigas de Santa Maria.* Mencionamos também a monografia de dialectologia hispânica medieval com base em um conjunto de foros da segunda metade do século XIII, realizada em 1959, por L. F. Lindley Cintra. Também já nos referimos ao recente estudo linguístico de C. Maia sobre a documentação notarial galego-portuguesa dos séculos XIII ao XVI. Há alguns outros estudos como o publicado em 1974 por E. Cruzeiro (Lisboa, C.E.F.) sobre os processos de intensificação no português dos séculos XIII ao XV e a monografia de M. Pádua (Coimbra, Universidade, 1960) sobre a ordem das palavras no português arcaico.

A ausência de análises sistemáticas que ultrapassassem os níveis fonéticos e mórficos (concentram-se nesses níveis a de Cintra e a de Maia) nos motivou a realizar uma análise extensiva sobre a versão portuguesa do século XIV dos *Quatro Livros dos Diálogos de São Gregário,* publicada com o título *Estruturas Trecentistas. Elementos para uma gramática do português arcaico* (Lisboa, IN-CM, 1989). Tratamos aí da estruturação do sintagma nominal e verbal e da estruturação do enunciado tanto simples como complexo. Precede esse estudo morfossintático e sintático um capítulo preliminar sobre a grafia do documento, etapa necessária em estudos linguísticos sobre o português arcaico.

Gramáticas históricas

Não existe uma gramática do português arcaico, como existem várias para outras línguas românicas. Ainda temos de recorrer às *gramáticas históricas* que, segundo os moldes historicistas do século XIX, tratam das "evoluções fonéticas" e "morfológicas" que ocorreram do latim para o português. Tais gramáticas apresentam fatos genéricos referentes à fase arcaica, sem mencionar as fontes e sem destacar as variações que se documentam do século XIII ao XV. É esse o procedimento das gramáticas de J. J. Nunes, E. Williams, I. L. Coutinho e estão de acordo com o modelo que seguem.

Além dessas, há a de Joseph Huber, filólogo alemão que escreveu em 1933 o *Altportugiesisches Elementarbuch*. Em 1986 foi publicada sua tradução com o título de *Gramática do português arcaico* (Lisboa, Gulbenkian). A obra de Huber segue o modelo historicista das gramáticas históricas; distingue-se, contudo, das outras porque confronta o latim e o português arcaico. Não avança, portanto, para fases posteriores da história da língua e, para tanto, se baseia em um pequeno *corpus* apenso ao manual. A gramática de Huber ainda se destaca por ter um estudo de conjunto, embora restrito, sobre a sintaxe do português arcaico.

Outro autor que também se destaca nesse tipo de estudo é Said Ali que, na sua *Gramática histórica* apresenta importantes informações e interpretações sobre a sintaxe arcaica. *A sintaxe histórica*, de Epiphânio Dias, apesar de ser única para o português, não tem uma diacronia seriada, mas trata de fenômenos sintáticos ocorrentes ao longo da história da língua portuguesa, sem destacar, com sistematicidade, o que é típico de cada momento ou fase histórica do português; em outras palavras, não explicita as sincronias possíveis nesse processo diacrônico.

Dicionários

Da mesma forma que não se possui uma gramática do português arcaico, a língua portuguesa não dispõe de um dicionário desse período. Para estudar o léxico de então, há fontes genéricas como os dicionários etimológicos, cujo objetivo fundamental é apresentar a origem das palavras, mas não seu percurso ao longo da história da língua. Eventualmente ocorrem essas informações neles. Dentre os três *dicionários etimológicos* existentes para a língua portuguesa é o de J. P. Machado o que mais informa sobre esse percurso e o que mais apresenta dados sobre a fase arcaica.

O *Índice do vocabulário do português medieval*, sob a direção de A. Geraldo Cunha, cobre uma das lacunas existentes no âmbito dos estudos sobre a língua portuguesa em geral e do seu período arcaico, em particular.

Histórias da língua portuguesa

Essa categoria de trabalhos não se centra no período arcaico, é claro, mas sempre dedica alguns de seus capítulos a ele. A de Serafim da Silva Neto, da década de 1950, traz um capítulo sobre *o Português medieval* e ainda se destaca como uma visão de conjunto. A recente síntese de Paul Teyssier (Lisboa, Sá da Costa, 1982), com uma abordagem mais moderna, já que aproveita a análise estrutural, sobretudo na história fonológica, traz uma caracterização do português arcaico nos capítulos I e II.

Para concluir

Não se pode dizer que o português arcaico não foi estudado. Pelo contrário. Dos estágios passados da história da língua portuguesa, é, certamente, o mais estudado. O que, no entanto, deve ser marcado é que a bibliografia numerosa que se construiu sobre esse período se desenvolveu, sobretudo, dos fins do século XIX para os meados do século XX. Na sua quase totalidade ela representa uma tradição de estudos filológico-linguísticos própria ao historicismo oitocentista: os métodos desenvolvidos pela Linguística do século XX pouco foram aplicados ao português arcaico. Tanto no que diz respeito a possíveis estudos sincrônicos sobre essa fase pretérita como no que se refere a estudos de mudança linguística, ou seja, de diacronia no tempo real.

Sem dúvida tal situação reflete a orientação dominante na chamada Linguística Moderna, que privilegiou e ainda privilegia os estudos sincrônicos sobre a contemporaneidade e estudos a-históricos. Novos tempos se vislumbram, ao que vê o nosso otimismo, já que tanto os gerativismos como as sociolinguísticas da atualidade têm aberto espaço para os dados de períodos históricos passados: *a teoria da gramática* do gerativismo atual começa a considerar fatos pretéritos das línguas como argumentos significativos para a construção de gramáticas possíveis para as línguas naturais; *a teoria da mudança* da Sociolinguística considera que o passado pode informar sobre as variações e mudanças em curso no presente, da mesma forma que a análise de variação e mudança no presente abre caminhos para uma melhor interpretação de fatos do passado.

Rastreando o português arcaico: fonologia/fonética

Concebemos em três níveis nossa análise – fonológico/fonético, morfológico/morfossintático e sintático.

A análise se baseará em dados da documentação arcaica e em dados já filtrados por análises de especialistas na história do português. Serão também utilizadas informações da gramática do latim e dos gramáticos quinhentistas do português. Levaremos ainda em consideração, quando nos parecer necessário, o português contemporâneo.

O discurso metalinguístico utilizado na exposição procurará ser o mais acessível possível, sem pretensão de formalização e se valerá do conhecimento de que dispomos de análises linguísticas do português.

Para chegar-se à determinação do sistema vocálico e do sistema consonântico em funcionamento no português arcaico – já que não contamos nem com o falante nativo, é claro, nem com descrições contemporâneas, que só ocorrem do século XVI em diante – são balizas os dados sobre o diassistema latino (a língua latina na sua diversidade temporal, regional, social, estilística) e os dados sobre o diassistema do português contemporâneo, que é a nossa referência como falante nativo, socializado nessa língua histórica. Entre esses suportes extremos no tempo, as informações dos primeiros gramáticos do português – Fernão de Oliveira e João de Barros – são dados significativos, mas sobretudo são informantes as representações gráficas da documentação remanescente e o que se possa depreender da rima e da métrica do Cancioneiro Medieval.

O exame da grafia variável documentada de um mesmo item lexical, relacionado ao étimo e às informações dos gramáticos a partir do século XVI, além da realidade atual, permitem inferir algumas afirmativas e outras suposições sobre o sistema fonológico e as realizações fônicas no período arcaico da língua.

A documentação poética é testemunho singular para se depreender alguns aspectos referentes às realizações fônicas. A rima e a métrica sugerem algumas interpretações sobre elisões vocálicas, ditongos, hiatos, também sobre o timbre vocálico – aberto ou fechado, oral ou nasal.

O sistema vocálico e as variantes fonéticas

Abordaremos aqui o sistema vocálico, em posição acentuada e em posição não acentuada; os ditongos e hiatos, derivados do latim e aqueles constituídos ao longo do período arcaico; também as nasalizações vocálicas que surgem nas variantes românicas do noroeste da Península Ibérica, isto é, no galego-português.

O sistema vocálico em posição acentuada

O sistema de escrita representado na documentação do período arcaico dispunha de cinco grafemas, herdados do sistema gráfico latino, para as vogais: < a, e, i, o, u >. Tanto Fernão de Oliveira, na sua *Grammatica da linguagem portuguesa* de 1536, como João de Barros, na *Grammatica da língua portuguesa,* de 1540, propõem "figuras", ou seja, letras diferentes para a distinção do timbre "a grande" e do "a pequeno", do "e grande" e do "e pequeno", do "o grande" e do "o pequeno", resultando disso um sistema de escrita com oito grafemas para as vogais. Tais propostas não vingaram em nossa ortografia, como sabemos. João de Barros aplicou, em parte de sua obra, a proposta ortográfica que apresentou na gramática.

Femão de Oliveira exemplifica no capítulo VIII da sua gramática o que propunha: *"a* grande" < *a* > de *Almada; "a* pequeno" < a > de Alemanha; "e grande" < ε > de *festa; "e* pequeno" < e > de *festo* (= largura de uma peça de tecido); "o grande" < w > de *fermosos* e "o pequeno" < o > de *fermoso.* Quanto ao < i > e < u > diz, em outra passagem, não haver "diversidade" na sílaba tônica, "sempre são grandes".

Assim, na primeira metade do século XVI, no dialeto padrão de Lisboa se distinguiam oito sons vocálicos em posição acentuada. Numa análise fonológica moderna, pode-se – e é o que afirmam Clarinda Maia (1986) e Paul Teyssier (1982) – dizer que a distinção entre os dois timbres de *a* é apenas fonética, já que o *"a* pequeno" (= fechado) é uma variante condicionada, pois ocorreria quando seguido de consoante nasal e o *"a* grande" (= aberto) em qualquer outro contexto.

A oposição distintiva /a/ : /ɐ̃/ que se faz hoje entre a primeira pessoa do plural no presente e do perfeito dos verbos da 1ª conjugação *(am/ɐ̃/mos : am/a/mos)* no dialeto padrão de Portugal ainda não se estabilizara, segundo C. Maia, nesse dialeto no século XVI. Vale lembrar que essa oposição não se faz no Brasil, nem em outros dialetos regionais de Portugal. Nos dialetos do norte (Minho e Douro Litoral), ambas as formas verbais se pronunciam abertas e do centro para o sul de Portugal se pronunciam ambas fechadas, como no Brasil (Maia 1986:313).

Com base nos dialetos mais conservadores do Norte de Portugal e da Galiza em que, hoje, a vogal /a/ seguida de nasal tem a mesma abertura da de outros contextos – realiza-se aberta – e naqueles em que as nasalizações variam de intensidade, podendo até não ocorrer, C. Maia (1986:318-319) diz ser esse o estado em fases mais antigas, inclusive no período que abrange a documentação que analisa (séculos XIII a XVI). Já Paul Teyssier deixa a questão interrogada:

"Pode-se perguntar se, desde essa época (= época do galego-português), o fonema /a/ não se realizaria como *a fechado* diante de consoantes nasais. Ex.: *ama, ano, banho*" (1982:25).

A discussão em torno das distinções do /a/ acentuado no português arcaico fica assim polarizada. Contudo, pode-se admitir que ainda não era essa diferença fônica, se ela existia, utilizada como um traço distintivo para marcar a oposição entre aquelas formas verbais do presente e do perfeito. Além disso, pelo que se sabe de teoria fonética, pode-se também afirmar que é uma realização natural as vogais seguidas de nasal se articularem mais fechadas que em outros contextos.

Quanto à questão da diferença de timbre entre as vogais médias anteriores e posteriores – /e/ : /ɛ/ , /o/ : /ɔ/ – neste caso estamos diante de uma oposição fonológica e não apenas fonética. Mesmo a escrita não dando nenhuma pista gráfica, já que os grafemas são apenas dois para os quatro fonemas, se pode ter a certeza de que a oposição existia. Fernão de Oliveira, em 1536, apresenta exemplos que são pares mínimos para justificar sua proposta de grafia:

festa < ɛ > : festo < e >
formosos < ω > : formoso < o >

Além desse testemunho posterior, há as rimas da poesia medieval e, sobretudo, há a correspondência histórica sistemática, a regra geral, do latim em relação ao português, com exemplificações em qualquer das gramáticas históricas do português, apesar das exceções.

Em resumo é o seguinte:

Os estudos do latim clássico em confronto com as reconstruções feitas para o latim falado imperial, a partir de fontes documentais, mas sobretudo a partir do estudo comparado das línguas derivadas do latim depreenderam que, em grande parte da Romênia (e aí está incluída a área do noroeste peninsular hispânico, a do galego-português) às dez vogais do latim clássico – cinco longas representadas pelo *macron* e cinco breves representadas pela *bracquia* – correspondiam a sete vogais, em cujo sistema o traço distintivo da quantidade ou duração vocálica já desaparecera em proveito das distinções com base na oposição de timbre, ou abertura vocálica, entre as vogais médias anteriores e posteriores. Esquematicamente:

Lat.	ī	ĭ	ē	ĕ	ā	ă	ŏ	ō	ŭ	ū
Gal.-Port.	i	e		ɛ	a		ɔ	o		u

Acrescente-se a essa correspondência entre itens vocálicos, a correspondência, também, regra geral, entre os ditongos do latim clássico, monotongados no latim imperial – /ae/ e /oe/ – e os fonemas vocálicos, respectivamente: /ɛ/ e /e/. Daí:

Gal. - Port. /e/ < Lat. / ĭ /,   Gal. - Port. /ɛ/ < Lat. / ĕ /,
/ ē /,   /ae/
/oe/

O que resulta em correspondências do tipo exemplificado a seguir:

Lat. Cl.	Lat. Imp./Gal.-Port.	Lat.	Port.
/ī/	/i/	fīcum	figo
/ĭ/	/e/	sĭtim	sede
/ē/		acētum	azedo
/oe/		poenam	pena
/ĕ/	/ɛ/	tĕrram	terra
/ae/		caecum	cego
/ā/	/a/	amātum	amado
/ă/		lătum	lado
/ŏ/	/ɔ/	pŏrtam	porta
/ō/	/o/	amōrem	amor
/ŭ/		bŭccam	boca
/ū/	/u/	pūrum	puro

Esse sistema de vogais em posição acentuada, constituído de sete unidades distintivas – já que se pode afirmar que o sistema com um /a/ aberto e outro /a/ fechado, próprio hoje ao português padrão de Portugal só se terá estabilizado para esse dialeto depois do século XVI – vigorava já em grande parte da Romênia na época do latim imperial, continua na fase galego-portuguesa medieval e persiste na maioria dos dialetos contemporâneos da língua portuguesa. É essa história que leva a afirmar-se como conservador o sistema vocálico em posição acentuada do português.

A par dessa regularidade sistemática, atuaram ao longo da história da língua portuguesa mudanças fônicas, condicionadas por determináveis contextos fonéticos que impediram a atuação dessas regras mais generalizadas, exemplificadas no quadro anterior, mas que não são "leis fonéticas" sem exceção. As gramáticas históricas exemplificam, sugerindo, às vezes, explicações fonéticas, além das explicações analógicas e de outro tipo, os empréstimos, decorrentes do contacto interdialetal e interlinguístico.

Um tipo muito generalizado de mudança fônica que atua entre as vogais é de natureza assimilatória. Tradicionalmente se distinguem as *assimilações metafônicas*, ou seja, *a metafonia* (a abertura da vogal acentuada não corresponde à regra geral porque se aproxima sua abertura à da vogal final) das *inflexões vocálicas*, quando há o fechamento do timbre da vogal acentuada condicionado pela contiguidade de determináveis elementos fônicos: semivogal, consoante palatal, nasal, como em: *nervo* (lat. *nĕrviu), engenho* (lat. *ingĕniu).*

Há evidências seguras da atuação das regras de mudança de timbre quando elas podem ficar representadas na grafia. É o caso, por exemplo, da grafia *isto* por *esto* (lat. *ĭpsu-)* ou *tudo* por *todo* (lat. *tōtu-)*. Nesses casos o timbre e ou o, de acordo com o étimo latino, conforme a regra geral, muda para *i* ou *u* por assimilação à vogal final que seria realizada como vogal alta posterior /u/. Segundo Williams (1961:106-107), essas formas já aparecem no século XIII, refletidas na grafia. No *corpus* analisado por C. Maia (séculos XIII a XVI) há, esporadicamente, a forma *isto* em documentos do fim do século XIII, a par da altíssima frequência de *esto*. A forma *tudo* também ocorre esporadicamente desde o século XIII, mas na documentação referida não ocorre, mas sempre *todo*. No texto trecentista (século XIV) que analisamos (Mattos e Silva 1989:150), a par de 89 ocorrências de *esto* há três de *isto;* quanto *a tudo*, não ocorre, mas há 30 ocorrências de *todo*. No caso, a grafia variável indica a existência do fenômeno; a sua frequência rara pode indicar, entre outras possibilidades, a preferência ainda pela forma não metafonizada, que veio a ser desusada.

Mais difícil de determinar é o momento em que se dá a metafonia que muda o timbre de /ɛ/ em /e/ (como em *mĕtu > m/e/do*) ou /e/ em /ɛ/ (como em *monēta > mo/ɛ/da)*, ou /ɔ/ em /o/ (como em *fŏcu > f/o/go*), ou /o/ em /ɔ/ (como em *formosa > form/ɔ/sa), já* que na grafia não se distingue o timbre das vogais médias.

Segundo Williams (1961:107) *m/e/do (< mĕtu)* rima com *c/e/do (< cĭtu)* no *Cancioneiro da Vaticana*, o que já indica a metafonia em *medo;* já a rima */e/ssa: abad/e/ssa*, no mesmo códice indica que a vogal acentuada do demonstrativo ainda não tinha se metafonizado, seria realizada como prevê a regra geral de correspondência.

Pela *Gramática* de Fernão de Oliveira, capítulos VIII e XVIII, sabe-se que no dialeto padrão em 1536, *fermoso e fermosa* tinham a vogal acentuada fechada de acordo com a regra geral (lat. *formōsu, formōsa)*, mas que *fermōsos* (lat. *formōsos)* já tinha a vogal acentuada metafonizada: *fermosos* devia ser escrito com "o grande" *e fermoso, fermosa* com "o pequeno", como afirma o gramático.

Desses dados pode-se inferir que os processos metafônicos já atuavam, criando "exceções" à regra geral, desde muito cedo na história da língua, mas não se pode afirmar em que itens do léxico, a não ser aqueles que apresentassem reflexo nas grafias. Depois do século XVI, com auxílio dos gramáticos da língua portuguesa, é que se pode, com mais segurança, ter informações mais precisas, embora rarefeitas.

E. Williams tem razão quando afirma que "no presente ainda há uma certa incerteza no uso das formas metafônicas e grande variação de dialeto para dialeto" (1961:106). Afirmativa análoga, mas em relação à documentação que analisa, faz C. Maia (1986:510) quando diz que as formas com ou sem metafonia deviam corresponder a níveis sociolinguísticos diferentes.

Pode-se então concluir sobre o sistema de vogais em posição acentuada, pelo menos, o seguinte:

- no período arcaico se dispunha de um sistema com sete fonemas vocálicos;
- regra geral, em grande parte do léxico, correspondem essas vogais a pre-determináveis fonemas vocálicos do latim;
- a atuação da metafonia e de outros condicionamentos fonéticos quebra essa regularidade, permitindo os casos excepcionais em relação à correspondência mais generalizada em relação ao étimo latino;
- não se pode ter certeza se já haveria uma distinção fonética entre [a] e ["], seguido de nasal, mas se pode admitir que uma oposição fonológica entre central aberta e fechada não existia.

As vogais em posição não acentuada

Em posição não acentuada as vogais eram representadas pelos mesmos sinais gráficos utilizados na representação das vogais acentuadas. É mais complexa, entretanto, a interpretação dessas grafias do que na posição acentuada, porque a variação gráfica na representação das não acentuadas para um mesmo item do léxico é muito mais frequente e em contextos diversificados, o que não ocorre na representação das acentuadas. Esse fato, por si, é um indicador de flutuação maior, como seria de esperar, por razões fonéticas, na realização das inacentuadas, já que estão em posição de menor intensidade articulatória.

Sabemos que na sincronia atual da língua portuguesa há realizações variáveis para as vogais não acentuadas que distinguem áreas dialetais. Está neste ponto do sistema uma das características que mais opõem os dialetos brasileiros aos portugueses, e dialetos brasileiros entre si. Em nenhum deles os sete ou oito fonemas vocálicos do sistema quando distribuído em posição acentuada se mantêm.

Na análise muito conhecida de Mattoso Câmara Jr., temos, em linhas gerais, no Brasil, um sistema de três vogais em posição final de vocábulo – as duas altas /i, u/, e a baixa /a/ e um sistema de cinco elementos em posição não acentuada não final, em que as vogais altas e a baixa estão presentes, mas em que a oposição entre as médias, tanto as anteriores ([ɛ] e [e]) como as posteriores ([ɔ] [o]), se neutraliza, decorrendo disso as realizações fonéticas variáveis – [ɛ] ~ [e], [ɔ] ~ [o] – que marcarão dialetos regionais diferentes.

Qual seria o sistema das vogais não acentuadas do português no período que precede o século XVI? É esse um problema para o qual não se tem uma resposta precisa, mas sobre o qual podem ser levantadas algumas indagações e sugeridas algumas tentativas de resposta.

A descrição de Ferrão de Oliveira de 1536, muito clara para as vogais acentuadas, dá-nos apenas algumas pistas para as não acentuadas.

Por exemplo: quando afirma no capítulo VIII que "temos oito vogais na nossa língua, mas não temos mais de cinco figuras", exemplifica todos os casos com vogais em sílaba acentuada, embora não destaque que está tratando de vogais numa determinada posição no vocábulo. Por aí se poderia inferir apenas que talvez não houvesse variação, decorrente da neutralização, na realização das vogais em outras distribuições, já que a percepção aguda do autor não fez destaque para isso. Em outro capítulo, entretanto, o XVIII, trata da "comunicação que algumas [letras] têm" *(letra* aqui não significa sinal gráfico, mas produção sonora), e apresenta logo como exemplo:

"Das vogais, entre *u* e *o* pequeno há tanta vizinhança, que quase nos confundimos, dizendo uns *somir* e outros *sumir e dormir* ou *durmir e bolir* ou *bulir*. E outro tanto entre *i* e *e* pequeno, como *memória* ou *memórea*, *glória* ou *glórea*" (1975:64).

Logo adiante opõe *"aravia" a "glórea, memórea"* dizendo que as últimas devem ser escritas com *e*, com o sinal de acento na sílaba precedente porque não é uma "vogal pura" como o *i* da primeira.

Essas informações ilustram um fato claro: o de que, na metalinguagem de hoje, nos contextos dos exemplos destacados pelo gramático, a oposição /o/:/u/ e /e/:/i/ se neutralizava.

Correndo para trás no tempo da língua portuguesa, vamos procurar ver – embora de uma maneira sintética e que não pretende esgotar o problema – a partir sobretudo de grafias variantes, o que se pode inferir sobre as vogais em posição não acentuada no português arcaico.

Em posição não acentuada final

A vogal grafada < a >

Proveniente de /ā/ ou /ă/ latino não apresenta variação na grafia nos textos do período arcaico. É esta a situação encontrada na documentação analisada por C. Maia e em toda versão trecentista dos D.S.G. que descrevemos. Huber, no seu manual sobre o português arcaico, e também C. Maia apresentam ocorrências da locução *em casa de*, com a grafia variante *em cas de*, que indicaria o enfraquecimento ou queda do *a* final.

As grafias < e >, < i >

Haveria uma oposição /e/:/i/ em posição final?

Nas origens do português falado parece ter havido uma oposição fonológica nesse par. O argumento histórico para essa afirmativa está no fato de ter ocorrido a metafonia que deu origem à oposição nos perfeitos de verbos de padrão irregular, já realizada quando o português aparece documentado, como em : *fiz/fez; estive/esteve; pus/pôs*. Na 1ª pessoa havia um *i* final (do latim ī) que condicionou o fechamento da vogal tônica; enquanto na terceira a vogal final seria /e/ (do latim /ĭ/, que já no latim imperial seria /e/ e por isso não metafonizou a vogal acentuada. No português arcaico ocorrem grafias do tipo *pusi, puse, pose* etc. em que a vogal etimológica está representada.

No exame das grafias a partir do século XIII, observa-se, esporadicamente, a variação < i > ~ < e > final, convencionada, posteriormente, na ortografia do português a última, que já é a predominante no período arcaico: a grafia *i* ocorre, em geral, nos pronomes complementos *(me/mi, te/ti, lhe/lhi)* e nas formas verbais do perfeito de padrão irregular. Nos D.S.G., por exemplo, variam: *soube/soubi; trouxe/trouxi; ouve/óuvi* (do verbo *haver),* predominando a grafia em *e; é* sempre em *i* o morfema da segunda pessoa do singular do perfeito *-sti,* em vez de *-ste.* Essa grafia poderia ser interpretada como reflexo da latina, mas a existência do fechamento do timbre, por metafonia, da tônica favorece a interpretação como vogal alta, por exemplo: *tulhisti e fusti* por *tolheste e foste* e a oscilação entre: *quisisti ~ quiesesti ~ quesisti;* ocorre também sempre marcado por *i* o morfema do imperativo: *bévi, cólhi, enténdi, escólhi, méti, recébi* etc. (que se opõe ao presente do indicativo *beve, colhe, entende, escolhe, recebe)* e, em alguns casos, a metafonia *curri, miti, fugi* (em vez de *corre, mete, foge).* Tais grafias sugerem uma realização alta na vogal final que favoreceu o fechamento do timbre da acentuada.

Maia conclui que a esse respeito:

> Desde muito cedo, /i/ e /e/ finais se fundiram num único fonema... desde o século XIII algumas palavras que terminavam em *i* proveniente de / i#/ passam a ocorrer também com *e*. O fonema resultante dessa fusão dos dois fonemas admitiria diferentes realizações fonéticas, ora [e], ora [i], ora timbres intermediários. (1986:523).

Já A. Naro (1973:42) demonstra, com base em detalhada argumentação crítica a estudos clássicos sobre o problema, que, no século XVI a final [i], como também a [u] deveriam ser "ligeiramente levantadas... mas que não podiam estar igualadas às realizações portuguesas [i] e [u]". Se assim era no século XVI, possivelmente no período arcaico o alteamento completo do /i/ e do /u/ não ocorreria.

As grafias < o >,< u >

Repetimos aqui a pergunta colocada anteriormente: haveria oposição /o/:/u/ em posição final?

Um argumento forte para admitir-se uma vogal final /u/, que se oporia ao /o/ é também o da metafonia da acentuada: o /e/ do latim /ĭ/ passaria a /i/ e o /o/ do latim /ŭ/ passaria a /u/ por assimilação à vogal alta /u/ da sílaba final.

O estudo da grafia das formas desse tipo por C. Maia indica que a metafonia de que resultaram *isto, isso, aquilo,* antes *esto, esso, aquelo,* não se processou de uma só vez ou ao mesmo tempo na área galego-portuguesa. Considerando a grafia dos documentos ao norte do Minho em relação aos de Entre-Douro e Minho, admite a autora que a realização do [u] final deve ter existido no extremo meridional dessa área, já que a grafia que reflete as formas metafonizadas é frequente nos documentos daí e rara na área do Minho e galega. Isso lhe permite afirmar que haveria uma variação [u] ~ [o] em posição final, com possíveis realizações intermediárias. Reforça seu argumento o fato de, ao correr da história, a área que veio a definir-se como portuguesa, já no século XVI, apresentar no dialeto padrão a realização alta [u] e na área galega se encontra a realização [o].

Relembrando Naro, citado no ítem anterior, poderia ter havido no período arcaico um alteamento do [o], mas não uma vogal alta do tipo /u/.

Quanto à variação gráfica do tipo < u > ~ < o > em casos em que não está em jogo o fenômeno fonético da metafonia pode-se afirmar que a grafia < u > é mais frequente nos documentos mais recuados e dará lugar à grafia < o >. Para alguns especialistas certos casos de < u > final refletem a grafia latina, sem dúvida. E o caso da grafia do morfema verbal da 1ª pessoa do plural *-mus* e a grafia de nomes masculinos com o singular em *-u,* mas no plural *-os,* assim grafados em um momento em que ainda não se tinham definido normas ortográficas gerais para a escrita do português.

Um reforço para esse ponto de vista está no *Testamento de Afonso II* (1214), primeiro texto escrito em galego-português, e cuja data não permite dúvida, como vimos. Nele, o vocábulo *Porto* nas suas ocorrências está com *-u* numa versão e com *-o* na outra, das duas remanescentes. Sabe-se que houve treze cópias desse documento e supõe-se que o texto foi ditado e deve ter sido escrito simultaneamente (Costa 1976). Diante disso e da variação em causa, pode-se admitir a incerteza de grafar dos notários, acostumados que estavam a escrever em latim (Maia 1986:408). Não se pode também descartar que os notários fossem portadores de variantes dialetais em que oscilariam as realizações das posteriores em posição final.

Ao que ficou observado pode-se concluir pelo menos:
- é possível admitir algum tipo de variação regional nessa posição, o que se pode inferir pela metafonia (quando reproduzida na grafia), consequência da alta final; tal fenômeno fonético não teria ocorrido ao mesmo tempo e em toda parte da área galego-portuguesa. Vale notar que, em certas áreas galegas e em dialetos regionais muito arcaizantes da área setentrional portuguesa, ela não ocorreu e, também nesses dialetos, a vogal final não é sempre realizada como alta;
- pode-se também admitir que a variação existente oscilaria desde uma realização média fechada, mas não chegaria ao alteamento total.

Diante do exposto pode-se propor como possível, na distribuição final, um sistema de três membros – uma vogal central e duas vogais, uma da série anterior outra da série posterior, com realizações fonéticas variáveis que oscilariam, respectivamente, entre [e] e [i_e] (= [e] tendendo para [i]) e entre [o] e [u_o]. No caso da posterior, os dados sugerem que poderá ter havido uma distribuição dialetal distinta: os dialetos do Douro para o Norte com a realização do tipo médio e os do Douro para o Sul com a realização mais elevada ou alteada.

Em posição pretônica

A vogal grafada < a >

Haveria mais de uma realização fonética para a vogal baixa: [a] e [ɐ̞]?

Em posição acentuada, como vimos, no século XVI existia o condicionamento que fechava *"a* grande" em *"a* pequeno". É o que se depreende de Fernão de Oliveira. Ele também fornece, indiretamente, alguma informação quando opõe a realização "grande" à "pequena" em segmentos não acentuados: o *a* artigo e o *a* pronome são "pequenos", mas o do artigo e o *a* inicial dos demonstrativos, quando precedidos e fundidos à preposição *a* são "grandes". Havia, portanto, em posição não acentuada, uma realização distinta para o *a,* decorrente da sua maior ou menor intensidade articulatória. João de Barros distingue duas realizações do *a:* é escrito com < á > e não com < â > (ele próprio aplica essa norma gráfica), por exemplo: *sádio, vádio,* derivados de uma crase ou elisão vocálica na história da língua *(sadio* < lat. *sanatium; vadio* < lat. *vagatium).*

Na documentação do português arcaico se faz a diferença regularmente entre o a artigo, do *a,* artigo mais preposição e também *aquele* de *aaquele,* assim para todos os demonstrativos precedidos de preposição e iniciados por *a.*

Esse tipo de grafia pode indicar que a crase ainda não teria ocorrido, ou que já teria ocorrido e a vogal duplicada indicaria uma vogal mais aberta que outra não craseada.

Além dos casos do tipo destacado, há variação gráfica entre < a > e outros grafemas vocálicos que sugerem flutuação articulatória da vogal baixa.

Por exemplo, < a > varia em um mesmo item lexical com < e >: ap*i*stola/ep*i*stola; a*v*gelho/e*v*angelho; a*lefan*te/e*lefan*te; a*sp*erança/e*sp*erança; a*sp*erar/e*sp*erar; a*steen*ça/e*steen*ça (= abstinência); a*ntre*/e*ntre*; A*n*rique/E*n*rique; sal*ário*/sel*ário*; tras*lado*/tre*lado*; s*a*grado/s*e*grado; s*a*rrar/s*e*rrar; p*iada*de/p*ieda*de; p*iado*so/p*iedo*so.

Indicaria essa grafia variável uma variação articulatória, condicionada por contextos fonéticos favorecedores ao fechamento? Talvez sim. O contexto com sibilante, por exemplo, seria um forte candidato.

Note-se que nos exemplos citados anteriormente a variação ocorre em posição inicial absoluta, em sílaba inicial e em sílaba interna também.

As grafias <e>/<i>

Em posição inicial absoluta:

Documenta-se no português arcaico a variação gráfica entre < e > e < i > também o ditongo < ei >. Essa grafia variável é usual em certos itens lexicais, por exemplo: *egreja/igreja; edade/idade/eidade; Einês/Inês.*

Encontra-se também a variação < e > / < i > em sílabas iniciais em que a vogal é travada por nasal ou sibilante: *enfinta/infinta; escritura/iscritura;* vale notar que nesses casos a vogal seguinte é sempre vogal alta.

Talvez C. Maia (1986:357-359) esteja certa quando diz que é possível que durante alguns séculos a língua se caracterizasse por um estado de flutuação fonética entre realizações da pretônica anterior inicial que oscilaria entre um [e] e um [ę], muito breve, próximo a [i] podendo, em certos itens do léxico ditongar-se. Sendo que essa ditongação, documentada no galego-português mais recuado, é uma tendência também documentada em outros dialetos hispânicos ocidentais e que permanece ainda em áreas dialetais, como no mirandês, asturiano ocidental, no leonês e em áreas dialetais galego-portuguesas.

> *Em posição pretônica interna:*
> A variação gráfica mais destacada nessa posição é aquela entre < e > e < i > quando na sílaba acentuada estão as altas /i/ ou vogais ou semivogais. Essa variação deve indicar um alteamento da pretônica, fenômeno fonético assimilatório conhecido como harmonização vocálica e que já aparece fixado no século XVI, já que Fernão de Oliveira dele se utiliza para exemplificar a "comunicação entre as letras", como vimos. São exemplos dessa variação gráfica em um mesmo item lexical no *corpus* trecentista dos D.S.G., quer em silaba inicial quer em sílaba interna: *meninice/meninice; vegiar/vigiar; desplizell/displizel; veuva/viuva; vendita/vindita; lenguagem/linguagen; enterido/entirido.*

Maia (1986:362-364) apresenta interessantes indicações dialetais e diacrônicas, a partir do exame de sua documentação, do século XIII ao XVI, e testemunhos galegos e do norte de Portugal: é mais frequente a apresentação gráfica do alteamento nos documentos galegos que nos portugueses e nos portugueses está documentada com maior incidência a partir do século XV. Destaca também exemplos nas *Cantigas de Santa Maria,* cujos códices são dos fins do século XIII, em que já ocorrem, por exemplo: *pidimos, pidi, firidas, sirvia.* Mostra também que no século XVI, no padrão da corte, além de Fernão de Oliveira, também em João de Barros está documentada a harmonização: *bibiam, mistiço, mininos, pingos.*

Tais dados informam que a elevação do timbre da pretônica por harmonização vocálica remonta ao século XIII pelo menos e está, certamente, no dialeto padrão no século XVI.

As grafias < o >/< u >

> • *Em posição inicial absoluta*:
> Nessa distribuição a grafia variável < o > / < u > e até mesmo o ditongo < ou > – simétrico ao que ocorre com < e > , < i >, < ei > é esporádica,

como afirma C. Maia (1986:397); contudo está documentada. Por exemplo, o item *oliveira* aparece escrito: *oliveira, uliveira, ouliveira,* também ocorre *oulivar* (por *olival*). Nas *Cantigas de Santa Maria (séc. XIII)* e nos *D.S.G.* (séc. XIV) ocorrem: *homildade/humildade, homilde/ humilde, homildoso/humildoso, homildança/humildança* (com ou sem *h* inicial); também *orgulho/urgulho.* Vale notar que em todos os exemplos destacados a vogal que tem representação gráfica variável está seguida de vogal alta na silaba vizinha. Seria um alteamento, se admitirmos a realização alteada, condicionado; mais um caso, portanto, de harmonização vocálica.

Em posição pretônica interna

Simetricamente ao que se passa na variação gráfica < e > / < i > nessa mesma posição, ocorre com as posteriores grafadas < o > / < u >: a variação gráfica mais destacada ocorre quando na sílaba acentuada estão /i/ ou /u/, vogais ou semivogais. O mesmo fenômeno assimilatório, ou seja, a harmonização na direção da vogal alta, já está indicado na grafia de documentos desde o século XIII.

O exame dos textos analisados por C. Maia informa que, ao norte do Minho, a representação < u > é mais frequente (1986:399); na área portuguesa já aparece desde o século XIII, embora com menos intensidade, o que leva a autora a afirmar que essa assimilação vocálica constituía já, desde o século XIII, uma tendência do português.

Na versão trecentista dos *D.S.G.* documentamos esse tipo de grafia, indicadora de harmonização por assimilação a traços da vogal acentuada alta nos itens: *bogia/bugia; costume/custume; fogueiras/fugueiras; moimento/muimento* (= monumento); *outoridade/ outuridade; recodir/recudir.*

Tais exemplos apresentam o fato em causa em silaba inicial e em silaba interna antes da acentuada.

Fernão de Oliveira testemunha, como vimos, que no século XVI a variação ocorria no dialeto padrão de Lisboa quando afirma que das vogais "entre *u* e *o* pequenos há tanta vizinhança que quase nos confundimos" (1975:64) e apresenta como ilustração os casos de assimilação em *somir/sumir; dormir/dormir.*

Pelos dados de C. Maia e dos *D.S.G.* se pode inferir que a harmonização nesse tipo de verbo, ou seja, de vogal temática *i*, começa a aparecer com maior frequência na segunda fase do português arcaico, ou seja, dos fins do século XIV em diante.

Encontra-se a grafia < o > / < u > em itens esporádicos do léxico, como *logar/lugar; mulher/mulher; soterrar/suterrar,* a que não se pode aplicar uma regra de condicionamento fonético do tipo assimilatório.

Parece que, excetuados os casos de alteamento por harmonização, pode-se admitir que a vogal média posterior seria realizada como [ǫ], articulação que se mantém na língua culta de Lisboa ainda no século XVIII (Maia 1986:408).

A oposição entre as médias abertas e fechadas em posição pretônica

A história das vogais não acentuadas em posição pretônica, do latim para o português, permite que se definam regras gerais de correspondência do seguinte tipo para as vogais da série anterior e posterior:

Latino	Português	Latino	Português
/ī/	/i/ (= alta anterior)	/ū/	/u/ (= alta posterior)
/ĭ/	/ɛ/ (= média anterior)	/ŭ/	/o/ (= média posterior)
/ē/		/ō/	
/ĕ/		/ŏ/	

Exemplos para cada caso se encontram nas gramáticas históricas. As vogais não acentuadas médias do português resultam de um complexo fenômeno de fusão de fonemas vocálicos latinos, como se pode observar na representação acima.

A história desses fonemas do português que pode ser acompanhada pela informação dos gramáticos, embora só a partir do século XVI, pela grafia da documentação medieval e também pelas variantes dialetais documentadas do português ao longo do tempo, permite afirmar que em determinados contextos se neutralizaria (e se neutraliza) – como vimos – a oposição entre médias e altas.

Quanto à variação entre as médias – [e] ~ [ɛ] e [o] ~ [ɔ] em posição não acentuada, que caracteriza o português brasileiro, não se encontra hoje no português europeu.

Como vimos anteriormente, pela documentação medieval, pode-se propor para a anterior uma realização média do tipo [e], com possível alteamento, não só, mas principalmente, nos casos de harmonização vocálica, também para a posterior; seria uma realização também média, do tipo [o], com possível alteamento condicionado. Para a variação média aberta/média fechada, a grafia da documentação medieval não fornece pistas.

Contudo, se poderia admitir um sistema para as pretônicas com duas anteriores e duas posteriores.

/i,e/   e   /u,o/

e na posição baixa um fonema /a/, com possível variação fonética [a] [ɐ̃]. Haveria variação fonética médias abertas e médias fechadas do tipo [e] [ɛ] e [o] [ɔ]?

Paul Teyssier (1982:41-43) destaca um fato significativo que é o da mudança estrutural que ocorre nesse sistema de cinco elementos

/i/   /u/
/e/   /o/
     /a/ ＿＿＿＿＿ /a/
              /ɐ̃/

anteriormente representados, mudança que terá sido posterior ao século XIV. Em síntese, como consequência da fusão ou crase de vogais distintas postas em contato, por queda de consoante intervocálica, surgem pretônicas médias abertas /ɛ/, /ɔ/ e /a/, que persistem na variante europeia do português.

Ilustra sua análise com os exemplos:

Port. Arc. 1	Port. Arc. 2
(antes do séc. XIV)	(depois do séc. XIV)
esqu*ee*cer (lat. escaecer)	esqu*e*cer [ɛ] escaecer)
pr*ee*gar (lat. praedicare)	pr*e*gar
c*aa*vieira (lat. *calavaria)	c*a*veira [a]
p*aa*deiro (lat. *panatariu)	p*a*deiro
c*oo*rar (lat. colorare)	c*o*rar [ɔ]

resultantes, portanto, essas médias abertas da fusão de duas pretônicas, passaram a opor-se às fechadas, provenientes de vogais simples, de acordo com as correspondências etimológicas e gerais como em:

pr*e*gar (= fixar com pregos)	lat. *plicare*
c*a*deira	lat. *cathedra*
m*o*rar	lat. *morare*
c*u*rar	lat. *curare*

Concluindo sua análise, admite que, por volta de 1500, portanto no fim do período arcaico, o sistema vocálico pretônico poderia ser representado assim:

/i/		/u/
/e/		/o/
	/ɐ̃/	
/ɛ/		/ɔ/
	/a/	

Tal sistema, provável no século XVI, não persistiu nas variantes já mencionadas do português atual.

Em linhas gerais, admitindo-se a análise de Teyssier, pode-se dizer que há reduções, de natureza distinta, tanto na variante brasileira como na europeia do português.

Nos dialetos brasileiros há neutralização, em que as realizações variam entre média fechada e aberta, por vezes a depender do contexto, também a alta (cf. ex. (1)):

(1) [me'ninu] ~ [mɛ'ninu] ~ [mi'ninu]
    [moh'didu] ~ [mɔh'didu] ~ [muh'didu]
(2) [ko'rah] ~ **[kɔ'rah]** ~ [ku'rah]
(3) [pre'gah] ~ [prɛ'gah]

Nos portugueses há as médias abertas no subgrupo do léxico em que a pretônica é proveniente da crase histórica, que não variam com a média fechada, como no Brasil, mas se opõem às altas:

> (2a) [kɔ'rar] : [ku̥'rar]
> (2b) prɛ'gar] : [pri̥'gar]

As variantes brasileira e portuguesa descritas anteriormente podem ser representadas:

```
         /i/                /u/              /i̥/         /u̥/
[e̥] ──→ /E/              /o/ ←── [o̥]       [ɛ]         [ɔ]
/ɛ/ ──↗                       ↘ /ɔ/
        P.B.                                        P.E.
```

Sequências vocálicas orais: ditongos e hiatos

Neste subitem trataremos de sequências vocálicas orais numa mesma sílaba, os ditongos, e em sílabas contíguas, os hiatos. Transferimos para o item subsequente as sequências vocálicas nasais.

Ditongos decrescentes, hiatos e crases

Paul Teyssier (1982:26 e 43) apresenta para a primeira fase do português arcaico, ou seja, a fase galego-portuguesa, o sistema de ditongos chamados decrescentes, representados em I e informa que esse sistema se enriqueceu ao longo da segunda fase, sendo assim possível propor o sistema representado em II para uma data à volta de 1500:

I. a. ditongos com semivogal /y/   b. ditongos com semivogal /w/

        –   uy   iw   –
        ey   oy   ew   ow
        ay   aw

II.
        –   uy   iw   –
        ey   oy   ew   ow
        ɛy   ɔy   ɛw   –
        ay   aw

São exemplos de Teyssier para o sistema I:

    a.   prim*ei*ro (lat. primariu-), m*ai*s (lat. magis), c*oi*ta (lat. cocta-), fr*ui*to (lat. fructu-);

    b.   *partiu* (lat. partiuit), vend*eu* (lat. *vendeuit), ca*u*tivo (lat. captivu), c*ou*sa (lat. causa).

Vale questionar nessa análise se já na 1ª fase não haveria o ditongo /ɛw/: afirma-se que palavras como *meu, deus, judeu* (lat. *meu-, deus, judaeu-*) teriam originalmente a vogal base do ditongo aberta, por causa do seu étimo, vindo a fechar-se por assimilação à semivogal alta. Evidência para isso é o fato de não se rimar nos *Cancioneiros* tais ditongos com aqueles provindos de étimos que predizem uma vogal fechada, como é o caso do /eu/ da 3ª pessoa do singular dos verbos da 2ª conjugação (Ramos 1983:100-101).

Se observarmos os exemplos de Teyssier que ilustram os ditongos já documentados nos primeiros textos galego-portugueses, vemos que só em *cousa* (lat. *causa*) o ditongo português veio de um ditongo latino. Os outros são ditongos secundários, isto é, resultam de mudanças fônicas ocorridas no período de constituição do hispanorromance do noroeste ibérico: em *coita, fruito, cautivo,* os ditongos se formam pela vocalização de elementos consonânticos; em *partiu e vendeu* a semivogal /w/ que fecha o ditongo resulta de mudanças que fizeram os elementos finais desaparecerem; em *primeiro,* o ditongo provém da mudança de silaba, ou metátese, do /y/ latino e posterior assimilação vocálica (*ai > ei*); em *magis,* resulta da queda ou síncope da consoante sonora intervocálica.

É o fenômeno de queda da consoante sonora em posição intervocálica que, em geral, está na origem dos nossos ditongos da segunda fase do português. Utilizando ainda os exemplos de P. Teyssier (pág. 44) para os novos elementos de II, cruéis (lat. *crudeles),* sóis (lat. *soles),* céu (lat. *caelu*): até o fim do período arcaico, palavras como essas apareciam grafadas não com os grafemas próprios às semivogais (*i, y, h* para a semivogal anterior /y/ e *u* para a posterior /w/), mas com *e* ou *o: cruees, soes, ceo,* o que indica que antes de se tornarem semivogais esses elementos eram vogais e até se ditongarem constituíam sequências vocálicas em hiato, uma em cada silaba, portanto.

O fenômeno fonético referido no parágrafo anterior (síncope de consoantes sonoras intervocálicas, do latim para o português) faz com que se representem na escrita do português arcaico sequências de vogais idênticas, ocupando ou não silaba acentuada do tipo (marcaremos com o diacrítico < ´ > a vogal acentuada):

— m*áa*, pa*á*ço, p*ée, leér,* tr*íi*go, ri*í*r, p*óo,* co*ó*r, cr*úu*
— pa*a*ncáda, pr*ee*gár, rem*ii*dór, vo*o*ntáde
— perig*oo,* pób*oo,* diáb*oo,* Brág*aa*

Como se trata de vogais da mesma faixa de altura atuou, ao longo do período arcaico, a regra de crase ou de fusão de vogais idênticas. Pela escrita e pela métrica dos *Cancioneiros* se pode afirmar que já no século XIII essa fusão poderia operar-se. A grafia, eventualmente, apresenta indicação quando alternam vocábulos ora com vogais simples ora com vogais duplas.

Os *Cancioneiros* evidenciam fatos como: nas *Cantigas de Santa Maria, triigo* se apresenta com três ou duas sílabas; na grafia de documentação em prosa se pode observar, por exemplo, que nos *D.S.G.* (texto em prosa do séc. XIV) há 905 casos do tipo descrito e exemplificado anteriormente, nelas 0,3% de representação escrita com uma só vogal (quando a distribuição é em sílaba acentuada) e 72% com uma só vogal, quando em sílaba não acentuada. Esse dado é interessante porque pode servir de testemunho para afirmar que a crase se iniciou pelas silabas não acentuadas.

A queda das sonoras intervocálicas, além de ditongos e sequências em hiato de vogais idênticas, depois fundidas pela crase, produziu hiatos constituídos de vogais que não podem fundir-se por não estarem na mesma faixa de altura, como em: cr*eo* (lat. credo), cand*ea* (lat. candela).

Segundo Williams (1961:35.7.A), tais hiatos permanecem até o século XVI. Só então se desfazem pela regra de inserção de semivogal, surgindo, assim, novos itens lexicais com o ditongo /e/: creio, cand*ei*a. A versão trecentista dos *D.S.G.* sempre apresenta a grafia indicadora do hiato < *eo, ea* > . Na documentação analisada por C. Maia (1986:595) só em um texto de 1500 ocorre a variação < *eo, eio* >, em documento galego e nenhum nos documentos portugueses que são do século XIII ao XVI. Esses dados são testemunhos que confirmam a afirmativa de Williams.

Vale lembrar que há, como nos ditongos, hiatos primários, isto é, hiatos herdados do latim. Como em:

apr*ee*nder, compr*ee*nder (< apre*h*endere, compre*h*endere),
retr*ai*r (< arc. retr*ae*r, lat. retra*h*ere),

e não apenas como resultado de mudanças fônicas como as já referidas.

Já na fase arcaica há indícios da variação dos ditongos < ou ~ oi >, ainda hoje existente nas variantes da língua portuguesa: no Brasil diz-se co*is*a, em Portugal, co*us*a (lat. *causa*-); *ou*ro, no Brasil, enquanto em Portugal, *oi*ro (lat. *auru*-).

Esses ditongos em variação têm origens históricas distintas: < ou >, do ditongo latino < au >, ou resultado da vocalização do /l/ em < al >: mouro (< lat. m*au*ru), *ou*tro (< lat. *al*teru). < oi >, resultado do /k/ em sequências do tipo /kt/, /ks/ ou da metátese da semivogal da sílaba seguinte: *oi*to (< lat. octo), c*oi*ro (< lat. cor*iu*).

Eventualmente a variação, em desacordo com a etimologia, ocorre desde o século XIII. Nos *D.S.G.* as 1206 ocorrências de < ou > e as 126 de < oi > estão de acordo com o que a etimologia prediz. Uma curiosidade gráfica do *Orto do Esposo,* texto dos fins do século XIV, indica talvez a dúvida do escriba diante de duas possibilidades de realização: há nesse texto seis ocorrências de *noyte* (< lat. nocte) e uma de *nouyte.* C. Maia (1986:567) dá exemplos do século XIV para essa variação: m*oi*ro/m*ou*ro; c*ou*sa/c*ou*sa; c*oi*ro/c*ou*ro.

Vimos, quando tratamos das vogais, que era possível em posição não acentuada inicial a variação < ou ~ o ~ u > , < ei ~ e ~ i>: *ou*liveira, *o*liveira, *u*liveira; *ei*greja, *e*greja, *i*greja. Ao longo da história da língua, a monotongação do /ey/ e do /ow/ em /e/ e /o/ vem se processando e distingue dialetos regionais portugueses. No Brasil em que, como nos dialetos meridionais portugueses, em geral se monotongam, a possibilidade de articulação ditongada marca variantes de natureza sociolinguística, mas não apenas, parece-me; fatores estilísticos e estruturais (distribuição do ditongo no vocábulo, classes de palavras) entram também em jogo nessa variação entre ditongos e vogais monotongadas.

No período arcaico e ainda posteriormente se documentam, em variação com vogais, ditongos em formas derivadas de palavras latinas em que se vocalizaram consoantes latinas, por exemplo:

> tra*u*tado, fr*u*ito, cond*u*ita, cond*u*ito, l*u*ita, ca*u*tivo (lat.
> tr*ac*tatu-, fr*uc*tu-, cond*uc*ta-, cond*uc*tu-, l*uc*ta, ca*p*tivu-),
> normatizado depois em tr*a*tado, fr*u*to, cond*u*ta, cond*u*to, c*a*tivo.

Ditongos crescentes

Documentam-se com frequência no período arcaico ditongos crescentes (= semivogal + vogal) do tipo /yu/ e /ya/, derivados de hiatos no latim, que vieram depois a desaparecer. Muitas vezes a semivogal nessas sequências vem grafada com *h*, embora seja o *y* a grafia mais usual para a semivogal anterior:

– chuv*h*a (lat. pluv*i*a-), soberv*h*a (lat. superp*i*a-), nerv*h*o (lat. nerv*i*u-), rav*h*a (lat. rav*i*a), correspondendo a *chuva, soberba, nervo, raiva;*
– *rav*hoso, soberv*h*oso, limp*h*o *(raivoso, soberbo, limpo);*
– cóm*h*a (lat. com*e*at), sérv*h*o (lat. serv*i*at), posteriormente: *coma, servo.*

A semivogal do ditongo arcaico, nesses casos, ou desloca-se para a sílaba anterior ou desaparece, mas deixa seu reflexo no alteamento do timbre da vogal acentuada.

Movimento inverso ocorre, quando ditongos crescentes do latim são recuperados: no português arcaico, a semivogal do étimo, por metátese, ocorre na sílaba precedente, por exemplo:

p. arc.: avers*ai*ro, contr*ai*ro, not*ai*ro; posteriormente:
adversár*i*o, contrár*i*o, notár*i*o (lat.: adversar*iu*-, contrar*iu*-, notar*iu*-).

Na fase arcaica, o ditongo crescente que tem como semivogal o elemento /w/ – /wa/, /wo/ – ocorre seguindo as velares /k/ e /g/ e são geralmente representados por *u*, raramente por *o*. Na documentação analisada por C. Maia (1986:426), a par de múltiplas ocorrências de *u*, do séc. XIII ao XVI (g*u*ardar, q*u*anto, q*u*al, q*u*arto, q*u*antia, q*u*artos, q*u*ando, **quarẽẽta**) ocorrem onze vezes, ag*o*a, ag*o*ardente, meng*o*a.

Essa última grafia será a adotada pelos dois primeiros gramáticos, com a intenção explícita de distinguir a semivogal da vogal e substituirá a grafia antiga (cf. item "Em posição não acentuada").

Na documentação de C. Maia já é, no entanto, frequente a grafia que indica a perda da semivogal: g*a*rdar, ag*a*rdente, c*a*lquer, c*a*torze, realização que, segundo a autora (1986:642), é habitual hoje no galego e nos dialetos populares do Minho.

Esse fato, como outros indicados, evidenciam já no período arcaico a variação nessas sequências vocálicas.

Nas sequências grafadas < *ue, ui* > precedidas de < q, g > o < *u* > é apenas um recurso gráfico remanescente do latim, sem valor fônico, como em: *que, aquele,* aquilo, g*ue*rra, g*ui*sa.

Em face dessa assimetria gráfica em que *q e g*, seguidos de *ua, uo* representam ditongos crescentes e em que *ue, ui,* precedidos de *q e g* não representam, se encontram na escrita arcaica grafias do tipo g*ua*nhar por g*a*nhar, pag*ua*r por pag*a*r, va*qua*, por vac*a* espelhada nas grafias do tipo *que, que*ria e, talvez, hipercorretas, já que dialetalmente era provável a existência de pronúncias do tipo g*a*rdar ou c*a*lquer.

Os escribas, sem uma norma ortográfica bem definida e explicitada – o que só começa a estabelecer-se na segunda metade do século XVI – demonstram nesses casos a sua vacilação na representação gráfica, não só pela assimetria da tradição escrita como também pela dificuldade, certamente, de dar conta de uma realidade fônica variável.

No decorrer dessa exposição sobre sequências vocálicas pretendemos mostrar, a par do seu aspecto sistemático, evidências para os processos de constituição de ditongos e de crases, em sequências antes em hiato, além da possibilidade de variação, na sincronia arcaica, entre ditongos e entre ditongos e vogais.

Esses fatos mostram que o fazer-se e desfazer-se de sequências vocálicas do português é um fenômeno complexo, diversificado e variável que acompanha sua história desde as origens.

Nasalizações: vogais, hiatos, ditongos

As vogais e os ditongos nasais do português resultam de vogais seguidas de consoantes nasais no latim. Essas consoantes podem estar:

- em posição implosiva, isto é, fechando sílaba, portanto homossilábica (lat. d*en*te-, c*am*biare: port. d*en*te, c*am*biar);
- em posição intervocálica, em que a consoante do latim vai desaparecer (lat. la*n*a, ma*n*u: port. lã, mão);
- em posição implosiva final de palavra, ou seja, antes de pausa (lat. ama*n*t, *in, cum:* port. am*am, em, com*);
- a nasalidade da vogal também pode resultar da contiguidade da consoante nasal que inicia a sílaba seguinte, ou seja, heterossilábica, que não desapareceu do latim para o português, como ocorre no caso *b* (lat. a*m*are, fla*mm*a: port. a*m*ar, cha*m*a; a*nn*u-, pa*nn*u-: port. a*n*o, pa*n*o*)*.

Observe-se que, em todos os casos, a nasal sucede a vogal, por isso dizer-se que, regra geral, a nasalidade é regressiva no português.

Comecemos pelo tipo *d.- amar, chama, ano e pano:* esses exemplos evidenciam a permanência da consoante nasal latina – do -*m*-, do -*mm*- e do -*nn*-. No caso das duplas ou geminadas, simplificaram-se segundo a regra geral de simplificação das geminadas do latim para o português.

A presença de uma nasal hererossilábica pode resultar no português na nasalização da vogal precedente. Atualmente há dialetos que nasalizam mais ou menos fortemente essa vogal e outros que não a nasalizam. Não se tem como saber, com exatidão, se essas vogais seriam ou não nasalizadas no português arcaico. Pode-se admitir que essa variação fonética já existisse, distinguindo dialetos, já que o contexto fônico é propício à nasalização.

Essas vogais de que tratamos são as *vogais nasalizáveis* ou *nasalizadas,* quando o dialeto nasaliza.

Os dados agrupados em *a., b. e c.* são os que identificam as vogais classificadas como *vogais nasais.*

Pode-se dizer que no português arcaico havia um sistema constituído de cinco vogais nasais, como afirmam Teyssier (1982:28) e M. A. Ramos (1983:96):

/ĩ/   /ũ/
/ẽ/   /õ/
/ã̜/

Vogais seguidas de nasal implosiva, homossilábica

Como em: s*in*to, s*en*to, s*an*to, c*on*to, j*un*to, também em c*am*po, *am*bos, t*em*po, *om*bro, pen*um*bra, l*im*bo, m*an*ga, l*on*go etc.

Na documentação manuscrita medieval, a representação da nasalidade, em casos como o desses exemplos, pode estar grafada com til sobre a vogal ou com *n* ou *m* seguindo a vogal, de acordo com a grafia do latim.

O problema que se coloca para a fase arcaica, no que concerne aos casos do tipo *a* é se neles tinha-se uma vogal nasal ou uma vogal com travamento consonântico nasal que seria realizada como dental (p. ex.: *sinto*), como labial (p. ex.: *campo*), como velar (p. ex.: *longo*), *a* depender, portanto, do ponto de articulação da consoante subsequente.

Os que trataram do problema se dividem:

Huber (1933/1986:§238) não vacila e considera vogal seguida de consoante nasal, quando a consoante subsequente é dental ou velar; outros deixam em aberto a questão como A. Ramos (1983:96); Celso Cunha, no seu estudo sobre *a Rima de vogal oral com nasal* afirma que essa vogal já nasal começa a estar indicada em documentos do latim bárbaro e fixa o fenômeno como iniciado no século X,

> Os começos do fenômeno podemos fixá-lo no século X, quando certas palavras principiam a ser grafadas, em documentos do latim bárbaro, sem o -n- etimológico, sinal de que esta consoante, na língua viva, já se devia ter convertido no traço nasal da vogal nasal antecedente (1961:189).

Nesse estudo C. Cunha defende as vogais nasais contra orais seguidas de travamento consonântico nasal, indo de encontro aos filólogos da primeira metade do século (Michaëlis, Nobiling, Nunes, Lapa, que depois aceitou a análise de C. Cunha) que consideravam a rima V nasal/oral, não como assonâncias da poética medieval galego-portuguesa, mas antes como V oral + C nasal, rimando com V oral, do tipo am*i*go-c*i*ngo, c*i*ngo-com*i*go, tr*a*go-*a*mbos, como na cantiga de amigo de D. Dinis:

Madre, moyro d'amores que mi deu meu *amigo* quando vej'esta cinta, que por seu amor *cingo* Alva é; voy lieiro!

Quando vej'esta cinta, que por seu amor *cingo,* e me nembra, fremosa, como falou *comigo.* Alva é; voy lieiro!

Quando vej'esta cinta, que por seu amor *trago,* e me nembra, fremosa, como falamos *ambos.* Alva é; voy lieiro!
(cf. C. Cunha 1961:190)

A argumentação de C. Cunha de que essas vogais já eram nasais é convincente. Não se pode decidir se, na sua articulação fonética, se realizaria o decurso consonântico condicionado pela consoante seguinte. Nem as rimas nem as grafias fornecem elementos para isso.

Nos estudos do português contemporâneo se dividem nas suas análises os fonólogos: entre fonemas vocálicos nasais e fonemas vocálicos, foneticamente nasalizados, seguidos de arquifonema nasal, foneticamente realizado com um traço consonântico nasal, articulado como a consoante subsequente – labial, dental, velar (c[ãm]po, c[ãn]to, s[ãn]gue).

Nasal latina /n/ em posição intervocálica e suas consequências no português

A queda, perda ou síncope da nasal alveolar simples em posição intervocálica do latim é um fenômeno fonético que caracteriza as variantes hispanorromânicas do noroeste peninsular, isto é, a variante galego-portuguesa, em oposição às outras – leonês, castelhano etc. Considera-se que essa mudança fônica começou a ocorrer no século X ou XI e estaria em curso no século XII "nas vésperas do aparecimento dos primeiros textos escritos galego-portugueses" (Teyssier 1982:15).

Sabe-se também que, na sua origem, é um fenômeno próprio ao galego e ao português setentrional já que não ocorreria nos dialetos moçárabes (variante hispano-românica centro-meridional, falada pelas populações cristãs que ficaram sob o domínio árabe a partir do século VIII). Argumento para isso são remanescentes do -*n*- em topônimos de origem latina dessa área e indicadores no vocabulário de dialetos populares do Alentejo e do Algarve, em que o -*n*- etimológico permanece, quando desaparece no noroeste peninsular (Teyssier 1982:16).

A queda da consoante deixa o traço nasal da vogal que a precede e essa nasalidade se expande à vogal seguinte. A consequência fônica disso é o surgimento de hiatos constituídos de vogais nasais que sofrem mudanças subsequentes. Pela métrica do *Cancioneiro Medieval*, essas sequências ainda estão em sílabas separadas.

Atente-se para o fato de que a queda da nasal intervocálica se integra na regra geral do latim para o português em que as consoantes sonoras intervocálicas simples, regra geral, desaparecem. Vimos, em "Sequências vocálicas orais: ditongos e hiatos", que essa mudança fônica origina hiatos e ditongos orais no português.

Se as vogais que ficam contíguas, pela queda do -n-, estão na mesma faixa de altura, elas virão a fundir-se, isto é, craseiam-se.

Na primeira fase do português arcaico é comum a grafia da vogal duplicada, marcada a nasalidade por til (por dois sinais de til ou por um, alongado, que recobre as duas vogais: *lāā* ou *l̃aa; bōō, l̃oo; tẽẽr, tẽer; algũũ, algũu; vĩĩr, vĩir* (lat. *lana, bonu, tenere, alicunu, venire*). Também ocorre a grafia com o diacrítico < ´ > em cada vogal (*láá, bóó* etc.) que se costuma interpretar como indicador de hiato.

Essas grafias com vogais duplicadas, com indicação ou não de nasalidade, prolongam-se até o século XV. Afirma-se, contudo, que a fusão ou crase das vogais contíguas começou a realizar-se desde o século XIII, constituindo assim vogais nasais. Esse fato, se não se admitir vogal nasal nos casos discutidos no item A, permite dizer que havia as vogais nasais no sistema vocálico do português arcaico já desde o século XIII.

Essas vogais nasais em vários itens do léxico vêm a perder a nasalidade, como em *tẽẽr* > *teer* > *ter; vĩĩr* > *viir* > *vir;* em outros se mantêm ou como V nasal (lãã, lã, p. ex.) ou foneticamente ditongadas, se são finais *(bẽẽ, bẽ [bẽỹ])*.

Se a perda do -n- intervocálico põe em contato vogais que, foneticamente, não se podem fundir por serem de faixas de alturas distanciadas ocorrem hiatos vocálicos, em que a vogal antecedente ao -*n*- etimológico se torna nasal. Esses hiatos vão ser desfeitos por regras fonéticas de vários tipos, no decorrer do período arcaico.

Observem-se os exemplos:

LATIM		PORT. ARC. (sécs. XIII-XV)		PORT. SÉC. XVI		
1.	perdonare	→	perdõar	→	perdoar	–
	corona	→	corõa	→	coroa	–
	bona	→	bõa	→	boa	–
	minus	→	mẽos	→	meos	→	menos
2.	plena	→	chẽa	→	chea	→	cheia
	alheno	→	alhẽo	→	alheo	→	alheio
	senu	→	sẽo	→	seo	→	seio
3.	vinu	→	vĩo	→	vinho	–
	farina	→	farĩa	→	farinha	–

Nos exemplos do tipo 1, o traço nasal vem a desaparecer, a vogal desnasaliza-se, deixando sequências vocálicas em hiato. Em lat. *minus,* arc. *mẽos/meos,* mod. *menos* há uma reinserção da nasal etimológica (assim também em *minor,* arc. *mẽor/meor,* mod. *menor*). E uma regra específica a alguns itens do léxico, retomada à forma latina.

Nos exemplos do tipo 2, após a desnasalização, as sequências em hiato < eo >, < ea > são desfeitas pela inserção ou epêntese da semivogal anterior e palatal, constituindo-se um ditongo, cuja base é uma vogal também anterior e palatal. Nas grafias do século XVI é que o elemento semivocálico inserido começa a aparecer. Na versão trecentista, por exemplo, dos D.S.G., nas 285 ocorrências dessa sequência, a grafia alterna com ou sem o til indicador de nasalidade < eo, ẽo / ea, ẽa >, mas nunca a grafia moderna < eio, eia >.

Nos exemplos do tipo 3, o hiato nasal constituído de vogal nasal anterior palatal, seguida de -o, -a é desfeito pela inserção de uma consoante nasal palatal /ɲ/. Pode-se acompanhar nas grafias da documentação os estágios gráficos do tipo < -ĩo, -ĩho, -inho / -ĩa, ĩha, -inha >. Admite-se que já no século XIII a realização com consoante nasal palatal existia. A grafia que a indica, o dígrafo < nh >, é recurso gráfico tomado emprestado da grafia francesa e começa a ser adotado em documentos portugueses na segunda metade do século XIII, primeiro em documentos da Chancelaria Real. No *corpus* trecentista dos D.S.G., por exemplo, convivem as três grafias, variando sua frequência (-ĩo, -ĩa, 17%; -ĩho, -ĩha, 73%; -inho, -inha, 10%). Nesse texto ocorrem as três grafias para um mesmo vocábulo: < vĩo >, < vinho >, < vĩho >, < agĩa >, < agĩha >, < aginha >. Essa grafia variável informa sobre a possível indecisão do escriba medieval diante das possibilidades gráficas que conhecia e também sobre a possibilidade de conviverem então uma realização com consoante palatal e outra sem, variação que na atualidade também se verifica na fala– ['vĩu] ~ ['vĩɲu], por exemplo.

Vogais e ditongos nasais em posição final de vocábulo

As vogais em posição final no português arcaico resultam, em geral, da perda de elementos finais, isto é, da apócope que faz a nasal etimológica vir a fechar a sílaba e nasalizar a vogal precedente: *cora*tione > coraçon [õ], *cane* > can [ã̰], *amant* > aman [ã̰], *ama(ve)runt* > amaron [õ]. Em alguns elementos gramaticais do português, já no antecedente latino, a nasal fechava a sílaba, como em *in, cum* (port. *em, com*).

Outras nasais finais resultam da fusão de vogais da mesma faixa de altura, consequência da síncope da nasal intervocálica etimológica: *alicunu* > **algũu** > algum [ũ]; *unu* > ũũ > um [ũ]; *fine* > fĩĩ > fim [ĩ], vogais nasais que antes eram hiatos de vogais idênticas, como informa a grafia com nasal duplicada e a rima ducentista.

Pode-se assim afirmar que no período arcaico se documentam, em posição final também, o sistema de cinco vogais nasais (/ĩ/, /ẽ/, /ã/, /õ/, /ũ/).

A queda do -n- intervocálico também está na origem dos ditongos nasais do tipo: *mão, mãos* [ã̰w̃] (lat. *manu-, manos*), *corações* [õy] (lat. *corationes*), *cães* [ã̰ỹ] (lat. *canes*). Precede, historicamente, à ditongação o hiato, decorrente da queda do *-n-* que pôs em contato vogais que estavam em silabas diferentes e de faixas de altura diferentes. Esses hiatos nasais desfazem-se pela semivocalização da vogal que será a margem do ditongo. Esses, como outros hiatos já mencionados, desfazem-se no período arcaico; a métrica dos *Cancioneiros* fornece pistas para isso. Pode-se assim dizer que já no português arcaico havia os ditongos nasais [ã̰w̃], [õỹ], [ã̰ỹ].

E também durante o período arcaico que começa a processar-se a ditongação das vogais nasais /õ/ e /ã̰/, em posição final de nomes e verbos. Essa ditongação leva à convergência na direção do ditongo [ã̰w̃] que – já no século XVI – é própria ao dialeto padrão de Portugal.

Observem-se os exemplos:

Lat.	Port. Arc.	Sec. XVI (Dialeto padrão)
coratione	coraçon [õ]	coração [ɐ̃w̃]
cane	can [ɐ̃]	cão [ɐ̃w̃]
amant	aman [ɐ̃]	amam [ɐ̃w̃]
ama(ve)runt	amaron [õ]	amaram [ɐ̃w̃]

Embora o padrão atual português e brasileiro indiquem um ditongo [ɐ̃w̃] do lat. *-one, -ane* e do etimológico *-anu* (como em *mão* > manu), há dialetos populares portugueses do Norte em que a ditongação resulta em [õw̃], com uma etapa anterior [õ], tanto para os derivados *-one,* como de *-ane e -anu,* e apresenta o testemunho de Duarte Nunes de Leão, gramático da segunda metade do século XVI:

> No século XVI, quando no português literário e na língua culta do centro do país já as três terminações [-anu > -ão, -one, > on, -ane > an] se tinham uniformizado em -ão, a pronúncia -õ era tida pelos gramáticos da época como característica da região interamnense (Maia 1986:604)

Admite-se que a convergência no dialeto padrão já existiria desde a segunda metade do século XV, já que no *Cancioneiro Geral de Garcia de Rezende* (coletânea de poemas do séc. XV para XVI) rimam, em várias poesias, indiferentemente, palavras provenientes dessas três origens, enquanto no *Cancioneiro Medieval galego-português* ocorre, excepcionalmente, a rima *-am* (lat. *-ane)* com *-ão* (lat. *anu),* nas *Cantigas de Santa Maria.* Esses dados sugerem os limites cronológicos dessa mudança que levou à convergência em ditongo nasal, vogais nasais distintas ([ɐ̃], [õ]).

A grafia da documentação medieval também informa sobre o curso da mudança. Por exemplo: se a rima em -ão (de *-ane* e de *-anu) su*gere variação entre *-an/-ão,* o exame desse problema no *corpus* trecentista dos *D.S.G.* permite dizer que nesse conjunto de dados (mais de 3 mil itens foram examinados) *o -om, -am, -ão* nos substantivos sempre correspondem ao étimo, não haveria variação; nesse material, contudo, há indício de confusão gráfica, reflexo possivelmente de variação fônica, nas formas verbais de terceira pessoa do plural do perfeito (lat. *-unt) e* do mais-que-perfeito (lat. *-ant),* que aparecem em *-om* ou *-am* para ambos os tempos verbais. Note-se que essas formas verbais apresentam nasal final em sílaba não acentuada, enquanto os nomes são, em geral, oxítonos. Isso sugere, pelo menos, que a mudança dessas vogais nasais finais em ditongo nasal pode ter começado por uma variação [õ] ~ [ɐ̃] em posição não acentuada.

O ditongo [ɐ̃w̃], entre as línguas românicas, é típico do português e parece que de dialetos do sardo. Não há, portanto, regras fonéticas estabelecidas, pelo estudo comparado das línguas românicas, para explicar a ditongação de [õ], [ɐ̃] em [ɐ̃w̃].

Aqueles que têm explicado esse problema se dividem entre os que seguem a teoria de mudança analógica, com base no [ɐ̃w̃], proveniente de /anu/, considerado, impressionisticamente, como mais frequente; e os que recusam a analogia e propõem uma mudança fônica – de *-one, -unt, -ane, -ant* para [ɐ̃w̃] – em que o travamento consonântico nasal favoreceu o desenvolvimento de uma semivogal, ditongando-se assim a V nasal final. Nessas propostas não fica explicado como as sequências com base *o (-one, -unt)* passam a ter base *a*.

As explicações fonéticas divulgadas discutem o problema, tendo como foco a ditongação [ɐ̃w̃], isto é, a convergência para esse ditongo e não levam em conta a variante [õw̃], de atuais dialetos conservadores do norte de Portugal e que foi recusada pela norma já no século XVI, como vimos. Também não levam em conta a ditongação de [ẽ] em [ẽỹ], que é antiga na história do português.

Se se admite um travamento consonântico que feche a vogal nasalizada pelo *-n* etimológico, em um determinado momento da história do latim para o português, no que se refere às vogais em sílaba interna, como vimos anteriormente, pode-se admiti-lo na sílaba final antes de pausa. Neste caso não teria se enfraquecido ou apagado, depois de nasalizar a vogal precedente, como na silaba interna, o decurso consonântico nasal, mas teria se mantido em posição final, antes de pausa, sob a forma de semivogal do mesmo tipo da vogal base do ditongo – /w/ ou /y/, respectivamente nos ditongos [õw̃] e [ẽỹ]. Paralelamente ao [ɐ̃] se desenvolveria a semivogal [w] e não [y], já que [ɐ̃] tem um traço fônico de recuo da língua como [w].

Se assim for entendido o problema, em um determinado estágio conviveriam como variantes no diassistema do português o ditongo [ɐ̃w̃] proveniente do etimológico [-anu], e do [ɐ̃], do etimológico [-ane] e [-ant]; e o ditongo [õw̃] de [õ], do etimológico [-one] e [-unt]. Como a oposição [ɐ̃w̃] : [õw̃] parece não ter rendimento funcional significativo, na distinção de itens do léxico, a variação entre os dois ditongos nasais, em um mesmo vocábulo e em vocábulos de étimos distintos, poderia ter ocorrido, como aliás indica a grafia de documentos medievais, como já atrás referimos.

A norma que se estabelece no século XVI avalia negativamente [õw̃] e prestigia a variante [ɐ̃w̃] como está explícito em Duarte Nunes de Leão, já mencionado. É esta a realização de prestígio até hoje, enquanto ainda hoje a realização [õw̃] é marcada como popular, arcaizante e regional.

Essa avaliação sociolinguística e provavelmente o fator fonético favorecedor ao ditongo e não à vogal nasal em posição final contribuíram para a seleção do ditongo nasal [ãw̃], como pronúncia de prestígio em detrimento da nasal final e do ditongo nasal [õw̃] que persiste em variantes regionais do norte de Portugal.

Vale lembrar, para finalizar, que, contratiamente à área portuguesa que ditonga as nasais finais, reforçando assim a nasalidade, a área galega não apresenta ditongo nasal final: ou matém a vogal seguida de consoante nasal ou a desnasaliza, a depender da região.

O sistema consonântico e variantes fonéticas

O objetivo principal deste item é demonstrar como se estruturava o sistema das consoantes no período arcaico do português. Para isso levaremos em consideração o ponto de partida, ou seja, o sistema do latim, em confronto com o do português que usamos para, em seguida, apresentar os dados que permitem propor o sistema para o português arcaico e que também permitem analisar variações que atuavam naquela sincronia. Para alcançar esse último objetivo levaremos em conta como informantes fundamentais a grafia da documentação remanescente e pistas que podem ser depreendidas das observações dos gramáticos do séc. XVI.

O sistema do latim em confronto com o atual

Mattoso Câmara Jr. (1975:49-58) apresenta com clareza diferenças do sistema latino em relação ao português. Nele nos apoiaremos e desenvolveremos esta síntese a partir do confronto do quadro das consoantes latinas e do quadro das consoantes portuguesas.

SISTEMA LATINO "CLÁSSICO"

modo de articulação	ponto de articulação	labiais simples	labiais geminadas	anteriores simples	anteriores geminadas	posteriores simples	posteriores geminadas
oclusivas	su.	p	-pp-	t	-tt-	k	-kk-
	so.	b	-bb-	d	-dd-	g	-gg-
constritivas	su.	f	-ff-	s	-ss-	–	–
	so.	–	–	–	–	–	–
nasais		m	-mm-	n	-nn-	–	–
laterais		–	–	l	-ll-	–	–
vibrantes		–	–	ɾ	-rr-	–	–

SISTEMA PORTUGUÊS ATUAL

modo de articulação	ponto de articulação	labiais	anteriores	posteriores
oclusivas	su.	p	t	k
	so.	b	d	g
constritivas	su.	f	s	ʃ
	so.	v	z	ʒ
nasais		m	n	ɲ
laterais		–	l	ʎ
vibrantes		–	R	R

Antes de entrarmos na história, merece um esclarecimento a disposição, neste quadro, dos dois erres do português. O que representamos como /ɾ/ se classifica, sem hesitações, como vibrante anterior simples. Convencionamos representar por /R/ o que se opõe à vibrante simples (cf. ca/r/o 'caro': ca/R/o 'carro') e que pode ser realizado como vibrante alveolar múltipla [r̆], também como consoante posterior – constritiva posterior [x], aspirada [h], realizações que caracterizam dialetos contemporâneos atuais da língua portuguesa. Pode-se, portanto, fazer uma generalização anterior /ɾ/: posterior /R/, desconsiderando aqui seu modo de articulação.

As diferenças na distribuição medial, interior da palavra

a. As geminadas latinas, sempre intervocálicas, se simplificaram, resultando na correspondente simples (*suppa* > *sopa; abbate* > *aba-de; cattu* > *gato; additione* > *adição; bucca* > *boca; aggredire* > *agredir; officina* > *oficina; ossu* > *osso* [s]; *flamma* > *chama; annu* > *ano; caballu* > *cavalo; ferru* > *ferro* [R]).

b. Nas oclusivas se mantém a mesma correlação do latim – labial, anterior, posterior/surdas e sonoras – apesar da atuação da lenização ou abrandamento que se processou desde o latim imperial, resultando na simplificação das geminadas, sonorização das surdas e, na maioria dos casos, no desaparecimento das sonoras. Essas correspondências históricas podem ser representadas, esquematicamente, como segue:

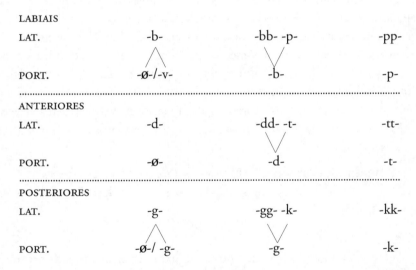

Essas mudanças encadeadas, consequência da atuação do mesmo fenômeno fonético de enfraquecimento articulatório ou lenização, não mudaram, contudo, a configuração do sistema (observem-se os dois quadros). Muitos exemplos de cada uma das mudanças acima representadas se encontram nas gramáticas históricas do português.

c. As constritivas, que só se apresentavam como surdas no sistema latino, apresentam-se com suas correspondentes sonoras no sistema do português, por via também do fenômeno fonético de abrandamento ou lenização já referido: simplificação das geminadas e sonorização das surdas, o que pode ser representado no esquema:

	LABIAIS		
	LAT.	-f-	-ff-
	PORT.	-v-	-f-

	ANTERIORES		
	LAT.	-s-	-ss-
	PORT.	-z-	-s-

Essas mudanças entre as constritivas resultaram numa nova configuração do sistema, com o aparecimento das homorgânicas sonoras, inexistentes no latim. Cada uma delas constituem regras gerais de correspondência fonética e delas há múltiplos exemplos nas gramáticas históricas.

d. Entre as posteriores se encontram no sistema do português atual as palatais constritivas surda e sonora (/ʃ/, /ʒ/), a nasal (/ɲ/), a lateral (/ʎ/).

As palatalizações românicas (não só as portuguesas) resultam de complexas mudanças fonéticas, na maioria dos casos, condicionadas pelo contexto fônico: presença de vogal ou semivogal palatal /i,e/, seguindo consoantes oclusivas. Note-se que se designa pelo termo geral de palatização fenômenos que tenham como característica fonética a posteriorização em direção ao palato de uma articulação anterior, dental, ou a anteriorização em direção ao palato de uma realização posterior, velar. Então são consideradas palatalizações tanto as assibilações como as palatalizações das oclusivas dentais e velares.

As palatalizações do latim para o português podem ser representadas nos esquemas seguintes:

ASSIBILAÇÕES DE ANTERIORES DENTAIS E DE POSTERIORES VELARES

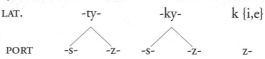

Anote-se que a assibilação do tipo /k/ seguido de vogal /e,i/ pode ocorrer não só no interior como no início da palavra. No item "As diferenças em posição inicial" voltaremos às assibilações por causa do caráter de africados desses fonemas no período arcaico, os quais são hoje constritivos. Note-se também e desde já que as sibilantes do português atual /s,z/ podem vir também da sonorização do /s/ do latim e da simplificação da geminada /ss/ (cf., antes c.).

PALATIZAÇÕES DE ANTERIORES DENTAIS E DE POSTERIORES VELARES

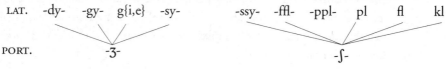

Anote-se aqui também que a palatalização do tipo /g/ seguido de vogal /e,i/ pode ocorrer não só no interior como no início da palavra. As sequências < pl, fl, kl > também se palatalizam quando no início e não apenas no interior da palavra. Em "As variações e o sistema no português arcaico" voltaremos a essas palatalizações por causa do caráter africado desses fonemas – exceto os provenientes de -sy- e -ssy- – no período arcaico.

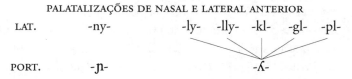

As mudanças fônicas esquematizadas nesse grupo d modificaram a configuração do sistema latino introduzindo os elementos palatais no sistema do português /ʃ, ʒ, ɲ, ʎ/; além disso, como veremos adiante, provenientes desse tipo de mudança – palatalização, no sentido amplo antes definido – o sistema do português arcaico apresentava africadas sibilantes /ts, dz/ e africadas palatais /tʃ, dʒ/, além das constritivas ou fricativas correspondentes. As gramáticas históricas apresentam muitos exemplos dessas mudanças; serão eles utilizados mais adiante na discussão do sistema arcaico.

e. Observando ainda o quadro latino e o português chamamos a atenção para o fato de que as sonoras simples do sistema latino se enfraqueceram chegando a o (cf. b), com exceção da nasal labial /m/, que se manteve, sendo tanto ela como a geminada simplificada os antecedentes históricos do /m/ do português *(amare > amar; flamma >chama)*.
f. A vibrante anterior simples latina é o antecedente histórico da vibrante simples do português *(caru > ca/ɾ/o)*, enquanto a geminada intervocálica resultou na vibrante múltipla *(carru > ca/r̃/o)* que assim se realiza ainda em dialetos conservadores de Portugal e caracteriza algumas áreas do Brasil.

As diferenças em posição inicial

De *a* a *f* tratamos, esquematicamente, das mudanças que levaram o português a apresentar uma nova configuração no seu sistema, decorrentes dos processos fonéticos de lenização (a.-c) e de palatalização (d). Esses fenômenos, exceto nos casos destacados no item d, atuaram sobre as consoantes no interior da palavra. Com isso queremos chamar a atenção para o fato de que a maioria das mudanças na estrutura do latim para o português se verifica nas consoantes distribuídas no interior do vocábulo.

As consoantes latinas em posição inicial se mantiveram no português *(pane > pão; bucca > boca; tela > teia; cane >cão; gallina, > galinha; facere > fazer; salute > saúde; male > mal; nidu > ninho; lege > lei; rosa > rosa).*

Quanto às "novas" consoantes do português /v, z, ʃ, ʒ, ɲ, ʎ/ (cf. Quadro) em posição inicial:

/v:/ provém da consonantização da semivogal posterior /u/, pelo fenômeno fonético de intensificação ou de maior tensão articulatória (/w/inu >/v/inho; /w/ano > /v/ão; /w/idere > /v/er).

/ʒ/: esse mesmo processo é responsável pela consonantização da semivogal /y/ (/y/am > /ʒ/a; /y/acere > /ʒ/azer) na palatal /ʒ/, sendo essa, portanto, uma outra fonte da palatal sonora do português. Vimos antes (cf. d) que o /g/ velar inicial, seguido das vogais /e,i/ palatalizou-se, condicionado pela vogal palatal (/g/ente > /ʒ/ente; /g/eneru > /ʒ/ênero).

/ʃ/: em posição inicial as sequências latinas – < cl-, pl-, fl- > – podiam ser palatalizadas no português (cf. d.) (/kl/amare > /ʃ/amar; /pl/uvia > /ʃ/uva; /fl/amma > /ʃ/ama).

/z/: aparece no latim, em posição inicial, em palavras adquiridas por empréstimo a outras línguas (/z/ephyrum > /z/éfiro, por exemplo, do grego).

/ɲ/ e /ʎ/: só ocorrem em posição inicial em palavras de origem não latina, integradas no léxico português, portanto, por empréstimo de outras línguas.

As diferenças em posição final

Das consoantes latinas, podiam ocorrer em posição final /b, t, d, k, s, m, n, 1, ɾ/. Dessas, /t, s, m/ associadas a lexemas nominais e verbais funcionam como morfemas flexionais. Todas podem ocorrer ou travando lexemas nominais atemáticos da terceira declinação *(caput, nomem, labor, animal, bos,* por exemplo) ou em "instrumentos gramaticais" *(ab, et, ad, ac, his, cum, in,* por exemplo).

No português o inventário em posição implosiva é mais restrito; só ocorrem nessa posição as sibilantes, as líquidas, lateral e vibrante, e o travamento nasal.

Excetuando o /s/ morfema flexional de plural, também em morfemas flexionais verbais e consoantes finais de "instrumentos gramaticais" *(mais, menos, com, em),* as sibilantes, líquidas e o travamento nasal do português não correspondem a consoantes finais latinas, mas a consoantes que se tornaram implosivas pelo desaparecimento da vogal não acentuada final do latim ou desta e de consoante que lhe sucedia *(mense > mês; facit > faz; fecit > fez; amare > amar; animale > animal; cane > can* (arc.) *> cão,* por exemplo).

Contrariamente ao que ocorre às consoantes em posição inicial e, sobretudo, em posição medial, posições em que os elementos do sistema se reestruturam e o sistema é enriquecido, em posição final o inventário é simplificado pelo processo fonético de enfraquecimento do segmento fônico implosivo, que leva a seu cancelamento ou apócope, fenômeno antigo que marca a língua latina já na sua fase pré-clássica.

Para concluir esta síntese sobre o confronto entre o sistema latino e o do português, vale pôr em destaque:

O sistema português se tornou mais simétrico e equilibrado que o latino. Observe-se que, à semelhança das oclusivas, as novas constritivas /v, z, ʃ, ʒ/ preencheram as "casas vazias" das sonoras e das posteriores inexistentes no latim; além disso, as nasais e líquidas apresentam no português elementos posteriores /ɲ, ʎ, r/ inexistentes no latim;

Da posição inicial para a final, vê-se que as primeiras não se perdem, pelo contrário, ganham novos elementos enquanto na posição final quase todas desaparecem. Em posição medial, apenas se perde o traço de germinação. As outras, apesar de se enfraquecerem pela lenização, não chegam sempre ao apagamento ou síncope e, quando chegam, sua posição no sistema vai ser ocupada por outro item já existente no sistema latino que sofreu, portanto, mudança (cf. b). E ainda na posição interna que se encontram numerosos ganhos do sistema pelo surgimento das palatais inexistentes no latim.

Postas as características do sistema latino em relação ao atual podemos, a partir dessas balizas limites no tempo, rastrear como se configurava o sistema consonântico no período arcaico.

As variações e o sistema no português arcaico

O grande salto no tempo da língua que retratamos no item anterior e que recobre do latim padrão clássico do século I ao século XX, no paradigma descrito por Mattoso Câmara Jr., pouco desvendou sobre os vinte séculos da dinâmica linguística que terá existido no curso dessa história. Apenas resultou na apresentação de mudanças concluídas.

Aqui procuraremos esboçar, dos dados de que dispomos, algo sobre o percurso histórico das mudanças fônicas fundamentais que foram responsáveis pela reestruturação do latim para o português atual, fixando-nos em seguida na sincronia que interessa a este livro, a do português arcaico.

Destacamos no item que foram os processos fonéticos de lenização das oclusivas e constritivas, de palatalização e de consonantização das semiconsoantes, os principais responsáveis pela reestruturação apresentada.

Lenizações, consonantizações e palatalizações do latim imperial aos inícios do português arcaico

Quanto às lenizações: quando o português aparece escrito nos inícios do século XIII há uma representação gráfica consistente que permite afirmar que a simplificação das geminadas intervocálicas latinas, a sonorização das surdas intervocálicas e o desaparecimento das sonoras também intervocálicas já teriam ocorrido.

Pode-se aceitar o ponto de vista de que essas mudanças encadeadas se iniciaram já nos primeiros séculos do latim imperial pela simplificação das geminadas que teriam desencadeado as lenizações subsequentes: sonorização das surdas e queda das sonoras.

Sabe-se, pelos resultados e por informações documentadas desses séculos, que as quedas não se processaram de forma categórica, como, por exemplo, é o caso da velar sonora /g/. Essa mudança não atinge todo o léxico do português; permanece a velar sonora, em alguns contextos anotados nas gramáticas históricas, como, por exemplo, quando seguida de /a/ ou /u/ *(legumem > legume, plaga > chaga, p. ex.)* (Câmara Jr. 1975:54).

Sobre a sonorização das surdas intervocálicas informa-se que teria começado desde a época imperial no latim ibérico *(caput > cabo; amatu > amado; amicu- > amigo)* (Teyssier 1982:11). Esse processo de lenização possivelmente percorreu camadas do léxico ao longo dos séculos e não atuou simultaneamente nos diversos espaços linguísticos da hispanorromânia. Pode-se afirmar, por exemplo, que são a líquida /l/ e a nasal /n/ intervocálicas que são os últimos, no tempo, a desaparecer. Teyssier informa que a queda do > -l- > "ocorreu possivelmente em fins do séc. X – por exemplo, em documento em latim bárbaro datado de 995, lê-se *Fiiz* (< Felice) e *Fafia* (< Fafila)" (1982:15). Também se pode afirmar que a queda do < -n- > "ainda estava em curso no século XII, nas vésperas do aparecimento dos primeiros textos escritos" em português (Ibid.). Já vimos, quando tratamos das nasalizações ("Nasalizações: vogais, hiatos, ditongos"), que o resultado desse desaparecimento não é total já que é dele que resulta o traço nasal, responsável pelas vogais e ditongos nasais do português.

Sabe-se também que a perda do *-l-* e do *-n-* do latim, que não ocorreu nas outras variantes hispanorromânicas, não ocorreu também na área dos chamados dialetos moçárabes que se estendiam pelo centro-meridional da Península, inclusive no espaço linguístico em que ficou definida a língua portuguesa. Essa perda é típica, portanto, do galego-português do noroeste peninsular e daí se expandiu, possivelmente, em direção ao sul, vencendo as variantes moçárabes que mantinham essas sonoras intervocálicas latinas.

Assim, entre a data relativamente recente da perda da lateral e da nasal intervocálicas, nos albores do português histórico, e a data recuada da simplificação das geminadas, podemos delimitar apenas, no tempo e na estrutura, os extremos da complexa história que permeia entre a configuração do sistema latino e o do português nesse aspecto focalizado, ou seja, o das diferenças decorrentes das lenizações.

Quanto às consonantizações: vimos que o /y/ e o /w/ latinos seguidos de vogal no início de sílaba, quer interna quer no início de palavra (cf. "As diferenças em posição inicial") resultam, respectivamente, na palatal /ʒ/ e na constritiva labiodental sonora /v/, novos fonemas consonânticos inexistentes no latim. Esse processo de intensificação articulatória, segundo a romanística, já teria ocorrido desde o século I d.C., isto é, quando ainda o padrão "clássico" era forte, graças à coesão centralizadora da capital do Império.

Problema que discutiremos depois é como a constritiva românica /v/ seria articulada no português arcaico. Vale chamar a atenção para o fato de que, seguindo a tradição escrita latina, esses dois fonemas consonânticos permaneceram representados na grafia manuscrita medieval portuguesa pelos grafemas < i > e < u >. O < j > e o < v > só no século XVI são estabelecidos para a representação gráfica desses fonemas consonânticos. Na escrita manuscrita medieval podem ocorrer como variantes gráficas para representar o correspondente ao /y/ latino palatalizado, além do < i >, < gi, yy, yi, j, y e g >, grafias que também são utilizadas para a palatal sonora proveniente de outras fontes, como veremos. Para o correspondente ao /w/ latino consonantizado, além do < u >, ocorre o < v >, grafia que aparece esporadicamente no século XIII e já com mais frequência no XV (Maia 1986:470, 473-474).

Com essas informações, destaca-se que, sendo tão recuadas no tempo essas consonantizações, ainda no século XV era a grafia que refletia sua origem semivocálica que predominava.

Quanto às palatalizações: vimos que uma das fontes da palatal atual /ʒ/ é a consonantização do /y/ seguido de vogal do latim. Em "As diferenças na posição medial, interior da palavra" item d. observamos que, no seu conjunto, as palatalizações de que resultaram as atuais palatais /ʃ, ʒ, ɲ, ʎ/ e as africadas medievais /ts, dz, tʃ, dʒ/, em que nos deteremos, provieram de oclusivas seguidas de vogal ou semivogal palatal /e, i/, na maioria dos casos, ou de sequências consonânticas constituídas de {/k/, /f/, /p/} . seguido de /l/.

Esse conjunto complexo de palatalizações não ocorreu ao mesmo tempo na história do latim para o português. A partir da exposição de Teyssier (1982:9-15) se pode sintetizar o problema da seguinte forma:

a. Já vêm do latim imperial as anteriorizações das velares e a posteriorização das dentais seguidas de /i/ e /e/ que resultarão nas africadas /ts, dz, dʒ/, depois /s, z, ʒ/ tanto no início como no interior da palavra, por exemplo:

/k/ivitate	>	/ts/	>	/s/idade	'cidade'
/k/entum	>	/ts/	>	/s/em	'cem'
/g/entem	>	/dʒ/	>	/ʒ/ente	'gente'
pre/ty/um	>	pre/ts/	>	/s/o	'preço'
pre/ty/are	>	pre/dz/	>	/z/ar	'prezar'
au/dy/o	>	au/ts/	>	/s/o	'ouço'
vi/de/o	>	ve/dʒ/	>	/ʒ/o	'vejo'
fa/ky/o	>	fa/ts/	>	/s/o	'faço'
spon/gy/a	>	espon/dʒ/	>	/ʒ/a	'esponja'

Possivelmente já vêm também do latim imperial as outras palatalizações anotadas em "As diferenças na posição medial" item d. descendentes das sibilantes latinas seguidas de vogal ou semivogal palatal e de nasais e líquidas também seguidas de elemento vocálico palatal, por exemplo:

ba/sy/um	>	bei/ʒ/o	'be*i*jo'
ru/sse/um	>	ro/ʃ/o	'ro*x*o'
se/ny/orem	>	se/ɲ/or	'se*nh*or'
te/ne/o	>	te/ɲ/o	'te*nh*o'
fili/um	>	fi/ʎ/o	'fi*lh*o'

Observe-se que a escrita do português adotou para representar esses novos fonemas tanto grafemas que no latim representavam velares, é o caso de < c, g > , adotou o < x > que representara no latim a sequência /ks/ como utilizou também novos grafemas românicos como < ç, z, nh, lh >. No item seguinte, voltaremos, necessariamente, às representações gráficas dos fonemas resultantes das palatalizações.

Enquanto são muito recuadas nesta história as palatalizações condicionadas por elementos vocálicos palatais, são menos antigas as palatalizações que têm como antecedente consoantes seguidas de /l/.

    b. Pode-se situar entre os séculos V e VIII, isto é, entre a queda do Império Romano e o despontar das variantes românicas, o surgimento de sequências /Cl/ decorrentes da perda da vogal não acentuada.
Resultado na palatal /ʎ/ - *oculu > oc'lu > o/ʎ/o, apicula > apic'la > abe/ʎ/a, ovicula > ovic'la > ove/ʎ/a, tegula > teg'la > te/ʎ/a, scopulu > scop'lu > esco/ʎ/o.*

    c. Como posteriores ao século VIII podem ser situadas as palatalizações das sequências latinas /Cl/ que resultarão na africada, depois constritiva, /tʃ/ > /ʃ/, como em – *plaga > chaga, implere > encher, clamare > chamar, flamma > chama, afflare > achar.* Essas sequências nem sempre apresentam como resultado a palatalização, mas a mudança líquida lateral pela vibrante, por exemplo: *placer > prazer, clavu > cravo, flaccu > fraco.* E em palavras consideradas "empréstimos cultos" ao latim continua a sequência latina, como em: *pleno, clamar, fluir.*
Observe-se, aqui também, que, para esse novo fonema /tʃ/ > /ʃ/ um grafema não existente na escrita do latim foi utilizado, < ch > , tal como o < nh > e o < lh > para as palatalizações do /ny/ e /ly/.

Os dados apresentam, portanto, informações, embora muito pouco detalhadas, para o fato de que as palatalizações do latim para o português não ocorreram simultaneamente no tempo, já que vimos que umas remontam ao latim imperial, outras depois do século V, e outras já no período em que se definem os domínios linguísticos românicos. Sua difusão pelo léxico também não é do mesmo tipo para todos os casos: se os casos *a.* e *b.* resultam em regras gerais, em que, dado o contexto para isso qualificado, a regra atua, o caso *c.*, de todos o mais recente, não se apresenta como os anteriores, mas marca itens lexicais com estatutos diversos no léxico que, nas palavras de Teyssier (1982:14-15) se definem como "populares", "menos populares" e "eruditas", respectivamente, com /tʃ/ > /ʃ/, com /Cr/, com /Cl/ – *chaga, prazer, pleno* < *placa, placere, pleno*, por exemplo.

Definindo o sistema e caracterizando variantes no português arcaico

Há poucos estudos sobre o sistema consonântico e suas variantes no português arcaico. Desenvolveremos a apresentação seguinte com base, principalmente, no detalhado estudo de C. Maia (1986) sobre a grafemática e a fonética histórica do período arcaico, baseado em 168 documentos galegos e do norte de Portugal (do Douro para cima), que cobrem o período histórico entre a segunda metade do século XIII e os começos do século XVI (1262 a 1516). Serão consideradas na discussão, embora sumária, informações dos gramáticos do século XVI, informações sobre dialetos conservadores do português europeu contemporâneo, além da síntese histórica de Teyssier (1982) e observações de L. F. L. Cintra (1963) sobre fatos gráficos arcaicos.

No item anterior aflouramos problemas que aqui serão retomados e tentaremos explicitá-los. Os principais deles são:

- Haveria uma constritiva labiodental /v/, opondo-se à oclusiva bilabial /b/ no período arcaico?
- As africadas sibilantes /ts/ e /dz/ e as africadas palatais /tʃ/ e /dʒ/, que resultam nas fricativas /s/ e /z/, /ʃ/ e /ʒ/ do padrão atual, se mantinham ainda no português arcaico, ao lado das fricativas sibilantes e palatais derivadas, respectivamente: /s/ < /s-/, /-ss/; /z/ < /-s-/; /ʃ/ < /-ssy/; /ʒ/ < /-sy-/, /y/?

Na busca dessas respostas abordaremos, necessariamente, problemas de natureza gráfica que percorrem a escrita da documentação medieval e que informam sobre a constituição do sistema arcaico.

O quadro seguinte considera a análise de C. Maia (1986:502) e dados de Teyssier (1982:26) para a primeira fase do período arcaico, chamada de galego-portuguesa. Está organizado levando em conta maior número de entradas para o ponto de articulação do que os quadros de confronto do latim e do português atual apresentado em "O sistema do latim em confronto com o atual", porque esse detalhamento se faz necessário para a análise:

	labiais	labio-dentais	dentais	alveolares	palatais	velares
oclusivas su	p		t			k
so	b		d			g
africadas su				ts?	tʃ	
so				dz?	dʒ?	
constritivas su	β?	f		s	ʃ	
so				z	ʒ	
nasais				n	ɲ	
laterais	m			l	ʎ	
vibrantes						
simples				ɾ		
múltipla				ř		

Exemplos em contexto idêntico ou assemelhado:

copa /p/	gafo /f/	seco /k/	galo /l/	fero /ɾ/	amo /m/
cabo /b/	gato /t/	cego /g/	galho /ʎ/	ferro /ř/	ano /n/
cavo /β/?	gado /d/				anho /ɲ/
passo /s/	coser /z/	ancho /tʃ/	roxo /ʃ/		
paço /ts/?	cozer /dz/?	anjo /dʒ/?	beijo /ʒ/		

Confrontando este quadro para a primeira fase do português arcaico com o do português contemporâneo, observa-se a presença de uma bilabial constritiva sonora /β/, interrogada, e a ausência da labial constritiva sonora /v/; observa-se também a presença de africadas alveolar surda e sonora /ts/ e /dz/, interrogadas, e de africadas palatais surda e sonora /tʃ/ e /dʒ/, esta última também interrogada, todas ausentes do contemporâneo e, a par dessas estão as constritivas alveolares e palatais surdas e sonoras /s/, /z/, /ʃ/, /ʒ/, como no contemporâneo.

Vamos nos centrar nessas situações em que se distinguem o galego-português do português que usamos.

a. A pergunta que colocamos anteriormente – haveria uma oposição /b/ : /v/ no português arcaico – se deve ao fato de não ser consensual a existência dessa oposição. C. Maia (1986:474-485), na sua detalhada análise da documentação galega e do norte de Portugal dos séculos XIII ao XVI, conclui pela posição de que a perda da distinção /b/ : /v/ (/b/ < lat. b-, -p-, -bb-, Cb; /v/ < lat. u-, -u-, -f-, -b-: *boca* < *bucca*, *cabo* < *caput*, *sábado* < *sabbatu*, *ambos* < *ambos*; *vento* < *uentu*, *cavo* < *cauo*, *proveito* < *profectu*, *dever* < *debere*) é "um traço muito antigo" (p. 481) e Cintra, dos mais completos hispanistas, considera a perda da oposição etimológica inovação relativamente tardia. Expõe essa posição em estudo no qual discute a fronteira fonética que no Portugal contemporâneo separa a parte dos falares do Norte em confronto com o centro-sul, em que a oposição é feita e de onde foi transplantada para o português brasileiro (cf. Maia 1986:480). Paul Teyssier (1982:26), em um quadro do sistema consonântico da primeira fase do português arcaico coloca os fonemas /b/ e /v/; está assim em posição diferente da de Maia que, em quadro equivalente (1986:502), apresenta os fonemas /b/ e /β/ e não /v/. Cintra e Teyssier se encontram e diferem de C. Maia.

Não há desacordo quanto ao fato de que nos falares moçárabes centro-meridionais se fazia a oposição /b/ : /v/ e é com base nisso que C. Maia defende que essa característica do centro-sul moçárabe veio a se manter na variante que é a base do futuro dialeto padrão de prestígio, que começou a se definir no eixo Coimbra/Lisboa a partir, provavelmente, de D. Dinis (✝ 1325).

Diante desses dados pode-se dizer que a oposição que veio a ser a prestigiada vem do sul para o norte e que a perda da oposição etimológica, uma mudança antiga no noroeste peninsular (o primitivo galego-português), que se tomou consistente na sua área de origem – o galego e o português regional setentrional ainda hoje neutralizam a oposição etimológica – foi brecada pela característica que se tomou própria à norma urbana e culta.

Os gramáticos do século XVI são os melhores informantes para fundamentar esse argumento: F. de Oliveira, em 1536, na sua descrição das consoantes distingue o que hoje se classifica de oclusiva bilabial sonora do que hoje se classifica como a sonora homorgância de /f/, isto é, o /v/ (1975:54 e 56). Duarte Nunes de Leão, em 1576, é claro ao marcar o caráter regional da "confusão" b/v dos falares do norte:

> O que muito mais se vee nos Gallegos, & em alguns Portugueses d'entre Douro & Minho que por *vós*, & *vosso*, dizem *bos* &, *bosso*, & por *vida*, disem *bida*.
>
> E quasi todos os nomes, em que ha *u* consoante mudão em *b* (Maia 1986:476).

Se a questão fica clara para a variante padrão do português do século XVI e para o regional, graças aos informes dos gramáticos citados, ela não é assim tão clara para o período arcaico, tanto que Teyssier propõe a oposição /b/ : /v/ com base no que segue:

> Em algumas palavras encontramos regularmente *b: ben*, *saber*, *cabo*; em outras, sistematicamente, *v: valer, vida, travar*. Os casos de hesitação gráfica entre *b* e v existem, mas num número reduzido de palavras (1982:27).

C. Maia, por sua vez, ao destrinchar a grafia de 168 documentos seriados da Galiza e do Entre-Douro-e-Minho português conclui que na fase primeira galego-portuguesa haveria uma oposição /b/ : /β/, embora de base foneticamente frágil, que distinguiria *(cabo < lat. caput* de *cavo* < lat. *cauo)* e no final do português arcaico, nesta mesma área, a oposição já se neutralizara em proveito de uma articulação bilabial e não labiodental (1986:504).

Sua argumentação se baseia na variação gráfica < v,u > ~ < b > – *arbore* por *árvore*, *nobenta* por *noventa*, *libre* por *livre* etc. já existente nos documentos mais antigos e que cresce nos mais recentes, incluindo aí as grafias inversas em que aquilo que deveria estar com *b* aparece com *v* – *veesta* por *beesta*, *vancos* por *bancos*, *ven* por *bem* etc. Além do argumento gráfico, a autora joga com a dialetação hispânica histórica, que favorece o ponto de vista de que é o substrato moçárabe do centro-sul da península Ibérica que reforça a oposição etimológica que será dominante apenas na área portuguesa, mas não nas outras variantes românicas do centro-sul da península Ibérica.

Para concluir podemos então dizer quanto à questão colocada: na fase galego-portuguesa, ou seja, na primeira fase do português arcaico, no noroeste peninsular, haveria uma oposição entre bilabial oclusiva e bilabial constritiva (/b/ : /β/), que convivia com os dialetos portugueses do sul em que se faria a oposição bilabial oclusiva e constritiva labiodental (/b/ : /v/). Na segunda fase, a oposição /b/ : /β/ teria desaparecido nos dialetos setentrionais, neutralizando, portanto, os resultados históricos do /b/ e do /v/ que se mantêm nos dialetos centro-meridionais, pelo reforço do substrato moçárabe. Esta última situação configura o dialeto padrão português, pelo menos desde o século XVI e marca até hoje como regional e estigmatizada a neutralização já realizada desde o período arcaico nos dialetos do norte.

Em outras palavras: no período arcaico haveria duas áreas dialetais, a setentrional, em que uma mudança em curso levou à fusão os fonemas históricos /b/ e /v/, e a meridional, em que a oposição /b/ e /v/ se manteve e fez recuar a mudança nortenha já que o dialeto padrão prestigiado, estabelecido nessa área, impediu a difusão da mudança que vinha do norte. Para confirmar esse ponto de vista seria necessário analisar o problema em documentação seriada do Douro para o Sul, como o fez C. Maia do Douro para o Norte.

b. A questão colocada em b se refere à existência ou não de africadas sibilantes (/ts/ e /dz/) e palatais (/tS/ e /dZ/) no período arcaico. Comecemos pelas últimas.

Retomando alguns dados já colocados ("Lenizações etc." e seus itens):

A africada palatal surda /tʃ/ provém da palatalização facultativa de sequências constituídas de /Cl/, tanto no início como no interior da palavra: *plaga > chaga, implere > encher, clamare > chamar, flamma > chama, afflare > achar*. Desde os primeiros documentos escritos em português, à sequência latina corresponde o dígrafo românico < ch > . Ela não se confundia com a grafia da constritiva palatal representada por < x > e proveniente do latim < -ssi-, -sse- >, como em *russeu > roxo, bassiu > baixo*.

Fernão de Oliveira faz a distinção da pronúncia < ch > da de < x > (1975:55 e 57) e também Duarte Nunes de Leão, em 1576. Só no século XVII (Teyssier 1982:53) é que começam a se confundir as grafias de < ch > e < x > . Esses dados históricos permitem dizer que a africada não se confunde com a constritiva /ʃ/ no período arcaico e que a oposição /tʃ/ : /ʃ/ se neutraliza depois do século XVI. Vale notar que, em grande parte das províncias do Norte, em variantes regionais arcaizantes, a antiga oposição /tʃ/ : /ʃ/ ainda se mantém. Os estudos de dialectologia portuguesa contemporânea traçam os limites dessa isoglossa.

Esses fatos permitem portanto dizer com segurança que, no período arcaico, havia no sistema uma africada palatal surda.

Já a questão da africada palatal sonora é mais difícil de ser situada no tempo da língua. São as sequências latinas constituídas de oclusivas sonoras e vogal/semivogal palatal – /-dy/, /-gy-/, /g^{e,i}/ – o seu étimo: *video* > *vejo; spongia* > *esponja; gente* > *gente*. A par da africada palatal /dʒ/ havia a constritiva palatal /ʒ/ do latim /yV/ e /-si-, -se-/, como em *iam* > *já, ieiunu* > *jejum, basiu* > *beijo, caseu*> *queijo*.

Ao contrário do que ocorre com < ch > e < x > a grafia medieval embora prefira o < i, y, j > para representar a constritiva também utiliza o < g > . Assim aparecem no período arcaico os grafemas < g^i, yy, yi, gh, i, j, y e g > na grafia de palavras cujos étimos justificam constritivas e africadas. Por via da análise da escrita é portanto difícil afirmar se haveria uma articulação africada sonora no período arcaico.

No seu quadro de consoantes da primeira fase do período arcaico C. Maia (1986:502) apresenta o fonema seguido de interrogação e no quadro que propõe para a segunda fase do período arcaico (1986:504) ela já não ocorre. Teyssier usa outro recurso, parece-me, para indicar uma variação fonética [dʒ] ~ [ʒ], coloca entre parênteses o segmento oclusivo da africada "/(d)ʒ/".

A descrição de Fernão de Oliveira é nítida no sentido de que não há diferença articulatória do que era grafado com j e g:

> [j] a sua pronunciação é semelhante à do *xi*, com menos força. E esta mesma virtude damos ao g, quando se segue depois dele *e* ou *i* (1975:56)

Assim se pode admitir que em 1536 no dialeto padrão não haveria oposição entre /dʒ/ e /ʒ/. *O terminus ad quem*, ou seja, o limite final, pode ser por isso sugerido. E o *terminus a quo*, ou seja, o a partir de quando?

C. Maia (1986:472) apresenta um argumento forte para o fato de que já no século XIII se processava a perda da africada palatal em proveito da fricativa. Observou que em documentos galegos do século XIII e XIV aparecem representados por < x > e não por < ch > palavras que etimologicamente seriam no português /dʒ/ primeiro, depois /ʒ/: *sexa, Tereixa*; e conclui seu argumento:

Pode ter-se como altamente provável que, no séc. XIII, já se tinha iniciado o processo de transformação da africada pré-palatal sonora em fricativa: o resultado do ensurdecimento é [ʃ] e não [tʃ], como seguramente aconteceria se a consoante tivesse ainda caráter africado.

Vale lembrar, apenas de passagem porque ultrapassa os objetivos deste livro, que o sistema galego correrá numa direção diferente do português quanto às palatais sibilantes: virá a perder completamente a sonora, processo que se teria iniciado pelo menos no século XIII, como o fato descrito anteriormente indica.

Esses parcos indícios permitem apontar que a perda dessa africada se iniciou já no século XIII e estava concluída, pelo menos no padrão lisboeta, quando o primeiro gramático da língua descreve as suas consoantes.

Enquanto a africada palatal surda permanece firme mesmo no dialeto padrão até, pelo menos, fins do século XVI e a correspondente sonora começa a desaparecer no século XIII e já não ocorre no dialeto padrão em 1536, que terá acontecido com as africadas dento-alveolares /ts/ e /dz/?

Relembrando alguns dados já colocados antes: da história do latim para o português resultam as sibilantes /s/ e /z/ que provêm, respectivamente, do /s/ (< s-, -ss-, -s- >), como em *sine, > sem, passum > passo*, port. /s/; *consuere > coser, rosa > rosa*, port. /z/. Esses elementos são os que no quadro estão qualificados articulatoriamente de constritivas alveolares. A par dessas, que acusticamente se classificam de sibilantes fricativas, havia as sibilantes africadas que, no padrão, estão qualificadas de africadas alveolares. Estas provêm de /ty/, /dy/, /ky/, /k^(e,i)/, como vimos no item a de "Lenizações, Consonantizações"), por exemplo: *palatium > paço, audio > ouço, pretiare > prezar, facio > faço, civitate > cidade, centum > cem*. Chamando a atenção para o quadro do português padrão atual se verifica que ali estão apenas duas sibilantes /s/ e /z/ que resultam, como veremos, da fusão do /ts/ e /s/ e do /dz/ e /z/.

Na primeira fase do português arcaico parece fora de dúvida: Teyssier não vacila no seu quadro em colocar /ts/ e /dz/ a par de /s/ e /z/ e, quando analisa a evolução do sistema das "sibilantes", diz:

> O galego-português medieval possuía, como vimos, os quatro fonemas /ts/ (ex.: *cem*), /s/ (ex.: *sem*), /dz/ (ex.: *cozer*) e /z/ (ex.: *coser*). Por volta de 1500, as duas africadas /ts/ e /dz/ tinham perdido o seu elemento oclusivo inicial, mas a oposição entre os dois pares de fonemas continuava a manter-se, porque seu ponto de articulação não era o mesmo (1982:49)

O ponto de articulação referido é descrito pelos historiadores da língua como predorsondental para as resultantes das africadas /ts/ → /s̪/ e /dz/ → /z̪/ e apicoalveolar para as outras duas /s̺/ e /z̺/.

C. Maia no seu quadro para a primeira fase do português arcaico indica já o "/ts/ → /s̻/" e o "/dz/ → /z̻/, além do /s̺/ e do /z̺/; no quadro para a fase final apresenta as quatro sibilantes constritivas.

Estão de acordo os dois autores. O problema que não está resolvido é o do momento em que se perdeu o traço oclusivo das africadas. E. Gonçalves e M. A. Ramos (1983:103) dizem com propriedade que "se ignora, em rigor, quando se verifica a transformação da africada, com subsequente desenvolvimento da fricativa sibilante, não se sabendo se teriam vitalidade na língua medieval". C. Maia admite que na área galega desde o século XIII já começava a desaparecer a realização africada pelo menos na surda, como sugerem grafias de documentos galegos (1986:454).

É certo que na descrição de Ferrão de Oliveira (1975:54-55) estão distinguidos quatro elementos sibilantes, o que dá base à afirmativa de Teyssier. É certo também que os dois primeiros gramáticos nada informam sobre "confusões" ortográficas entre sibilantes de origens diversas, enquanto os do fim do século XVI, Duarte Nunes de Leão e P. M. de Gândavo, atestam as confusões ortográficas que já se processavam nos fins do século XVI.

A grafia da documentação não dá indícios seguros para acompanhar a perda das africadas sibilantes, mas permite, com segurança, demonstrar que havia quatro fonemas sibilantes no período arcaico.

Nos documentos mais antigos, em geral, há uma razoável sistematicidade na representação delas. Simplificando a questão gráfica, que é mostrada com detalhes em C. Maia (1986:438-468), se pode dizer que as africadas depois predorsodentais constritivas são representadas, em geral, por < c^{e,i}, ç^{a,o,u} >, se surdas, e por < z >, se sonoras; e as apicoalveolares constritivas por < s-, -ss-, -s- >, conforme o quadrinho já clássico para demonstrar o problema, adaptado de Teyssier (p. 50):

	predorsodentais		apicoalveolares	
su	cem		sem	
		/ts → s̻/		/s̺/
	paço		passo	
so	cozer	/dz → z̻/	coser	/z̺/

Outros sinais gráficos eram utilizados, embora menos usuais, como o *s* visigótico, o sigma grego, o *ti* e o *ci*, da grafia latina e que refletem seu étimo.

Essa situação ideal para demonstrar as quatro sibilantes é documentada nos textos mais antigos e conservadores. Cintra (1963:72-75) em artigo já clássico sobre a questão demonstra as "confusões" gráficas que observou em documentos não literários portugueses e que lhe permitiu defender que elas começam em documentos dos arredores de Lisboa e do sul de Portugal desde os finais do século XIII. Com mais dados C. Maia aprofunda a questão e fornece novas informações sobre o problema, que não desmentem Cintra. Informa, por exemplo, que, contrariamente aos documentos do norte de Portugal que são conservadores na representação das quatro sibilantes, os da Galiza já desde o século XIII indicam "confusões" ortográficas que sugerem que a perda do sistema de quatro elementos começa a se refletir nos documentos galegos. C. Maia ainda informa que se pode admitir que é na posição implosiva final de palavra que a realização dos quatro elementos começa a perder-se, uma vez que desde o século XIII há oscilação gráfica nessa posição entre *s, z* e *x*. Essa afirmativa envolve o fato de que a palatalização da sibilante final já se pode supor que começasse a existir em momento recuado e não só depois do século XVI como afirmaram filólogos de grande peso, como I. S. Révah, S. S. Neto e C. Cunha (1986:462).

Nos fins do século XVI, Gândavo, na sua *Ortografia* de 1574, parte em guerra contra as "confusões" gráficas (cf. Teyssier 1982:30) entre as possibilidades de representar as sibilantes e também Nunes de Leão, em 1576. Esse dado é importante porque se pode contrapô-lo aos gramáticos da primeira metade do século XVI, que não mencionam o problema.

Que se pode tirar disso tudo? Enquanto a grafia se mantém sistemática conforme o quadrinho anterior, se pode deduzir que já perdidas as africadas havia duas constritivas, surdas e sonoras, representadas por < c^{e,i}, ç^{a,o,u}, z > e duas outras, também surdas e sonoras, representadas por < s-, -ss-, -s- >. Quando começa a ficar documentada a variação nas grafias de um mesmo vocábulo – ora com *s* ora com *c*, ora -s- ora -z- se pode inferir que o traço distintivo que opunha as duas surdas e as duas sonoras – a , predorsodental e a apicoalveolar – estava em processo de mudança. E parece que é isso que ocorre, de Lisboa para o Sul, desde o século XIII e está no dialeto padrão dos fins do século XVI. E as variantes setentrionais?

Vale lembrar, embora de passagem, que o processo de mudança das quatro sibilantes no galego segue um caminho distinto do do português. Perde-se o sistema de quatro sibilantes, mas também se perdem as sonoras, ficando o sistema galego oriental constituído de uma interdental surda /θ/, provinda das antigas africadas, e de uma alveolar também /s/, como o do castelhano. Esse sistema convive com outro constituído de apenas uma surda /s/, em geral, predorsodental. O sistema de quatro sibilantes ocorre em áreas que confinam com as áreas conservadoras dos dialetos do norte de Portugal.

Quanto a esses últimos, interessa muito saber, no que se refere a esse aspecto das consoantes no período arcaico, que, na sincronia atual, os dialetos rurais mais conservadores do norte e nordeste de Portugal mantêm até hoje o sistema arcaico de quatro sibilantes, enquanto o padrão, como vimos – e daí também o Brasil – selecionou o traço predorso, tanto para a surda como para a sonora, permanecendo na área centro-norte um sistema que selecionou o traço apicoalveolar – o chamado "*s* beirão", isto é, das Beiras portuguesas – tanto surdo como sonoro.

Esse dado dialetal contemporâneo é um argumento significativo para a história do passado porque, aí, a sincronia atual reflete estágios diacrônicos conviventes hoje: a variação diatópica atual espelha a mudança diacrônica.

Analisados esses dois problemas centrais – o da oposição ou não /b/ : /v/ e o das africadas – que permeiam o sistema do português arcaico em relação ao moderno – se pode propor um novo quadro para as consoantes que represente a situação ao findar o período arcaico, tomando como base o que ocorreria no dialeto padrão português ao iniciar-se seu período moderno:

	bi-labiais	labio-dentais	dentais	alveolares pre-dorso dentais	alveolares ápico-alv.	pala-tais	vela-res
oclusivas su	p		t				k
so	b		d				g
africadas su						tʃ	
so							
constritivas su		f		s̻	s̺	ʃ	
so		v		z̻	z̺	ʒ	
nasais	m			n		ɲ	
laterais				l		ʎ	
vibrantes							
simples				r			
múltipla				ř			

Cabe numa breve observação, para finalizar essa caracterização das consoantes no período arcaico: as vibrantes /r/ e /ř/ (do lat. /-r-/ e /-rr-/) simples e múltipla eram assim ainda na descrição de Ferrão de Oliveira. Nosso primeiro gramático apresenta uma demonstração expressiva da oposição em 1536:

> Pronuncia-se o r singelo com a língua pegada nos dentes queixais de cima, e sai o bafo tremendo na ponta da língua. Do *rr* dobrado, a pronunciação é a mesma que a do r singelo, senão que este dobrado arranha mais as gengivas de cima, e o singelo não treme tanto (1975:55).

A posteriorização da vibrante múltipla, que marca os dialetos contemporâneos do português, como dissemos ao iniciar esse estudo das consoantes, só começou a atuar, parece, nos fins do século XIX. Segundo Gonçalves Viana, primeiro foneticista moderno do português, em trabalho de 1883, era essa realização posterior variante individual. Já em trabalho de 1903, afirma o mesmo autor que essa realização se difunde e faz recuar nas cidades a vibrante múltipla. Hoje é geral em Lisboa e largamente adotada no resto do país (Teyssier 1982:65). No português brasileiro é a posterior, com variados modos de realização, a mais generalizada.

Esse breve excurso final, confrontado com as mudanças antes estudadas, vale como um exemplo do inesperado e variado ritmo na implementação e difusão de mudanças linguísticas.

No caso da história das consoantes do latim ao português, vimos aquelas que atravessam séculos e não estão concluídas no diassistema do português. É o caso da mudança de quatro para duas sibilantes e da africada palatal surda para a constritiva correspondente. Outras consoantes permanecem durante séculos estáveis, começam então a mudar e se difundem com rapidez, como no caso da vibrante anterior múltipla para as realizações posteriorizadas e não vibrantes.

Fechando esta parte

Estacionaremos aqui em nosso percurso. Voltaremos com a Morfologia, a Morfossintaxe, a Sintaxe.

Será que teremos conseguido motivar os leitores para o período arcaico do português? Foi isso que nos moveu a esta aventura pelo passado do português.

Sem pretender defender pontos de vista teóricos, nem selecionar uma metodologia específica, procuramos aqui usar como peças desse jogo os dados linguísticos documentados e os resultados dos que já tinham trabalhado sobre o português arcaico.

Procuramos assim armar um quebra-cabeça de muitas peças, cujo desenho esboçamos ou construímos no percurso deste livro, aproveitando a experiência antes adquirida no trabalho realizado nas *Estruturas trecentistas* (1989). Sem essa experiência anterior e sem teorias e métodos da Linguística de hoje e da Filologia da primeira metade do século e suas renovações atuais jamais entraríamos nesta obra. Tivemos, ainda, a grande sorte de ter sido publicada a obra, várias vezes aqui citada, de Clarinda Maia (1986), que cobriu uma lacuna importante, já que reúne e interpreta grafias de documentação seriada, trabalho de que ainda não dispunha a história da língua portuguesa, para um estudo mais seguro da Fonologia e Fonética do período arcaico.

Morfologia e sintaxe

Para começar

Um *corpus* trecentista, publicado sob o título: Estruturas trecentistas. Elementos para uma gramática do português arcaico (Lisboa, IN-CM), dá-nos uma certa segurança para essa tentativa de destacar e discutir pontos que julgamos de interesse quando confrontamos o português daquela época com o de hoje. Assim, uma primeira delimitação desta parte do presente livro se define como uma pequena gramática, até certo ponto contrastiva, do português arcaico em relação ao português atual. Além disso, sempre que julgamos essencial, olhamos para o latim, língua que o português, como as demais línguas românicas, continua.

Nas *Estruturas trecentistas* fizemos uma descrição extensiva *e* detalhada sobre a morfossintaxe *e* sintaxe de um longo texto na sua versão do século XIV – *a mais antiga versão em português* dos *Diálogos de S. Gregário,* que será sempre referida neste livro por *DSG* 1989. Aqui teremos esse corpus como uma boia e com ela navegaremos por campos mais restritos em relação aos aspectos selecionados da estrutura do português arcaico, mas, ao mesmo tempo, numa direção mais ampla, porque não nos fixaremos em um *corpus* específico. A análise será, portanto, mais generalizante no que se refere ao período arcaico.

Contamos, para cumprir essa rota, com a bibliografia sobre o tema exposta ao fim deste volume; com a documentação acessível do período arcaico, que nos fornecerá dados para a exemplificação utilizada, e com a companhia eventual dos gramáticos do português do século XVI, já que não dispomos de testemunhos de gramáticos contemporâneos ao português arcaico.

Além dessa bagagem que podemos chamar de empírica, estamos acompanhados de muitas abordagens teóricas, tanto no que se refere à Linguística Histórica, mas sobretudo no que diz respeito a formas de abordar a gramática das línguas. Essa rica companhia torna este rastreio pelas estruturas do período arcaico muito estimulante, também divertido, mas, por outro lado, cria profundos problemas quanto a teorias e métodos a selecionar.

Nesse mar revolto de teorias e métodos temos de abrir veredas!

É nossa intenção, antes de mais, a clareza, isto é, construir um estudo acessível ao público primeiro a que se destina; é também nossa intenção e nosso compromisso com os avanços da Linguística evitar o primarismo simplificador e incoerências nas análises apresentadas.

Assim, sem receio de sermos heterodoxas, procuraremos explicitar os tópicos abordados pelos caminhos abertos pelas análises sistêmicas de natureza estrutural; abordaremos, quando os dados permitirem, as variações existentes nos subsistemas que constituem a estrutura abrangente da gramática; não excluiremos – embora não utilizemos seu arcabouço teórico – o que as teorias gerativas nos sugerirem sobre algum tópico e não descartaremos, pelo contrário, o saber gramatical tradicional, de todos ainda o mais difundido entre os estudantes e professores de língua portuguesa. Prometemos, ou pelo menos tentaremos, no processo descritivo adotado, manter sempre explícitas as veredas, ou análises, escolhidas.

Não economizaremos na exemplificação, sobretudo para tornar o leitor de hoje sensível a essa variante passada da língua portuguesa.

O compromisso primeiro, contudo, é o de que esta breve história da morfologia e da sintaxe do português arcaico possa ser útil aos estudantes e aos professores de português, no sentido de torná-los mais informados e portanto mais conscientes de que a língua que usamos hoje se vem constituindo ao longo dos séculos e continua a constituir-se em imperceptível movimento, decorrendo disso o fato de que conhecer melhor etapas passadas é um bom caminho para entender e explicitar variações existentes no presente e aparentes incoerências estruturais.

Partamos então! E para começar tomemos as palavras com que Fernão de Oliveira, em 1536, conclui a primeira gramática da língua portuguesa:

> Antes peço a quem conhecer meus erros que os emende; e, todavia, não murmurando em sua casa, porque desfaz em si. (1975:126)

O nome e o sintagma nominal: morfologia e estrutura

Entendemos aqui *sintagma nominal* (SN) como a categoria sintática que tem como elemento nuclear ou básico o nome substantivo, por oposição ao *sintagma verbal (SV)*, que tem o verbo como elemento nuclear. Por economia interna da análise, não destacaremos do SN *o sintagma adjetival (SA)*, que, desde os estruturalismos e, sobretudo, nas recentes propostas gerativistas, é analisado como categoria sintática independente e que tem como categoria lexical nuclear o adjetivo. A economia interna a que nos referimos se deve ao fato de que, tratando-se esta de uma análise descritiva que se concentrará na análise morfológica, na distribuição e na variação dos elementos que constituem o SN, separar nomes substantivos de nomes adjetivos implicaria em repetir características mórficas comuns a essas duas categorias lexicais.

Na morfologia do SN focalizaremos os elementos referentes à flexão nominal, partindo do classificador vogal temática (VT) para as representações mórficas do gênero e do número. Não avançaremos na morfologia nominal derivacional, que melhor cabe em um estudo do léxico e não em um estudo morfológico e sintático como este.

Quanto aos elementos não flexionais que constituem o SN, abordaremos, nesta ordem: determinantes (DET), quantificadores (Qt) e qualificadores (Ql). Estamos conscientes de que essa decisão encobre muita discussão e divergência teórica. Partimos dos DET para os Qt e chegaremos ao Ql. Dentre eles, os DET são os de caráter mais gramatical, já que são constituídos de subsistemas restritos de elementos, com características mórficas e sintáticas semelhantes, enquanto os que classificamos como Qt já recobrem uma gama de elementos que, como veremos, têm características mórficas e sintáticas diversificadas, unindo-os, contudo, o traço semântico que podemos chamar de quantificação; os Ql, por sua vez, apresentam uma morfologia como a dos substantivos, cumprem, entretanto, o papel semântico de qualificar/adjetivar o núcleo do SN, mas, como esse núcleo, é constituído de um inventário aberto de itens, isto é, não enumerável, nem agrupável em subsistemas mórficos como os DET e os Qt.

A morfologia flexional do nome do latim para o português: breve memória

Basta observar o início do *Testamento de Afonso II* (Mattos e Silva 1991:22-23), primeiro documento, entre os remanescentes, escrito em português em 1214, para podermos afirmar que a rica morfologia flexional do nome do latim padrão ou clássico, que além de marcar o número, o gênero, marcava a função sintática (= caso) do nome na frase, não mais existia.

(1) a proe de mia molie*r* e de meus filio*s*... fiz (1.3-4)
    (port. contemp.: 'em prol de minha mulher e de meus filhos... fiz')
(2) mia molie*r* e meus filio*s*... sten en paz (1.5-7)
    (port. contemp.: 'minha mulher e meus filhos... estejam em paz')

Nesses dois exemplos *molier e filios* se apresentam quanto à morfologia flexional tal como hoje – *mulher e filhos* – embora desempenhem funções sintáticas diferentes: adjunto adverbial em (1) e sujeito em (2); no latim apresentariam o morfema flexional próprio a esses nomes nessas funções sintáticas.

A rica e complexa morfologia flexional dos nomes (substantivos e adjetivos) também dos DET, Qt e Ql do latim passou por um violento processo de simplificação no latim falado do Império Romano, que é a base dos romances, origem das línguas românicas. A romanística tem demonstrado que só os primeiros documentos em galorromance – variante românica com documentação mais recuada – indicam ainda marcas flexionais diferentes para a função sintática de sujeito e complemento direto do verbo.

Esse processo de mudança morfológica, que dentre outros fatores deve ter tido como um dos principais as mudanças fônicas que então ocorriam (a perda do traço de quantidade da vogal, o enfraquecimento de consoantes finais são os mais evidentes), teve como consequência fundamental, não apenas a simplificação da morfologia nominal latina, mas também a reestruturação da frase do latim para as línguas românicas. Nessas as funções sintáticas não mais estão marcadas pela flexão do nome, mas pela ordem das palavras na frase, pelas relações semânticas entre os sintagmas na frase e pelo uso das preposições que, no latim, podiam marcar adjuntos adverbiais, redundantemente, com a flexão adequada e nas línguas românicas marcam, sem a flexão específica, não só os adjuntos adverbiais, mas as outras funções sintáticas, com exceção do sujeito e do complemento direto dos verbos. Esse interessantíssimo problema de mudança linguística está recentemente discutido por F. Tarallo (1990, caps. 9, 10, 11) e tem sido um dos pontos mais trabalhados por romanistas, desde o século passado.

Decorrente do exposto, na morfologia do nome e dos elementos do SN no primeiro período documentado do português, tal como hoje, vão remanescer, como elementos constitutivos: o classificador nominal, vogal temática (VT); a marca não geral do gênero feminino < a > e a marca geral do número plural < s >.

Classes mórficas dos nomes: vogal temática

Tal como os verbos são tradicionalmente classificados segundo a VT, podem ser os nomes do português agrupados por esse critério mórfico. As tradicionais declinações nominais das gramáticas pedagógicas do latim não são mais que paradigmas organizados segundo a VT. A análise com base no latim clássico apresenta os nomes classificados em cinco declinações ou paradigmas que, de uma maneira simplificada, pode-se dizer que se identificam pela VT < a, o/u, i/e, u, e >, correspondentes, respectivamente, às declinações da primeira à quinta.

A par do processo de simplificação da morfologia de gênero, número e caso, também se simplificou e reestruturou o sistema dos paradigmas nominais, com base na VT, no latim imperial falado, base das línguas românicas: das cinco classes de nomes, o português, como outras línguas românicas, pode ser analisado como apresentando três, de acordo com a VT. Nesse processo de reestruturação se integraram os nomes da quinta declinação ao padrão da 1ª e da terceira e os da quarta aos da segunda. Fatores decorrentes de semelhanças fônicas e de economia estrutural e funcional participaram desse processo: os nomes da quinta e da quarta eram pouco numerosos e tinham sua VT e sua morfologia flexional com características semelhantes às dos paradigmas a que vieram a integrar-se.

Os nomes no português de hoje, tanto substantivos quanto adjetivos, segundo conhecida análise de Mattoso Câmara Jr. (1970), podem ser classificados, quanto à VT, como nomes de VT < a, o, e > e de VT Ø, também chamados de atemáticos. Essa análise se aplica aos nomes do período arcaico:

VT < a > : guarva*ia*, alfa*ia*, corre*a*
VT < o > : mund*o*, amig*o*, desej*o*
VT < e > : mort*e*, nom*e*, saúd*e*

(exemplos retirados dos mais antigos textos referidos na primeira parte deste livro.

Os nomes atemáticos ou de VT Ø são aqueles cujo lexema ou radical no singular terminam pelos fonemas consonânticos /l, r, s, n/, em outras palavras, por líquidas, sibilantes ou nasais, por ex.: *senhor, luz, paz, animal, baron*. Nesse tipo de nome a VT vai aparecer na forma do plural (senhor*e*s, luz*e*s, paz*e*s, anima*e*s, barõ*e*s). Note-se, ainda, que no período arcaico, alguns itens que hoje se incluem no tipo VT < e >, se incluíam no tipo VT ø, como: *árvor, cález* ou *cálix, cárcer, féver, mármor*, hoje: *árvore, cálice, cárcere, febre, mármore* (exemplo dos *DSG* 1989:113).

São também analisados como atemáticos nomes oxítonos terminados em vogal como: *pé, pó, cru, nu*. No período arcaico sua grafia – *pee, poo, cruu, nuu* revela ainda a VT etimológica que se fundiu à vogal do lexema pela regra fonológica de crase ou fusão de vogais idênticas. Seriam então nomes de VT explícita. Há nomes, entretanto, no período arcaico que são terminados por vogal acentuada com VT ø, *fé*, por exemplo.

Vale lembrar ainda que, segundo a análise que vimos seguindo, nomes do tipo *amiga, filha, meestra, monja, branca, vermelha* também são do tipo VT ø, em que o *-a é* o morfema de gênero que, ao acrescentar-se ao lexema, apaga a VT < o, e >, própria ao correspondente masculino.

Por esses fatos podemos dizer que a classificação dos nomes quanto à VT pode ser a mesma tanto para o português contemporâneo como para o arcaico com diferenças nos itens do inventário, correspondentes aos tipos classificados, como as destacadas anteriormente.

O gênero dos nomes

Fernão de Oliveira, autor da primeira análise da língua portuguesa, datada de 1536, ao concluir suas observações sobre o gênero diz com razão:

> Porque era longo compreender tantas variedades de terminações, ajudou-nos a natureza e uso da nossa língua com os artigos, os quais sempre as mais das vezes acompanham os nomes cuja companhia declara os géneros desses nomes. (1975:114)

Vamos organizar aqui nossos dados – as "tantas variedades" de Fernão de Oliveira – seguindo de perto a análise de Mattoso Câmara Jr. (1970) para o português atual, já que é aplicável ao arcaico, aqui também, com diferenças no inventário de itens próprios aos três diferentes tipos de nomes quanto ao gênero e nas alomorfias, decorrentes de regras fonológicas que ainda não se aplicavam.

Tipos de nomes quanto ao gênero

São eles: 1. nomes de gênero único, isto é, ou masculino ou feminino; 2. nomes de dois gêneros com flexão redundante; 3. nomes de dois gêneros sem flexão redundante.

Como já via claro Fernão de Oliveira, será o artigo masculino ou feminino que sempre indicará o gênero do nome. Apenas para os nomes de tipo 2 é que se soma ao artigo a marca flexional do feminino < a >, que se oporá ao ø, isto é, ausência de marca do masculino. Ausente o artigo, será a concordância com os DET, Qt ou

QI que indicará o gênero do nome, núcleo do SN. Assim sendo, o gênero pode ser compreendido como um traço semântico inerente aos nomes substantivos, nunca será da escolha do falante. É assim hoje, era no período arcaico e isso herdamos do latim, em que a concordância com os adjetivos da primeira classe, com determinantes e quantificadores, que tinham flexões diferentes para o masculino, feminino e neutro, indicava o gênero do nome. Note-se que não dispunha o latim do artigo, inovação românica, que virá a ser o indicador básico do gênero do nome que ele determina.

Sobre os nomes do tipo 1, no período arcaico: Na maioria, o gênero de então coincide com o de agora. Há, no entanto, algumas diferenças:

- há nomes que eram masculinos, como os derivados em *-agem: o linguagem, linhagem;* mas já na versão galego-portuguesa do *Foro Real* de Afonso X, fms do século XIII ou começos do XIV (Ferreira 1987:372), a par de *o linhagem* ocorre *a carceragem;*
- há nomes que eram femininos: *a mármor, a fim, a valor, a cometa, a planeta* etc. *Planeta* já em Camões (séc. XVI) é masculino; mas *cometa* ainda ocorre como feminino nos fins daquele século (Said Ali 1964:§323);
- outros ocorrem tanto no masculino como no feminino: *dor* nos DSG é em uma ocorrência masculino e em 29 feminino; *queixume,* em um mesmo documento, ora é masculino ora feminino. (Maia 1986:656).

Essa variação de gênero, em nomes de gênero único, no período arcaico e na diacronia, isto é, confrontando o português arcaico com o moderno, está documentada, em geral, em nomes que eram ou neutros no latim, ou em nomes abstratos ou em nomes de origem grega terminados em *-a.* Relembre-se que tanto no latim como no português o gênero não é motivado externamente; apenas em um subgrupo do léxico está relacionado ao sexo dos entes que nomeia. Sendo assim, e a isso acrescido o fato de os neutros do latim terem se distribuído pelo masculino e feminino, é compreensível a oscilação entre os nomes de gênero único em um momento em que ainda não se tinham iniciado as tentativas de normativizar a língua, o que só começará na quarta década do século XVI.

Sobre os nomes de tipo 2: os nomes de dois gêneros com flexão redundante (do tipo *amigo: amiga; monje: monja),* cujo lexema, entretanto, termina por /r, l, s/ ocorrem no português arcaico sem flexão redundante, em geral. No *Cancioneiro Medieval Português* é corrente *senhor, pastor, sabedor, pecador, espanhol, burguês, português* etc., tanto para o masculino como para o feminino, indicado o gênero masculino ou feminino pela concordância, como os nomes do tipo 3. Vejam-se, como exemplo: o primeiro verso da mais antiga cantiga de escárnio – 'Ora faz ost' *o senhor* de Navarra' – e o 4º da *Cantiga da gárvaia* – *'mia senhor* branca e vermelh*a*' (cf. primeira parte deste livro); também o conhecido refrão da *Cantiga de louvor* a Santa Maria de Afonso X, que demonstra que também no plural é a forma masculina que se usava no *Cancioneiro*:

> Rosa das rosas e Fror das frores
> Dona das donas, *Senhor das Senhores*

Já em D. Dinis, na sua curiosa pastorela em que dialogam 'na pastor' e 'um papagai' encontramos, v. 21 a 28:

> ... e diss': "Ai Santa Maria! // que sera de min agora?" // e o papagai dizia: "Bem, por quant' eu sei *senhora*". // "Se me queres dar guarida" // diss' *a pastor*, "di verdade // papagai, por caridade, // ca morte m' é esta vida"

Estão aí *pastor* sem flexão redundante *e senhora* (rimando, é certo, com *agora*) *já* com flexão redundante (os textos das *Cantigas* estão cf. Gonçalves e Ramos – G e R, 1983). Em um mesmo documento do séc. XV, C. Maia (1986:658) encontra tanto *senhor* como *senhora* para o feminino. Said Ali (1964:323) mostra que João de Barros (meados do séc. XVI) usa *nação português,* mas Camões (2ª met.) já usa *a polícia portuguesa*. O erudito André de Rezende, também daquele século, emprega *a boa gente espanhol* (Nunes 1960:223, n. 2).

Sobre os nomes do tipo 3: Há nomes de VT < e > que hoje são desse tipo, mas ocorriam no período arcaico como do tipo 2: no *Cancioneiro Medieval Português* aparecem *sergente: sergenta* e o sinônimo *servente: serventa* ('servo'); *hereje: hereja;* no *Orto do Esposo*, dos fins do séc. XIV, aparecem *servente, sergente* [± masculino], mas também *sergenta*.

Do que vimos, confrontados o português arcaico com o de hoje, pode-se propor os três tipos de nome quanto ao gênero, mas o inventário para cada tipo apresenta diferenças.

As alomorfias do morfema de gênero

Destacamos dois casos em que se distinguem o português arcaico e o atual, por ainda não se aplicarem regras fonológicas posteriores.

Por todo o período arcaico encontramos – *irmãa, ermitãa, sãa, vãa* etc., com a VT nasalizada. Essa grafia é indicadora de que, pelo menos na escrita, a fusão das nasais idênticas não está representada nesses nomes, cujo correspondente masculino termina em *ão* (< lat. - *anu*).

A grafia de então, como aliás a de agora, não permite dizer se já haveria a chamada marca submorfêmica de alternância vocálica para opor o masculino ao feminino; hoje:

espant/o/so   : espant/ɔ/sa
form/o/so   : form/ɔ/sa

Fernão de Oliveira, nos caps. VIII e XVIII de sua *Gramática,* informa que *fermoso e fermosa* têm *o* pequeno (= fechado), *fermosos,* plural, tem *o* grande (= aberto). Disso se pode inferir que, se era assim em 1536, no período arcaico a regra de alternância vocálica ainda não se aplicava para opor os masculinos aos femininos em *-oso, -osa*.

Para finalizar queremos chamar a atenção para o fato de que, no português contemporâneo como no arcaico, há pares de nomes (cada membro do par é de gênero único), para se referirem ao ser do sexo masculino e ao do feminino. O português usa para isso vários processos derivacionais. Do período arcaico para cá se encontram identidades e diferenças nesses processos derivacionais. Por exemplo: *a galĩha já* era o correspondente semântico feminino de *o galo*, também *a abadessa*, de *o abade;* mas para *o prior*, tanto ocorre *priora* como *prioressa;* para *judeu* ocorre *judea*, não *judia;* já o correspondente de *sandeu* ('louco') era *sandia*.

Um estudo sistemático dos processos derivacionais no período arcaico espera um autor.

O número dos nomes

Diferentemente do morfema de gênero < a > dos nomes de flexão redundante, que anteriormente vimos, o qual provém da VT latina, o morfema que marca o plural do português, tanto contemporâneo como arcaico, é o morfema sobrevivente no português da rica morfologia flexional latina: o < s > que marca o plural tanto dos nomes como dos elementos que com eles concordam no SN é o continuador do < s > do acusativo plural de todos os paradigmas nominais (substantivo/adjetivo) e dos paradigmas dos outros constituintes do SN (DET, Qt e Ql).

Tal como ocorre com o gênero, as regras que se aplicam hoje para a formação do plural, também são aplicáveis ao período arcaico, com algumas diferenças, sobretudo no que se refere às alomorfias do morfema < s >, decorrentes da estrutura fonológica do lexema.

O acréscimo de < s > à forma do singular, que é a regra geral, segue à VT (cf. a), ou ao morfema de feminino nos nomes de flexão redundante de gênero (cf. b); os nomes que no singular terminam por /S, r, l/ apresentam no plural a VT à qual se seguirá a marca de plural (cf. c):

(a) ajuda: ajudas
    anjo: anjos
    monte: montes

(b) amiga: amigas
    manceba: mancebas
    filha: filhas

(c) simples: simpleses
    juiz: juizes
    árvor: árvores
    door: doores

Note-se no grupo (c) o plural de *simples*. No português contemporâneo, aos nomes paroxítonos terminados em < s > não se aplica a regra geral, pelo contrário, o plural é marcado por ø e se identifica com o singular, como em *homem simples: homens simples,* mas no período arcaico não era assim, como se pode ver neste exemplo do *Livro das aves,* século XIV (Rossi 1965:20):

> En aqueste livro mais me trabalho eu de prazer aos *simpleses* e aos rudes ca de dar e d'acrecentar sabença aaqueles que letrados e doctores son.

Essa regra ainda persistia no século XVI: em João de Barros ocorre *arraezes, caezes, ourivezes* ('anais, cais, ourives') e em Camões *alferezes* ('alferes') (Nunes 1960:230).

As alomorfias na expressão do plural incidem nos nomes de lexema terminado em < l > e em travamento nasal. Há diferenças do período arcaico para o contemporâneo, decorrentes da não aplicação de regras fonológicas que só atuarão depois do período arcaico.

Sobre os lexemas terminados em < -l >

(a) *-l* precedido de
a, e, o, u
curral: curr*aes*
leal: le*aes*
fiel: fi*ees*
sol: s*oes*

(b) *-l* precedido de
i acentuado
gentil: gent*iis*
barril: bar*iis*
vil: v*iis*

(c) *-l* precedido de *i*
não acentuado
perduravil: perdurav*iis*
~ perdurav*ees*, perdurav*is*
perdurav*es*
estavil: estav*iis* ~ estav*ees*,
estav*is*, estav*es*

Em (a) se nota que a grafia indica a não aplicação da regra que transforma VT em semivogal, constituindo o ditongo (currais, leais, fiéis, sóis); em *(b)* a grafia indica a não aplicação da regra de crase que fundirá a vogal do lexema e a VT (barris, gentis, vis); em (c) ocorre uma variação, documentada com frequência no período arcaico no sufixo *-vil/-vel,* que resulta nos plurais variantes anteriormente exemplificados. Embora não se tenha um estudo exaustivo sobre os alomorfes do plural no período arcaico, parece que o plural do tipo atual *perduráveis, estáveis* é posterior ao século XVI. Uma pista está na informação do *Dicionário Etimológico* de J. P. Machado, que afirma que *fácis* (de *fácil*) ocorre ainda no século XVI *e fáceis* só está documentado no século XVII; note-se que na fala corrente brasileira, se não em outras variantes do português, dificilmente ouviremos uma articulação do tipo *fáceis.*

Sobre os lexemas terminados em travamento nasal

(a) lexema em -ã + VT*o*
irmão: irmãos
mão: mãos

(b) lexema em -ã + VT *e*
pã/pan: pães
cã/can: cães

(c) lexema em -õ + VT *e*
oração/oraçon: orações
coraçõ/coraçon: corações

A diferença, confrontando hoje e então, está nas formas do singular, que estão de acordo com a etimologia, antes da convergência em < -ão >, no padrão português e brasileiro; o plural, também etimológico, já se apresenta, portanto, como hoje.

Determinantes do nome

O artigo

O artigo definido (trataremos do indefinido no item *Quantificadores)* desde os primeiros textos já ocorre sob a forma – *o, a, os, as,* originada do demonstrativo latino

- *illŭ-, illōs; illā-, illōs.* A forma *lo, los; la, las* aparece em documentos da área galega e, eventualmente, no *Cancioneiro Medieval,* em cantigas de amigo (Maia 1986:645-651), como nesta de Joam Soares Coelho:

> Fui eu, madre, lavar meus cabelos
> *a la* fonte e paguei-m'eu d'elos
> e de mi, louçãã

mas, logo adiante:

> aló, achei, madr'*o* senhor d'eles
> e de mi, louçãã (G e R 1983:171)

Vale notar, antes de prosseguirmos, que o artigo não era próprio ao latim clássico; no latim corrente do Império Romano se especializou um dos demonstrativos do complexo sistema de demonstrativos latinos, *ille,* era forma do acusativo, como o determinador por excelência dos nomes substantivos, além de marcador básico do gênero, como vimos.

Sobre os alomorfes do artigo - **lo, no, el**

O alomorfe *-lo, -s; la, -s,* em que a consoante /l/ do étimo transparece, ocorre em contextos fônicos em que precedem o artigo itens terminados por /s/; entretanto, como esse tipo de forma assimilada, varia a que permaneceu. Vejam-se esses exemplos dos *DSG,* século XIV:

> *depola* morte ~ *depós a* morte
> *ambalas* candeas ~ *ambas as* partes
> *todolos* homens ~ *todos os* poboos
> *apoias* cousas ~ *após as* cousas

Também ocorre seguindo itens terminados por /ɾ/; é o caso de *pelo* (< per + (il) lu) e *polo,* tendo *pelo* permanecido na língua como remanescente desse alomorfe frutífero no período arcaico e que ainda pode ocorrer, não apenas em *pelo,* em variantes do português de Portugal.

O alomorfe – *no, -s; na, -s* – ocorre em contextos de nasal precedente; por exemplo: *ẽno, sẽno, cõno, nẽno* ('em o, sem o, com o, nem o') e também com *atẽẽ*, forma variante de *atá, até,* como neste exemplo dos *DSG:*

> Estendia-se *atẽẽno* ceo a par de *atẽẽs* a manhãa

Atẽẽno sugere uma derivação fonética do tipo: *atẽẽs + lo > atẽẽllo > atẽẽlo > atẽẽno*. No português padrão de hoje, dessas formas do artigo assimiladas à nasal, permanecem *no, -a, -s,* sendo possível ocorrer em outros contextos em variantes portuguesas.

A par desses alomorfes foneticamente condicionados ocorre *el,* quase que exclusivamente na lexia *el-rei,* eventualmente também com outros designativos da hierarquia da nobreza. Observando as ocorrências de *el-rei* nos *DSG* verificamos que *el-rei* aí ocorre em distribuição complementar com o *rei*. Neste caso, *o rei* vem sempre seguido de um qualificador e *el rei* funciona como um pronominal, referindo-se a um determinado rei já antes mencionado, como se pode ver neste exemplo dos *DSG* (1989:151-153):

> aquel que tragia a espada ante *el-rei,* no campo de Nárnia, hu *el-rei* veera con toda sa hoste... e o santo homen fez sa oraçon, estando *el-rei* presente... E pois *o rei encreo* viu tan fremoso miragre.

Esse comportamento sintático é coerente em todas as ocorrências de *el-rei/o rei* no texto referido; não poderemos afirmar que seja regra geral no período arcaico, mas fica essa evidência a ser testada em outros dados.

Em 1536, Fernão de Oliveira, parte enfaticamente contra *el rei,* que considera castelhanismo:

> coisa alheia e com grande dissonância... porque o nosso rei é senhor, pois tem terra e mando: tenha também nome próprio e distinto por si, e a sua gente tenha fala ou linguagem não mao misturada, mas bem apartada. (1975:111)

Os demonstrativos

O sistema dos demonstrativos do período arcaico pode ser assim apresentado:

forma		simples		reforçada	
	num.				
referência	gen.	sing.	pl.	sing.	pl.
1. campo do Emissor (E)	m.	este	estes	aqueste	aquestes
	f.	esta	estas	aquesta	aquestas
	n.	esto ~ isto		aquesto ~ aquisto	
2. campo do Receptor (R)	m.	esse	esses	aquesse	aquesses
	f.	essa	essas	aquessa	aquessas
	n.	esso ~ isso		aquesto ~ aquisso	
3. fora do campo do E é do R	m.	–	–	aquele ~ aquel	aqueles
	f.	–		aquela	aquelas
	n.	–		aquelo ~ aquilo	

Quanto à etimologia, os demonstrativos portugueses continuam os demonstrativos latinos de base *ĭst- (est)*, *ĭps- (> ess-)* e *ĭll-(> el-)*. O sistema latino dos demonstrativos era muito mais rico e complexo. Também era tricotômico, com referência à localização em relação ao campo do E, do R e fora do campo de E e de R.

O sistema português no período arcaico apresenta a possibilidade de três posições, como ainda o atual na variante padrão, pelo menos. Apresentava para as posições 1 e 2 formas reforçadas pelo prefixo *accu- (aquest-, aquess-, aquel-) que só permaneceram no tipo 3, já que a base *ĭll-* se especializou no português para cumprir a função de pronome pessoal de 3ª pessoa, singular e plural *(ele, eles; ela, elas)*.

Sobre as formas reforçadas que vieram a desaparecer do sistema, informam os estudiosos do período arcaico – e a análise exaustiva dos *DSG* (1989:153-185) confirmou – que as de tipo *2 – aquess –* são pouco documentadas, enquanto as do tipo 1. – *aquest –* são muito frequentes e continuam a aparecer ainda no século XVI. Para Nunes (1960:247-248), seria provável não ter havido 'diferença sensível' entre formas simples e reforçadas, mas sugere que talvez as reforçadas pudessem ter 'valor enfático'. Os dados dos *DSG* confirmam as duas suposições de Nunes: o uso sem 'diferença sensível' é o normal, mas encontramos pelo menos uma passagem em que a forma reforçada é claramente enfática. Vejam-se estas duas sequências em discurso direto; a segunda é inegavelmente enfática:

(1) *Leva este* pan e deita-o em tal lugar que o non possa homen do mundo achar.
(2) *Leva, leva seguro aqueste* pan e deita-o en tal lugar hu o non possam achar.

Entre os séculos XIII e XV as formas metafonizadas – *isto, aquisto, isso, aquisso e aquilo –* começam a aparecer. Sua frequência é sempre muito inferior à da forma etimológica, varia de um documento para outro, mas, no curso da história, vieram a desbancar as etimológicas (com /e/), embora essas ainda remanesçam em dialetos rurais conservadores do norte de Portugal, pelo menos.

A variação *aquel ~ aquele* (tal como no pronome pessoal, *el ~ ele*) também caracteriza o período arcaico. Os dados analisados dos *DSG* não indicam contexto condicionador para a seleção de uma ou outra: ambas ocorrem antes de vogal e antes de consoante, tanto diante de substantivo ou em função substantivo, isto é, como núcleo no SN:

aquele amor /aquele (h)omen
aquel moesteiro /aquele moesteiro
aquel a que a- /aquele a poderia sããr
   dora
aquel que feze- /aquele que ali jazia
   rõ abade

É usual o demonstrativo estar reforçado por *meesmo* (do latim **metĭpsĭmu** < **metĭosĭssĭmu**), variando com *medês* (do latim **metĭpse**), tendo permanecido apenas a primeira forma, *mesmo:*

dessa meesma cidade   *daqueste medês* bispo
aquela meesma noite   *aquela medês* razon

Um problema interessante que precisaria ser sistematicamente analisado no período arcaico é o de definir se de fato o sistema, no seu uso, é tricotômico: os dados dos *DSG* permitem levantar a suposição de que a oposição entre as formas dos tipos 1 e 2 podia ser neutralizada em proveito das do tipo 1. e que a oposição se fazia com clareza entre as dos tipos 1 e 2, em variação, e as do tipo 3 Situação semelhante ocorre hoje no português brasileiro, em proveito do tipo 2, como deixa claro Mattoso Câmara (1975:105-106). Teyssier (1981), com dados dos séculos XIV, XV e XVI, indica que o sistema dêitico se firma como tricotômico pelo século XV, do que se pode entrever na documentação escrita.

Os possessivos

O sistema dos possessivos no período arcaico pode ser assim apresentado:

possuidor referência	num. gen.	um sing.	pl.	mais de um sing.	pl.
E (= 1a. P)	m. f.	meu ma ~ mha ~ minha	meus mas ~ mhas ~ minhas	nosso nossa	nossos nossas
R (= 2a. P)	m. f.	teu ta ~ tua	teus tas ~ tuas	vosso vossa	vossos vossas
–E–R (= 3a. P)		sing.		pl.	
	m. f.	seu sa ~ sua		seus sas ~ suas	

Ressalta logo nesse sistema, em confronto com o atual, a variação nas formas femininas (*ma ~ mha ~ minha; ta ~ tua; sa ~ sua*). As formas *ma, ta, sa* e plurais correspondentes são chamadas de formas átonas porque sempre precedem o nome, têm uma posição não acentuada, já que o N receberá o acento do grupo de força (a.); as outras são chamadas tônicas ou porque sucedem o nome (b.) ou porque o nome que determina está elíptico (c.), como nesses exs. dos *DSG* (1989:174185):

    a.   E o enmiigo britou en si toda *sa felonia* e toda *sa sobérvha*.
    b.   Non tirara *a calça sua*.
    c.   A terra muito alongada *da sua*.

Nunes, na sua *Gramática Histórica* (1960:224), afirma que essa distinção (= distribuição) não era rigorosamente observada na antiga língua. As chamadas formas átonas vieram a desaparecer da documentação escrita ao longo do século XV e as outras se generalizaram para todos os contextos. Observe-se que na forma *mha*, grafia comum nos documentos mais antigos, o < h > corresponde a um elemento semivocálico /mĩa/ (lat. *mea),* com ditongo crescente, ou vocálico /mia/, com hiato, a depender da posição átona ou não do possessivo. *Minha,* grafia que indica o desenvolvimento da consoante nasal palatal /ɲ/ grafada < nh >, já ocorre no século XIV, segundo Lima Coutinho (1976:303). Nos *DSG* (1989:176), versão trecentista, não ocorre, mas na versão do mesmo texto, datada de 1416, aparece treze vezes.

O artigo já é usado antes do possessivo. Veja-se esta sequência dos *DSG* (1989:181) em que, em um mesmo enunciado, o artigo está ou não presente antes do possessivo:

> E maravilhando-se Juiãão, mandadeiro do papa, porque *o seu* homen tanto tardara, alçou *os seus* olhos e viu-o viir pola carreira con hũa cárrega de feo sobre *seu* colo.

Ferreira (1987:367) em levantamento sobre a questão na versão galego-portuguesa do *Foro Real* de Afonso X (séculos XIII-XIV), conclui que "já começava a ser empregado [o artigo] com os adjetivos possessivos, sendo muito frequente quando o possessivo está em função substantiva", ou seja, com o N elíptico, como nesses exemplos dos *DSG* (1989:179):

- Os meus custumes non conviinhan con *os vossos.*
- Cada hũũ recebeu *o seu.*
- ... pelas fazendas dos outros senon *pela sua.*

Com o possessivo de 3ª pessoa, tanto para desfazer possíveis ambiguidades em relação ao referente possuidor (a.), tanto por ênfase (b.), ocorrem os sintagmas *de + ele, -a, -s* com o possessivo pertinente. Vejam-se esses exemplos dos DSG (1989:177):

> a. ... E avẽo hũũ dia que hũũ *monge* que hi veo pera lhis preegar, assi como era custume, depois que preegou tomou hũas toalhas que *lhi* elas deron *a seu* rogo *delas* en seu sẽo.
> b. En tempo dos *godos,* acaeceu que hũũ *seu* rei *deles* que avia nome...

A posição normal do possessivo no SN explícito é antes do N que determina; a inversão não é frequente, mas ocorre. Também é usual o demonstrativo preceder o possessivo (a.), ocupando a posição do artigo; se há um QT, precede ele o possessivo (b):

> a. *este meu* corpo
> *aquele seu* sobrĩho
> b. *hũa sa* ama delas
> en aquel dia *dous seus* frades
> *algũũ seu* discipulo
> *outros seus* companheiros (exemplos *DSG,* 1989:182-185)

Havendo um Ql do nome, o possessivo o precede, mas efeitos de estilo podem romper essa ordem, como nesta bela estrofe de Garcia de Guilhade (G e R, 1983:156):

Os grandes nossos amores
que mi e vós sempr'ouvemos,
nunca lhi cima fezemos   (cima = 'fim')
coma Brancafrol e Flores,
mais tempo de jogadores
    ja çafou   (= 'já se foi embora')

Quantificadores

Trataremos de subconjuntos diferenciados de elementos que participam do SN, unindo a todos o traço semântico entendido aqui como 'quantificação'. Na tradição gramatical, esses elementos estão distribuídos por diferentes classes de palavras, como ficará claro. Subagruparemos os QT em dois subgrupos, com base em definição de natureza semântica – *Qt indefinidos* e *Qt definidos*. Esses quantificadores, do ponto de vista sintático, podem acompanhar o N – em geral antecedendo-o – no SN explícito, têm portanto uma função adjetiva, ou, estando o núcleo do SN elíptico, têm função substantiva. Destacaremos ainda QT que pode associar-se não só a nomes, mas também a verbos e adjetivos.

Indefinidos

No quadro seguinte está o sistema desses Qt. Organizamos os dados considerando que os Qt indefinidos referem-se ou à totalidade dos elementos de um conjunto, ou a uma parte dos elementos desse conjunto ou a outro conjunto complementar. No primeiro caso, o conjunto E dos elementos *a, b* e *c,* a totalidade pode ser formulada de quatro maneiras: 1. *a* e *b* e *c* ∈ E; 2. nem *a* nem *b* nem c ∈ E; 3. *a* depois *b* depois *c* ∈ E; 4. ou *a* ou *b ou c* ∈ E (Pottier 1969:59):

referência distribuição	totalidade do conjunto		parte do conjunto		compl. do conjunto	
	Qt + nome / nome + Qt	Qt + Ø	Qt + nome / nome + Qt	Qt + Ø	Qt + nome / nome + Qt	Qt + Ø
Quantificadores Indefinidos	1. todo, -a, -s	todo ~ tudo	tal, taes ~ atal, ataes algũu, -a, -s	– algũu ~	outro, -a, -s	outren ~ outrin al ~ ar ~ ~ er
	2. nenhũu, -a, -s	nenhũu ~ nengũu		alguen ~ algo		
	nulho, -a	~ nengué nemigalha ~ rem ~ nada				
	3. cada (hũu)		hũu, -a, -s			
	4. qualquer ~ qual... ... quer	–				

Observações

Hũũ, hũa (lat. *unu, una*) e seus compostos ocorrem sempre, no período arcaico, com a grafia que não indica a crase ou fusão das vogais idênticas para o masculino, nem a epêntese da consoante nasal /m/ na forma feminina; numeral cardinal no latim, continuou no português com esse valor, mas também se especializou como artigo indefinido, opositivo ao artigo definido.

A forma metafonizada *tudo* só se generaliza a partir do século XVI, sendo *todo* (lat. *tōtu*) a típica do período arcaico. (Nunes 1960:262).

Enquanto **nenhũũ** pode ocorrer adjacente ao N e como núcleo do SN, *nengũ ũ, nengũe* ocorrem na segunda distribuição.

Al, -ar -er (lat. *aliud*) 'outra coisa'; *nemigalha, rem* 'nada' e **nengũũ** 'nenhum, ninguém' são próprias ao período arcaico; também *nulho*, usual na expressão *nulha rem* 'coisa nenhuma'. Desaparecem depois. Seguem exemplos dos *DSG* (1989:188-195):

- Contou-lhis *todo*
- *Todo* he verdade quanto dizes
- *Nengũũ* de todos aqueles
- Non pode *nengũũ* gaanhar
- Non pode *al* fazer
- Non queren *al* senon aquelo
- Non duvido *nemigalha*
- Non val *nemigalha*
- Non podemos *rem* de ben fazer
- Non dava *rem* por nenhũa

Qualquer, quaesquer ocorrem lexicalizados, em geral, mas os elementos do composto podem aparecer intercalados pelo N (exemplos *DSG* 1989:191):

- Outra cousa *qualquer* que fosse
- O justo e o bõõ *qualquer* morte que moira
- Os feitos maravilhosos de Deus en *qual* terra *quer* que acaescan

Algumas lexias também expressam a quantificação indefinida. As seguintes ocorrem nos *DSG* (1989:196): *hũũs poucos de* miragres; *hũa pouca d'* azeite; *hũũ pequeno de* tempo; *hũa pequena de* treiteza; *boca-do* d'água.

Definidos

Referem-se a uma quantidade determinada e se expressam pelos numerais cardinais, ordinais, fracionários, multiplicativos, distributivos.

Os numerais constituem uma classe de palavra aberta. Por esse aspecto, podem ser considerados uma subclasse dos nomes e tanto podem ocorrer em função substantiva como adjetiva. Por outro lado, têm referência semântica específica, a quantificação definida.

No período arcaico os *cardinais* se apresentam como hoje, mas com diferenças de formas decorrentes de regras de natureza fonológica ainda não aplicadas (por exemplo: *dous, triinta, quareenta* etc.); *cem* e *cento* eram variantes no período arcaico e *cento* equivale a *milhão*, forma que só aparece a partir do século XVI (Said Ali 1964:86-87).

Os *ordinais* podem ocorrer a partir de *oito* com o sufixo *-eno: noveno, dezeno, onzeno* etc.; desse processo derivacional ficaram vestígios no léxico: *a novena, a dezena, a trezena, a quarentena,* por exemplo.

A expressão para os *fracionários* utilizava o ordinal seguido de *parte (a quarta parte);* ocorrem também formas com o sufixo *-(i)mo, (e)mo: sesmo ~ semo* ('a sexta parte'), *novima* ('nona parte'); *onzemo, dozemo* (Maia:719-722).

Para os *multiplicativos* ocorrem *dobro, tresdobro* e, a partir de *quatro,* associava-se ao cardinal a palavra *tanto – quatro tanto, cinco tanto* etc. (Coutinho 1976:250).

A expressão para os distributivos possuía a forma *senhos, -as* (lat. *singulos, -as*) e a repetição do cardinal a partir de *dois,* a par da formulação com *cada*. Exemplos dos *DSG* (1989:198):

- E eles sarraron as taalhas vazias en que non jazian *senhas* gotas d'azeite ou *duas* ou **pouquetĩho** mais ('... en que não estava uma gota de azeite em cada talha ou duas em cada ou um pouquinho mais).
- Enforcaron dous monges en *senhos* ramos d'ũa arvor (='... um em cada ramo').

Não exclusivos do nome

Esses quantificadores, quando associados a um nome que porta o traço semântico [- contínuo], portanto contável, expressam a multiplicidade, mas se o nome porta o traço [+ contínuo], expressam intensidade, tal como ocorre quando se associam a verbos e adjetivos que são [+ contínuo] também. São tradicionalmente classificados como advérbios de quantidade, no primeiro caso, e de intensidade, no segundo.

O quadro seguinte e os exemplos reúnem dados desses Qt retirados dos *DSG* (1989:200-205):

Vocábulo quantificado	Substantivo	Verbo	Adjetivo
Quantificadores	mui ~ muit' ~ muito		
	tanto quanto pouco pouquetĩho		
			mais mẽos assaz
			tan cam ~ quam

Exemplos em sintagmas nominais: *muita* gente; *mui* tempestade; vozes *mui* claras *e muito* abertas; logar muit'ascondudo (note-se que não é obrigatório que as formas iniciadas por vogal sejam precedidas de *muit'*); *poucas* cousas; *quantas* vertudes; *pouquetĩhas* olivas; *mais* homildosos; *tan* fremoso; *can gram* mengua; *quam* gram dano.

As lexias *ja quanto* e *ja que* ('um tanto') se associam a substantivos, adjetivos e verbos:

- Reteve *ja quantos* dias
- Ficaron *ja que* poucos grãos
- Parede *ja quanto* alta
- Desassemelha-se *ja que* deste

Qualificadores

No *início* deste capítulo justificamos que, por razões de ordem morfológica e por economia interna a este trabalho, tratamos os adjetivos, que são do ponto de vista semântico qualificadores do nome substantivo, no SN e não em sintagma à parte, o SADJ. Vimos que a morfologia do gênero e do número dos nomes – tanto substantivos como adjetivos – se caracteriza por processos mórficos da mesma natureza. Vale lembrar, contudo, que será o gênero inerente ao N e o seu número, a depender do que se vai enunciar, que determinarão a seleção do gênero e do número dos Ql, tal como ocorre com a seleção, quanto ao gênero e número, dos DET e dos Qt. Assim estamos considerando que a concordância no SN decorre do gênero e do número do nome selecionado, núcleo do SN.

Embora do ponto de vista morfossintático os Ql se comportem como os DET e os Qt, diferentemente destes contudo, os Ql constituem uma classe de inventário aberto, não sendo portanto passível de reduzir-se a sistemas, como procuramos mostrar na análise dos DET e dos Qt. Pela sua natureza de classe lexical "aberta", os Ql, ao longo do tempo da língua, apresentam muito mais movimentos de perdas e ganhos de itens que os subsistemas antes tratados.

No que se refere à distribuição dos Ql, é mais livre que a dos DET e do Qt: enquanto o artigo e o demonstrativo sempre precedem o N, o possessivo, excepcionalmente apenas, pode sucedê-lo; os quantificadores preferencialmente precedem N. Já os qualificadores, embora preferencialmente sucedam o nome, podem precedê-lo e, se mais de um, não só podem anteceder ou suceder, como podem estar em torno do N. Sem dúvida a distribuição menos marcada estilisticamente é a da posposição do Ql ao N. Exemplos dos *DSG* (1989:288-291): rei *encreo*, esforço *grande*, cousa *espantosa*, homen *espavorentado; alto* conhecimento, *maravilhosa* cousa, *desvairados* ('variados') logares, *glorioso* martir; *boas* ervas *verdes; boa* pessoa *e honrada; maa* voontade *e cruevil;* amor *desguisado e avorrido e defedorento* ou ainda: *saborosa e deleitosa* vida etc.

Ao tratarmos dos Qt, vimos que alguns são exclusivos dos adjetivos, embora outros ocorram também com substantivos e verbos. Os mais frequentes na intensificação do Ql são: *mui ~ muit' ~ muito, mais e tan: muito alta* noite; homens *muito* honestos *e muito bõōs e muito* amigos de Deus; liagem *mais frame e mais livre e mais rica;* spiritos maaos *tan negros e tan avorridos*.

Como a superlativização, chamada sintética, pelos sufixos derivacionais -*issim*-, *ilim*-, -*errim*- só começa a aparecer documentada na primeira metade do século XV, por via da escrita erudita e alatinada, o uso do Qt intensificador é muito frequente na documentação do período arcaico, como expressão de superlativização do tipo chamado analítico.

A comparação entre qualidades é expressa pelo Qt *mais/mẽos* que precede o Ql e ao qual sucede o subordinante *que* ou *ca*, só mais tardiamente *do que*. A comparação de igualdade é expressa por *tan* ou *assi* que precede o Ql *e come ~ como* que o sucede:

- ... *mais* poderosos *ca* nossos enmiigos
- Verdade firme *e mais* clara *que* a luz
- Cousas *assi* boas *come* maas
- Foi *tan* cruevil *come* ante (*DSG* 1989:208-209).

Ao tratarmos dos tipos de predicados, voltaremos aos Ql que se referem ao N, mas estão sintaticamente ligados a ele por um verbo, constituintes portanto do SV e não do SN, como em:

- *A promessa é falsa*
- Hũũ *homen* viveu *enserrado* (*DSG* 1989:297-302).

Na leitura da documentação arcaica, se DET e Qt não causarão maiores dificuldades para a compreensão de um leitor de hoje, muitos Ql do período arcaico exigem que o leitor vá ou a um dicionário que contenha arcaísmos ou a dicionários etimológicos, já que a língua portuguesa não dispõe ainda de um dicionário do período arcaico. Categoria lexical, como N e V, os Ql ou ADJ estão sujeitos aos processos de criação do léxico, diferentemente do que ocorre com DET e Qt.

Alguns exemplos de Ql, retirados da antologia de Oliveira e Machado (1969), que pontilham a documentação arcaica: *aguisado* 'justo, conveniente', *ardido* 'intrépido', *avondoso* 'abundante', *comprido* 'completo', *comunal* 'sociável', *coitado* 'angustiado', *cuidoso* 'preocupado', *desguisado* 'inconveniente', *despagado* 'descontente', 'desgostoso', *desvairado* 'variado', *encredeiro* 'crédulo', *encreo* 'incrédulo', *infiado* 'obrigado', *lazarado* 'aflito, miserável', *ledo* 'alegre', *louçano ~ louçõo* 'formoso', *manselinho* 'meigo', *ordiado* 'ordenado', *pagado* 'satisfeito, contente', *pestenciado* 'empestado', *quebrantado* 'anulado, desfeito', *refece ~ rafece* 'barato, ordinário', *revel* 'rebelde', *sandeu* 'loco', *sanhudo* 'irado', *trigoso* 'apressado', *velido* 'belo' etc.

O VERBO E O SINTAGMA VERBAL: MORFOLOGIA E ESTRUTURA

O *sintagma verbal (SV)* é a categoria sintática que tem como núcleo ou categoria lexical básica o verbo. Neste capítulo nos limitaremos à estrutura morfossintática do SV; voltaremos ao verbo, no capítulo "A frase", como predicado da frase.

Seguindo-se a um rápido esboço sobre a reestruturação do sistema verbal do latim para o português, concentraremos nossa análise na morfologia verbal no período arcaico, em que trataremos, nesta ordem, do classificador verbal (VT), dos morfemas modo-temporais (MMT) e dos morfemas número-pessoais (MNP). A ordem não é aleatória mas se deve ao fato de, na estrutura morfológica dos verbos, por herança latina, assim se seguirem os morfemas que, a partir do lexema, configuram a significação interna do verbo, já que sua significação externa está representada no lexema, inventário aberto que cabe antes em um estudo do léxico e não ao nível das estruturas gramaticais.

Neste estudo da morfologia verbal, que será analisada em subsistemas, destacaremos sempre as diferenças que marcam o português arcaico em relação ao atual. Organizaremos os dados partindo dos verbos de padrão geral ou regulares para depois tratarmos dos de padrão especial, que, embora enumeráveis, são muito mais complexos na sua morfologia, não só hoje, como no período arcaico e de então para agora apresentam diferenças de natureza vária.

No item *sequências verbais* apresentaremos estruturas de SV em que ao verbo principal nas formas nominais (particípio passado (PP), gerúndio (GER) e infinito (INF) se associam os tradicionalmente chamados verbos auxiliares (AUX). A questão do AUX recobre diversificadas e atuais discussões teóricas que, transpostas para uma sincronia pretérita, novos e diferentes problemas levantam. Não nos deteremos nessa questão teórica; procuraremos descrever características dessas estruturas em que se manifestam sequências verbais complexas. Fecharemos o capítulo com os qualificadores (Ql) e os quantificadores (Qt) que podem ocorrer no SV, tal como no SN.

O verbo do latim para o português: breve memória

Quando o português aparece documentado nos inícios do século XIII, as profundas reestruturações que sofreu o sistema modo-temporal do verbo latino já tinham, no geral, ocorrido. As distinções que marcam o sistema verbal do período arcaico, em confronto com o atual, decorrem, fundamentalmente, de diferenças, como veremos, no nível da morfologia.

O verbo latino, e por isso o português, é um vocábulo eminentemente flexional. Esse sistema flexional era orientado, do ponto de vista semântico, para o sujeito da frase, já que os morfemas número-pessoais (MNP) marcavam a pessoa e o número do sujeito, tal como hoje, apesar das simplificações que continuam a ocorrer em variantes faladas do português. Era também orientado para a expressão da significação interna das categorias verbais de aspecto, tempo e modo (MMT). No português de então e de agora, a expressão aspectual não é morfologicamente marcada, tendo ficado, segundo alguns analistas, o remanescente na oposição pretérito perfeito/imperfeito. Tal como na ativa, na estrutura passiva, o verbo latino dispunha de flexões específicas para a passiva dos "tempos do *infectum*" (= 'imperfeito', 'inconcluso') e uma passiva do tipo analítico *(esse + PP)*, para os "tempos do *perfectum*" (= 'perfeito', 'concluso').

O sistema latino, no que se refere ao aspecto, tempo e modo, no padrão clássico, em largos traços e acompanhando a análise de Mattoso Câmara Jr. (1975:127-142), apresentava para o modo indicativo seis "tempos (= 'paradigmas flexionais'). Três (pres., pret. e fut.) para o "infectum" e três outros (pres., pret. e fut.) para o "perfectum". O modo imperativo era flexionalmente marcado tanto para a expressão do Imp. presente, como para a do Imp. futuro. As chamadas formas nominais do verbo eram numerosas e, exceto o infinitivo presente e o infinitivo perfeito, se declinavam, conforme sua VT, ou pelo padrão dos nominais (substantivos ou adjetivos), de VT < a, u > – assim se comportavam o infinito futuro, o gerúndio, o gerundivo, o supino, o particípio passado e o particípio futuro – ou pelo padrão dos adjetivos de segunda classe de VT < e > – o particípio presente.

Esse sistema sofreu profundas reestruturações no latim corrente do Império Romano e é daí que partem os sistemas verbais românicos, entre eles o português, "sistema francamente novo", como o qualifica Câmara Jr. (1975:133), quanto à sua organização aspecto-modo-temporal.

A oposição aspectual deixa de ser marcada morfologicamente, marcação que já não era muito nítida no latim padrão, e será por meio de sequências ou locuções verbais que essa categoria em geral se expressará, com exceção morfológica única para a oposição, no modo indicativo, do pretérito perfeito (IdPt2)/pretérito imperfeito (IdPt1). A oposição temporal, no indicativo, far-se-á, basicamente, numa oposição presente/passado, distinguindo-se neste, além do perfeito ou concluso e do imperfeito ou inconcluso, já mencionados, um passado concluso que precede o perfeito, denominado, tradicionalmente, de mais-que-perfeito (IdPt3).

Nesse novo sistema, a forma do presente pode expressar o futuro. Contudo, perdidos os futuros perfectivo e imperfectivo do latim, formou-se, no romance, uma locução verbal para a expressão da futuridade. Foi constituída do infinito de qualquer verbo seguido de *habére,* no indicativo presente ou no pretérito imperfeito (do tipo: *amare + habeo/amare + habebam*) que, por processos fonológicos regulares, resultaram nas formas gramaticalizadas do futuro do presente/futuro do pretérito *(amarei/amaria).*

O modo subjuntivo, que podia ocorrer também em orações principais no latim, passa a ser sempre uma forma verbal própria a orações dependentes e selecionada a partir de características das frases em que se encaixam, por isso é considerado um padrão formal sem a marcação de valores semânticos independentes: o presente, o pretérito e o futuro do subjuntivo no português vão depender ou ser selecionados de acordo com o tempo do verbo da principal ou por outras determinantes estruturais. Note-se que, hoje, em variantes faladas, já o indicativo supera a presença do subjuntivo, antes exigido.

As reestruturações esboçadas referentes ao indicativo e ao subjuntivo, do latim para o português, podem ser representadas no quadro seguinte, considerados apenas os chamados tempos simples:

Modo	Lgs. Aspecto	Latim Infectum	Português	Tempo	Latim Perfectum	Português*	Tempo
Indicativo	pres.	AMO	AMO	pres.	AMAVI	AMEI	perf.
	pret.	AMABAM	AMAVA	imp.	AMAVERAM	AMARA	mais perf.
	fut.	[AMABO] (Amare habeo)	— AMAREI	fut. pres.	[AMAVERO] ** (Amare habebam)	— AMARIA	fut. pret.
Subjuntivo	pres.	AMEM	AME	pres.	[AMAVERIM]	—	
	pret.	[AMAREM] AMAMASSE → AMAR	imp. fut.	[AMAVISSEM]	—	

* Entre colchetes as formas que não são o étimo do "tempo" correspondente no português ou que desapareceram: entre parênteses a locução do latim imperial que deu origem às formas portuguesas; as setas indicam as formas latinas que são o étimo das formas portuguesas.

** Uma segunda possibilidade do Subjuntivo Futuro.

O futuro do imperativo desapareceu, permanecendo no português o presente. Das múltiplas formas nominais antes mencionadas, permanecerão no sistema do português: o infinito presente, o gerúndio e o particípio passado, que, além de serem usados nas subordinadas reduzidas, vão se associar a verbos específicos na constituição de locuções verbais (INF e GER) e dos tempos compostos (PP). Criou-se, entretanto, um infinitivo flexionado, inexistente no latim, que, tendo na sua flexão a referência do sujeito da sentença, adquire um "*status* de padrão oracional" (Câmara Jr. 1975:142) em si e o impede de constituir locuções verbais, como ocorre com o infinitivo não flexionado.

A morfologia própria à passiva dos tempos do "infectum" latino, chamada passiva sintética, desapareceu e se generalizou para todos os paradigmas temporais a passiva analítica que no latim se circunscrevia aos "tempos do perfectum", como já mencionamos.

Criou-se um sistema de "tempos compostos", constituído do verbo derivado de *habere* + PP, correspondente aos tempos simples, que tem como marca semântica geral, mas não exclusiva, o traço aspectual concluso ou perfectivo.

Essas reestruturações sumarizadas, que mostram perdas e ganhos do latim para o português, quase todas, já se encontravam concluídas quando o português aparece escrito. No período arcaico, no entanto, ainda encontramos remanescentes verbais do particípio presente. Assim começa o *Testamento de Afonso II* (1214):

> Eu rei don Afonso pela gracia de Deus rei de Portugal, seendo sano e salvo, **temẽte** o dia de mia morte... (= 'temendo').

Veio depois a fixar-se como adjetivo, substantivo ou em outras classes de palavras (*presente, constante, tirante, durante* etc.). Piel (1989:220) considera que a "decadência do part. pres. parece ter-se produzido nos meados ou fins do século XIV", mais ainda o encontra no século XVI em Garcia da Orta: "*estante* em Goa" (= *estando* em Goa').

Os tempos compostos, por sua vez, ainda estavam em processo de gramaticalização do século XIV para o XV, como veremos adiante no item *Sequências verbais*.

Verbos de padrão geral ou regulares

Classes mórficas: vogal temática

Os verbos latinos, no padrão clássico, se agrupavam em quatro paradigmas ou conjugações, identificadas pela VT < ā, ē, ě, ī >. No período arcaico, como no atual, são três (CI, CII e CIII), identificadas pela VT < a, e, i >. A VT se evidencia, sem exceção, na forma do infinitivo dos verbos de padrão geral: amar, vender, partir, por exemplo.

Já os gramáticos do latim clássico informam sobre verbos que podiam ser da 2ª ou 3ª conjugações, ou seja, de VT < ē ou ě >, como *ole(ē/ě)re, stud(ē/ě)re, ferv(ē/ě)re* e no latim corrente há verbos da 3ª < ě > do padrão clássico em uso como da 2ª < ē > (Piel 1989:215).

No latim corrente da Hispânia, parece ter dominado um sistema com três paradigmas, quanto à VT, já que tanto o galego-português, o castelhano e o leonês apresentam esse tipo de estruturação. Quando o português aparece documentado já se pode afirmar que os verbos originários da 3ª conjugação latina, na sua maioria, mas não exclusivamente, já se tinham fundido com os do padrão da 2ª latina, o que se pode facilmente ver, já que só os verbos da 3ª < ĕ > não tinham a VT acentuada, eram portanto proparoxítonos *véndĕre* > *vender*, *bíbĕ - re* > *beber*, *fácĕre* > *fazer* etc. Outros verbos da 3ª do latim, menos numerosos, vão para o paradigma em < i > do português: *fúgĕre* > *fugir* > *pétĕre* > *pedir*, *párĕre* > *parir*, *múlgĕre* > *mungir*. Outros, também da 3ª latina integram-se na CI < a > do português: *minŭĕre* > *minguar*, *tórrĕre* > *torrar*, *fīdĕre* > *fiar*. Distribuíram-se assim os verbos da 3ª pelos três paradigmas, embora a maioria tenha se integrado ao paradigma em < e >.

Do período arcaico para o moderno, também se documentam deslocamentos de verbos, principalmente do paradigma em < e > para < i >, ou seja, de CII para CIII: *cinger, finger, tinger, caer, enquerer, traer, esparger, confonder*, depois *cingir, fingir* etc. É pelo século XV que tais verbos começam a fixar-se no paradigma < i >. Maia (1986:727) afirma que, na documentação seriada que analisa, *caer*, por exemplo, já varia com *cair* no século XIV, vindo o primeiro a desaparecer no século XV.

De todos os paradigmas o mais produtivo, portanto o mais numeroso desde o latim até hoje, é o de VT < a >; vejam-se inovações recentes como *checar, xerocar, brecar* etc., todas se integram na CI. Nos *DSG* (1989:309) ocorrem 388 itens verbais de CI, 137 de CII e 42 de CIII; os dados de Ferreira (1987:427) sobre *o Foro Real* confirmam essa escala.

Os alomorfes de VT < a, e, i >:

A distribuição mais generalizada da VT é em *sílaba acentuada* e aí está representada por < a, e, i > para CI, II e III, respectivamente. Isso ocorre no período arcaico, em geral coincide com o atual, no Inf., Inf. fl., Ger., de todos os paradigmas e no PP de CI e III; em todas as pessoas (P) do IdPt3, Sblt e Sb Ft e no Imp. P4 de todos; no IdPt1 de CI e II; de P2 a Pt do IdPr de CI; de P2 a P6 do IdPt2 de CII e em P2, 4, 5, 6 de IdPt2 de CI e CM. Os "tempos" não mencionados apresentam os seguintes alomorfes:

 a. Os alomorfes de VT < a > de CI: a representação gráfica < a > ocorre em *sílaba não acentuada*, provavelmente com a realização fonética diferenciada daquela em sílaba acentuada: de P1 a P6 do IdFt1 e IdFt2 (calarei, desejaria), em sílaba pretônica; e, em *átona final*, no Imp. P2 (alegra) e em P2, 3 e 6 do IdPr (afirmas, ama, aman).

Os alomorfes < e > e < o > ocorrem em *posição acentuada* – IdPt2 P1 e P3 (amei, amou, lat. *amavi, amavit*) e decorrem das mudanças fônicas ocorridas, sendo que a altura /e/ ou /o/ do português é consequência da assimilação de VT latina à semivogal subsequente.

A VT é ø no IdPr P1 e em todas as pessoas do SbPr. Se confrontarmos esses alomorfes com os do português contemporâneo, conforme a análise de Câmara Jr. (1970), verificaremos que não há diferenças.

> b. Os alomorfes de VT < e > de CII: em *sílaba não acentuada* ocorre também grafado por < e > no IdFt1 e no IdFt2 de P1 a P6 (morrerei, beveria), ainda em sílaba pretônica e também postônica está representado por < i > ou < h > com valor semivocálico no SbPr em um subgrupo de verbos como comer, saber *(cómha ~ cómia, sábha ~ sábia)*, refletindo ainda o seu étimo *(comeat, sapeat)* em que o elemento semivocálico ou se transferiu para a sílaba anterior ou desapareceu fechando antes a vogal do lexema. Em *sílaba átona final* ocorre < e > no IdPr, P2, 3 e 6 (deves, deve, devem) e no Imp P2 < e > ~ < i >: bévi ~ beve; cólhi ~ colhe; entende ~ enténdi [o sinal de acentuação, indicando a sílaba forte nesses e em outros exemplos, é de nossa responsabilidade, para evitar erro de pronúncia].

Em *sílaba acentuada* o alomorfe < i > vocálico, ocorre no IdPt2 (acendi) como hoje, por vezes, no IdPt2 *(ascondisti, conhocisti, recebisti, respondistí)*. Essa não é uma variante geral na documentação arcaica, talvez tenha a ver com pronúncias regionais.

Ainda em sílaba acentuada ocorre o alomorfe < u > para o PP: até fins do século XIV a documentação apresenta o PP de CII sempre com VT *u* + do. Está assim, sem exceção, por exemplo, no *Foro Real* (séculos XIII-XIV) e nos *DSG* (século XIV). Já no *Orto do Esposo,* datado de 1380, aparece em variação *u + do ~ i + do* e é a forma que se identifica com o PP de CII que se manterá na língua. Para Câmara Jr. (1975:161-162), essas formas desaparecem por falta de apoio estrutural no paradigma CII e por homonímia com o sufixo nominal *-udo*.

Nesta estrofe de Joam Garcia de Guilhade (século XIII), vemos *-udo* como marca de PP e como sufixo nominal:

> – Foi-se ora daqui *sanhudo* (= 'irado')
> amiga, o voss'amigo.
> – Amiga, *perdud'* é migo
> e, pero migo é *perdudo,*
> o traedor *conhoçudo.*   (G e R 1983:158)

Ainda em Gil Vicente (século XVI), excepcionalmente, ocorre *-udo*, no Juiz da Beira: "E o trigo era *creçudo"* (Teyssier 1959:244).

A VT é ø no IdPr1 (devøo); no SbPr P1a6 (devøa) e no IdPt1 P1 a P6 (deva, devøias etc.).

> c. Os alomorfes de VT < i > de CIII: em *posição acentuada* pretônica ocorrem representados por < i > no IdFt1 e IdFt2 de P1 a 6, às vezes, variando com < e > *(parteria ~ partiria, consenteria ~ consentiria)*. Tal variação possivelmente reflete a insegurança na representação das vogais

em posição não acentuada. Como nos verbos de CII, há um subgrupo de CIII que apresenta ainda a VT representada por < h > ou < i >, como *sérvio ~ sérvho, dórmio ~ dórmho*, que virá a desaparecer, fechando antes a vogal do lexema (*sirva, durma*). Em posição átona final está representada por < e > no IdPr P2, 3 e 6 (*partes, parte, parten*) e no Imp. P2, podendo aí variar com < i >. Nos *DSG* (1989:326) ocorrem:
* – Parte de min, molher!
* – Levanta-te e fugi muit'agĩha.
* – Óuvi e apréndi!

A VT é /ø/ em IdPr.P1 (consentøo), SbPr. de P1 a P6 (consentøa etc.) e de P1 a P6 de IdPt1 (partøia etc).

As principais distinções entre o período arcaico e agora estão na VT < u > do PP de CII; a VT como semivogal em verbos de CII e CM; a variação possível entre as representações < e > e < i > para formas de CII e CIII, que, provavelmente, indicam variantes fônicas. A morfologia da VT em CI já era a mesma que a atual.

Modo/tempo: morfologia

O sistema dos morfemas modo-temporais (MMT) do período arcaico pode ser assim apresentado:

Modo-tempo	MMT	P	C
IdPr	ø	1 a 6	I, II, III
IdPt1	-va-	1 a 6	I
	-ia-	1 a 6	II e III
IdPt2	-ø-	1 a 5	
	-ro ~ ra-	6	I, II, III
IdPt3	-ra-	1 a 5	I, II, III
	-ra- ~ -ro-	6	
IdFt1	-re-	1, 4, 5	I, II, III
	-ra-	2, 3, 6	
IdFt2	-ria-	1 a 6	I, II, III
SbPr	-e-	1 a 6	I
	-a-	1 a 6	II e III
SbPt	-sse-	1 a 6	I, II, III
SbFte Inf fl	-r-	1, 3, 4, 5	I, II, III
	-re-	2, 6	
Imp	-ø-	2 e 4	I, II, III
Inf	-r-	–	I, II, III
PP	-d-	–	I, II, III
GER	-nd-	–	I, II, III

Se confrontarmos esse sistema com o proposto para o português contemporâneo por Mattoso Câmara Jr. (1970:99), veremos que há apenas duas diferenças entre a morfologia dos MMT do período arcaico em relação a hoje:

a. O MMT do IdPt1 - *va-* e *-ia;* de IdPt 3 – *ra-* e o de IdFt2 *-ria-* não apresentam, respectivamente, o alomorfe -ve-, -ie-; -re-; -rie- para P5, como no português moderno, porque ainda não tinham atuado regras fonológicas de apagamento do -d- intervocálico (*a*), de assimilação vocálica (*b*) e de ditongação (*c*.), como se pode ver abaixo:

Port. arc.						
IdPt1		*(a)*		*(b)*		*(c)* Port. mod.
amávades	—>	amavaes	—>	amávees	—>	amáveis
devíades	—>	devíaes	—>	devíees	—>	devíeis
partíades	—>	partíaes	—>	partíees	—>	partieis
IdPt3						
amárades	—>	amáraes	—>	amárees	—>	amáreis
devérades	—>	devéraes	—>	devérees	—>	devéreis
partírades	—>	partíraes	—>	partírees	—>	partíreis
IdFt2						
amaríades	—>	amaríaes	—>	amaríees	—>	amaríeis
deveríades	—>	deveríaes	—>	deveríees	—>	deveríeis
partiríades	—>	partiríaes	—>	partiríees	—>	partiríeis

O apagamento do -*d*- intervocálico que desencadeou as regras assimilatórias subsequentes começa a aparecer documentado "nos inícios do século XV, o mais tardar" (Piel 1989:218). No *Foro Real* (séculos XIII-XIV) e nos *DSG* (XIV), o -*d*-, sem exceção, está presente nessas formas verbais e em todas as ocorrências de P5. Em Gil Vicente ainda ocorre, mas como marcador estilístico, para caracterizar a fala das "comadres" (Teyssier: 182 e ss).

b. O MMT de P6 tanto de IdPt2 como de IdPt3 apresenta a alomorfia *-rõ- ~ -rã-*. Etimologicamente P6 de IdPt2 vem do lat. *-ru(nt)* e P6 de IdPt3 do lat. -ra(nt) (*amarõ/amarã; deverõ/deverã; partirõ/partirã*). A variação gráfica *-rõ- ~ -rã* nesses dois "tempos", que já ocorre, por exemplo no *Foro Real* (Ferreira 1987:427) e também nos *DSG* (1989:335-338) é um indício de que já então não se faziam as distinções etimológicas. Note-se que a nasalidade se deriva do MNP (-*nt*). A ditongação nasal final, que veio a caracterizar pelo menos o padrão moderno, tanto de Portugal quanto do

Brasil [amarão; deverau; partirau], não aparece indicada na grafia medieval nessas terminações verbais e as regras ortográficas modernas que adotaram -*rani,* tanto para IdPt2 como para IdPt3, também não a indicam. A variação referida, na documentação arcaica, apenas pode ser interpretada no sentido de que não se distinguiriam mais pelo MMT os descendentes de -*ra(nt)* dos de -*ru(nt)* latinos.

Vale notar, para finalizar essas observações sobre os MMT no período arcaico, que o MMT -*re-* ~ -*ra-* do IdFt1 e -*ria-* do IdFt2 resultam do encontro, já mencionado, do infinito de qualquer verbo seguido do IdPr de *habēre* ou do IfPt 1; no primeiro caso para o futuro do presente e no outro para o futuro do pretérito - *amare* + *habeo* —> *amarei*; *amare* + *habebam* —> *amaria*. Complexas mudanças fônicas gramaticalizaram a locução verbal original, tornando-a uma nova forma simples. As mudanças fônicas referidas estão nas gramáticas históricas e em Câmara Jr. (1975:132) e já estavam concluídas quando o português aparece documentado. Com esse destaque queremos chamar a atenção para o fato de que, com exceção dos MMT de IdFt1 e de IdFt2, que são criações românicas, os MMT remontam à morfologia verbal do latim padrão.

Número/pessoa: morfologia

O sistema dos morfemas número-pessoais e seus alomorfes no período arcaico pode ser assim apresentado:

P	MNP			Alomorfes	
1	∅	-o	MT e C IdPr, CI CII, III	-i ~y, j	MT e C IdPt2, CI IdFt, CI, II e III
2	-s	-ste ~sti	IdPt2 CI, II, III	∅	Imp. CI, II e III
3	∅	-u ~o	IdPt2 CI, II, III	—	—
4	-mos	—	—	—	—
5	-dos	-ste	IdPt2 CI, II, III	-de	Imp., CI II, III
6	-n ~m,	—	—	—	—

Em todos os "tempos verbais", o morfema de P4 é sempre -*mos,* eventualmente pode ocorrer a grafia -*mus,* reflexo da latina. O MNP de P6 é o travamento final nasal que representamos no quadro < n, m, ~ > (do lat. *n*[t]), já que as três possibilidades de escrita conviviam.

O morfema de P1 é, em geral, ø, com as variantes anotadas: < o > para IdPr dos três paradigmas *(acho, devo, parto)* e o < i > assilábico do IdPt2 de CI *(achei)* e do IdFt dos três paradigmas *(calarei, morrerei, partirei).* Na documentação arcaica, essa semivogal pode estar grafada < i, y, j >, grafias mais comuns para a representação da semivogal anterior.

O MNP de P2 é, em geral -s, exceto no IdPt2, < -ste > que pode ocorrer grafado < -sti >, talvez reflexo da grafia do morfema latino -*sti;* este é o procedimento que encontramos, por exemplo, em todo o texto dos *DSG* – 88 ocorrências com verbos tanto do padrão geral como especial, sem exceção *(começasti, desti, respondisti, ouvisti* etc.), mas a grafia tal como a atual ocorre usualmente na documentação antiga. O MNP é ø no imperativo dos três paradigmas *(ama, bévi ~ beve, parte).*

O MNP de P3 é, em geral ø, como o de P1, com a variante < u ~ o > para IdPt2 dos três paradigmas *(achou ~ achoo; acaeceu ~ acaeceo; partiu ~ partio)*: nos *DSG*, por exemplo, a grafia prioritária é < u > para CI e II, predominando < o > nos verbos de CIII.

O MNP de P5, com exceção do IdPt2 dos três paradigmas -*stes,* do lat. -*stis,* é -*des* (lat. -*tis) – alegrades, corredes, partides* depois *alegrais, correis, partis),* para todos os "tempos verbais", com exceção do imperativo em que é -*de* (lat. -*te) – alegrade, correde, partide* depois *alegrai, correi, parti.* Aí reside uma marcante diferença entre os morfemas número-pessoais do período arcaico e do contemporâneo. No item anterior, tratamos do desaparecimento ou síncope desse -*d*-, quando intervocálico, que acarreta outras mudanças fônicas. *O* -*des*/-*de* etimológico se mantém até hoje quando em contextos não intervocálicos: no SbFt e infinito flexionado, precedido de *r – amardes, fazerdes, fizerdes;* ou precedido de travamento nasal, como em *vindes, vinde, tendes.* Ocorre também em verbos monossilábicos em contextos intervocálicos *(ledes, lede; credes, crede; ides, ide* etc.). Como já mencionamos, a partir do século XV, começou a aparecer documentada a variação com ou sem -*d*-, do tipo: *amades ~ amaes,* por exemplo, mas ainda sem a indicação da ditongação, que parece ter sido posterior. O texto dos *DSG*, por exemplo, apresenta a situação típica dos documentos anteriores ao século XV: nas 31 ocorrências o -*d*- está sempre presente.

Estas duas estrofes finais da "tenção" entre os trovadores Joam Soares Coelho e Picandon ilustra -*des,* em contextos em que se mantém o < d > até hoje e em contextos intervocálicos em que veio a desaparecer:

– Sinher, conhosco-me-vos, Picandon, e do que dixi peço-vos perdom
e gracir-vo-l'ei, se mi *perdoardes.*
– Joam Soares, mui de coraçom vos perdoarei, que mi *dedes* dom
e mi *busquedes* prol pe/ru *andardes* (G e R 1983:173)

Variação na representação do lexema

Chamamos aqui atenção para reflexos de variações fônicas existentes no período arcaico – e a ausência de uma norma ortográfica rígida deixa transparecer que atuavam em lexemas de verbos de padrão geral que, por definição, não deveriam apresentar variação do lexema. São fenômenos fonéticos gerais, não próprios à morfologia verbal, que também se aplicam aos lexemas verbais. Os dados aqui apenas se restringem ao que observamos na descrição dos *DSG* (1989:344-350), mas que não são exclusivos desse *corpus*, nem esse *corpus* apresenta, é óbvio, outras possibilidades análogas, ocorrentes no português arcaico.

- Variação decorrente do alteamento da vogal do lexema, favorecida por um contexto subsequente com vogal alta:

*ve*giaron/*vi*giando, *vi*giava
*me*nguando, *me*nguava/*mi*ngou
*to*lheu, *to*lhe/*tu*lhisti   "Tu *tulhisti* a sa oferta" (DSG)
*co*rrede, *co*rren/*cú*rri   "-*Cúrri* ca aquel meniho caeu" (DSG)
*me*teo, *me*tera/*mí*ti   "-*Míti* ta espada na bainha" (DSG)
*ve*stiu, *ve*stir/*vi*stio
*fo*gia, *fo*gindo/*fú*gi, *fu*gira
*re*codir, *re*codio/*re*cudiu, *re*cudio

- Variação decorrente de outros processos fonéticos:
*e*spero, *e*spera etc./ *a*speramos
*pe*rseguian, *pe*rsegues/*pe*rseguian
*ju*lgar, *ju*lgava/*jui*gar

Vale notar que verbos que hoje têm variação no lexema decorrente de ditongação nas chamadas formas rizotônicas (IdPr, P1, 2, 3, 6; Imp. P2; SbPr P1 a P6), não apresentavam ainda essa ditongação. A grafia ditongada começa a aparecer no início do século XVI (Williams 1961:§37.7), por exemplo: alum*e*a, nom*e*a, cr*e*o, amerc*e*e-se e não alum*ei*a, alum*ei*as, *creio*, amerc*eie*-se.

Verbos de padrão especial

A denominação "verbos de padrão especial" é mais adequada do que a tradicional "verbos irregulares", porque entre esses verbos se depreendem subgrupos com características mórficas comuns. A situação desses verbos se apresenta no período arcaico mais complexa que no atual, decorrente não só de mudanças fônicas, analógicas ou outras que ainda não tinham ocorrido e viriam a tornar mais regulares seus paradigmas, mas também decorrente da ausência de uma normativização geral para o português escrito do período medieval, o que permite que variantes, provavelmente dialetais, apareçam na língua escrita. Além da variação gráfica, quando não existe uma norma ortográfica coercitiva, como era o caso.

Acompanharemos, aqui também, as análises de Mattoso Câmara Jr. para o português contemporâneo, já por nós utilizadas na análise descritiva dos *DSG* (1989:351-400). Adaptaremos essa nossa análise, não só por causa das dimensões deste livro, mas sobretudo porque aqui não limitaremos os dados ao *corpus* dos *DSG*.

Podem ser esses verbos classificados em quatro subgrupos e do mais complexo para o menos, podem ser descritos como segue:

Subgrupo 1: verbos que apresentam variação no lexema das formas do não perfeito e têm lexema específico para as formas do perfeito, com ou sem variantes.

Subgrupo 2: verbos que apresentam lexema invariável para as formas do não perfeito e têm lexema específico para as formas do perfeito.

Subgrupo 3: verbos que apresentam variação nos lexemas do não perfeito, sendo o lexema das formas do perfeito a variante mais generalizada do lexema do não perfeito.

Subgrupo 4: verbo de PP especial, tradicionalmente chamado de particípio forte.

Vale notar que o que caracteriza, fundamentalmente, os verbos de padrão especial em relação aos de padrão geral é a variação no lexema. Esta decorre de sua história pretérita, que não cabe aqui apresentar, já que estamos procurando descrever o português arcaico, mas que teremos, por vezes, de mencionar. Sobre essa história pretérita informam as gramáticas históricas do português e o excelente artigo de J. M. Piel (1989) que, apesar de originalmente escrito em 1944, continua sendo o único estudo de conjunto da morfologia histórica do verbo português.

Designamos aqui com a expressão abrangente de "formas do não perfeito": IdPr, IdPt1, IdFt1, IdFt2, SbPr, Imp., Inf., Inf. fl., Ger. e "formas do perfeito": IdPt2, IdPt3, SbPt, SbFt. Reuniremos os subgrupos em quadros e, dos elementos constantes neles, comentaremos aqueles que são próprios ao período arcaico, diferindo portanto do atual.

Subgrupo 1

Constituem este subgrupo os verbos *dizer* (< *dicĕre*), *trager* (*trahĕre*), *fazer* (< *facĕre*), *aver* (< *habĕre*), *tēer* (< *tenēre*), *vīir* (< *venīre*), *pōer* (< *ponĕre*), *veer* (< *vidĕre*), *estar* (< *stāre*), *poder* (< *potĕre*), *jazer* (< *jacēre*), *querer* (< *quarĕre*), *ir* (< *ire*), *seer* (< *sedĕre* e *esse*). Apresentamos esses verbos na grafia própria ao período arcaico.

Esses 14 verbos, quanto ao lexema do não perfeito, podem ser categorizados em 7 tipos e, quanto ao lexema dos tempos do perfeito, em 5. Estão eles subcategorizados com base em processos fônicos comuns, mas não exclusivamente, como veremos:

Verbos	Lexema dos tempos do não perfeito
a. DIZER	dig- *
	diz-, dez-
	di
TRAGER	trag-
	[+ vel]
	trag-
	[+pal]
	tra-
FAZER	faç-
	faz-
	fa-
AVER	av-
	aj-
	a-
b. TẼẼR	ten-, tẽ-
~ TEER	tenh-
	tiinh-
	tenrr, tẽrr-, terr-
VĨĨR	vin-, vẽ
~ VIIR	viin-
	venh-
	viinh-
	venrr-, vẽrr-, verr-
PÕER	pon-, põ-, po-
~ POER	ponh-
	poinh-
	ponrr-, põrr-, porr-
c. VEER	ve-
	vi-
	vej-
ESTAR	est-
	estej -
d. PODER	pos-
	pod-, pud-
JAZER	jasc-
	jaz -
e. QUERER	quer-
	queir-
f. IR	va-
	i-
g. SEER	se- ~ e-
	sej
	si- ~ er-
	so-
	son -

| Verbos | Lexema dos tempos do perfeito ||
	IdPt2 P1	IdPt2 P3 e outros
a. DIZER	dis-, dix- *	
QUERER	quis-	
AVER	ouv-	
TRAGER	trouv- ~ troux- ~ troug	
JAZER	joug- ~ jouv	
b. FAZER	fiz-, fig-	fez
TẼẼR	tiv-	tev-
VĨĨR	vĩ-, vin-	vẽ-, ven-, ve-
ESTAR	estiv-	estev -
c. PODER	pud-	pod-
PŌER	pug-	pos-
IR	fu-	fo-
d. SEER	fu- ~ siv-	fo- ~ sev
e. VEER		vi-

* As variantes separadas por vírgulas ocorrem em um mesmo tempo e pessoa, refletem variações fônicas não específicas de verbos; as variantes na vertical se distribuem por tempos e pessoas específicas, na maioria coincidem com o português contemporâneo; o sinal ~ indica variantes para um mesmo tempo e pessoa que têm lexemas distintos, decorrentes de sua história pretérita específica.

Sobre os lexemas dos tempos do não perfeito

O *tipo a* se caracteriza pela variação na consoante final do lexema ou seu apagamento. As variantes *diz-, dez (dizia ~ dezia)* se inserem na variação da representação da pretônica anterior, fato não específico dos verbos; a variante *di-* ocorre no período arcaico não só no IdFt1 e IdFt2, como hoje, mas também no imperativo: "-Vai e *di* assi a meu senhor o bispo" (DSG).

A variante *trag-* (g[+pal]) foi substituída, no período moderno, pelo menos no padrão culto, por *traz-; trager* é a forma usual na documentação arcaica.

O lexema *av-*, de *aver*, no período arcaico, também se aplicava ao imperativo "-*Ávi* piedade de min!" (DSG) (= 'Tem piedade de mim!)

O *tipo b* se caracteriza pela variação travamento nasal/vibrante no final do lexema. Nos verbos desse tipo, no período arcaico, ainda não ocorrera a crase que fundiu vogais etimológicas (*tẽẽr, tẽẽs, tẽẽmos; vĩĩr, vẽẽs, vẽẽmos; tiinha, viinha*), nem a assimilação de *poinha > puinha > punha*; o IdFt1 e IdFt2 ainda ocorrem com a forma etimológica *venrrei, vẽrrei, verrei; venrria, vẽrria, verria; tenrei, tẽrrei, terrei; tenria, tẽrria, teria; ponrrei, põrrei, porrei; ponrria, põrria, porria*, depois substituída pela forma analógica – *virei, viria; terei, teria; porei, poria*.

No século XVI, Fernão de Oliveira considera *põer*, com VTe, próprio "a **algũũs** velhos" (Williams 1961:§193); portanto já então *pôr*, sem a VT etimológica, se estabelece, sendo considerado esse deslocamento excepcional do acento, que favoreceu a perda da VT, como de origem dialetal (ibid.).

O *tipo c* se caracteriza pela diferença de vogal do lexema e/ou por seu alongamento pela palatal < j >, resultado da palatalização histórica (lat. *video, videam > vejo, veja)*. No período arcaico, a não realização ainda da crase que funde vogais etimológicas idênticas faz com que as formas desse verbo apareçam com vogal duplicada, na representação escrita, correspondendo a primeira à vogal do lexema e a segunda à VT: *veer, veendo, vees, veemos, veerei, viia* etc.

A variante *estej-*, própria ao SbPr, foi criada por analogia com *seja*. No período arcaico ocorre ainda o subjuntivo etimológico *estê* ou *stê, estês* ou *stês* etc. (sinal de acentuação nosso, para indicar a sílaba tônica como no *Testamento de Afonso II* [1214]:

> ... que depois mia morte mia molier e meus filios e meu reino...
> sten en paz e en folgãcia.

No *Foro Real* (século XIII-XIV) é a forma etimológica a única documentada (13 vezes, conforme Ferreira 1987:432) e ainda ocorre no século XVI (Nunes 1960:299).

O *tipo d* se caracteriza pela variação da consoante que trava o lexema, *pos-, pod-*, decorrente da sua etimologia, como *jasc-, jaz-*.

No verbo *poder*, a variação *pod- ~ pud- (podia, pudia)* se insere na oscilação na grafia das pretônicas, provável reflexo da sua pronúncia.

No IdPr e no SbPr *jasc-*, é o lexema etimológico *(jasco, jasca)* ainda não regularizado pela analogia: " – *Jasco* mui mal ferido" *(DSG)* (= 'Estou deitado muito mal ferido').

O *tipo e* apresenta variação na ditongação do lexema. No período arcaico ocorre a forma etimológica de IdFt1 e Ft2 de *querer: querrei, querria*, depois regularizada por analogia como a de *teer, viir, põer*.

O *tipo f* apresenta lexemas heteronímicos, isto é, provenientes, historicamente, já no latim, de dois verbos, nas formas do não perfeito: **vadēre e ire**. No período arcaico ainda o Sb.Pr apresenta a forma etimológica *vaa, vaas* etc., sem fusão das vogais idênticas, a primeira do lexema e a segunda correspondente ao MMT: ".. que vós *vaades* daqui" *(DSG)*.

O *tipo g – seer –* se caracteriza por variações vocálicas e consonânticas nos seus dois lexemas heterônimos, já que, do latim para o português, confluíram no verbo *seer* os verbos latinos *sedēre e esse;* reflexo disso nas formas do não perfeito são a convivência no período arcaico das formas *he ('é')* e *se, era, e sua*, sinônimos imperfeitos, já que as derivadas de *sedēre (se, siia* etc.) ainda tinham o traço semântico de 'estar sentado' ou 'assentado', próprio *a sedēre*:

- candea que *se* sobrelo candeeiro
- hũũ homen *siia* en sa pousada (exs. dos DSG)

a par de *he, era*, com valor atual de *ser* ou *estar*, a depender do contexto (confira *Tipos de frase; predicados atributivos)*. Nas formas que continuam o latim *sedēre*, a fusão das vogais etimológicas – a primeira do lexema e a segunda correspondente à VT – não está representada na grafia: *seer, seendo, seerei, seeria*, por exemplo.

Sobre os lexemas do perfeito

O *tipo a* tem um lexema próprio aos "tempos do perfeito", mas distinto dos lexemas do não perfeito. A variante *dix-* que representa a sibilante palatal surda é possivelmente dialetal e concorre com a mais geral *diss-*, não palatal.

As variantes do lexema do perfeito de *trager* são explicadas como derivadas dos hipotéticos **tracui > *tragui > trougue* e **trauxi > trouxe ~ trouve*, como dialetal e analógica *a houve* (Williams 1961§200.6). Nos *DSG*, por exemplo, a forma geral é a de lexema *trouv-*, excepcionalmente ocorre *troux-*.

Das formas do *lexema* do perfeito de *jazer, joug-* é etimológica do *lat. jacui > *jagui > jougue*, por *regras de* correspondência *fônica* sistemática; já *jouv-* é formação analógica *como trouve* (Williams 1961§188.5). Nos *DSG*, por exemplo, *é jouv-*, tal como *trouv-*, o *lexema* sempre selecionado.

No *tipo b*, a variação do lexema opõe por alternância vocálica < *i:e* > P1 *a* P3 de IdPt.2. Ocorre no período arcaico o lexema *fig-*, alternando com *fiz-*, sendo esse o mais geral.

Nesses *verbos, no* período arcaico, *as formas* do perfeito *seguem a de* P3 *e não a de* P1 do IdPt2: *fezeste, fezemos, fezedes, fezeron; fezesse, fezesses*, etc.; *fezer, fezeres* etc.; *teveste, tevemos* etc.; *tevera, teveras* etc.; *tevesse, tevesses* etc.; *tever, teveres* etc.; *esteveste, este-vemos* etc.; *estevera, esteveramos* etc.; *estevesse, estevesses* etc.; *este-ver, esteveres* etc.; *veeste, veestes* etc.; *veera, veeras ou vēēra, vēēras* etc., *veer, vēēr* (SbFT). A expansão da forma de P1 a todas as formas do perfeito *é* interpretada como uma regularização com base em P1 de IdPt2 (fiz, tive, estive, vim).

No *tipo c*, a variação do lexema opõe por alternância *vocálica* < *u:o* > P1 de IdPt2 *a P3;* no período arcaico, tal como no *tipo b*, é a forma de P3 que é a base das outras: *poderon, podera, podesse, poder* e não *puderam, pudera, pudesse, puder* etc.; o mesmo com as de *pōer: poseron, posera, podesse, poser* e não *puseram, pusera, pusesse, puser*. Também aqui as formas se regularizaram por P1, possivelmente nisso interferindo o alteamento da pretônica (Williams 1961§192.6 *e § 193.9*).

Tipo d – o verbo *seer* – que como os do grupo anterior alter*na* < *u:o* >, opondo P1 *e* P3 de IdPt2, tem como base lexical de todos os tempos do perfeito a forma de P3 – *fo* – (*foron, fora, fosse, for* etc.), desde o período arcaico, embora ocorram documentadas formas *como* fusti, fustis. Além disso, ser apresenta *o* lexema heterônimo *siv* – que alterna *com sev-* (< lat. *sedu-*) e, neste caso, o paradigma segue a forma de P3 – *severa, sevesse, sever* etc., continuador de *sedēre*, tem o traço semântico de *estar sentado ou assentado*, que faz com que não seja sinônimo perfeito de *fui, foi* (< lat. *fu-*) etc.:

    ... *seve con* ela *todo o dia* falando (= 'esteve *ou esteve* sentado...) ...
    que *hũũ sevesse aa* destra (= '... *estivesse ou ivesse* sentado *à* direita)
    (ex. dos *DSG*)

Tipo e: veer, que, em todos os tempos do perfeito, apresenta o lexema vi- (< lat. *vid-*) – *vi, viu, vira, visse, vir* etc., tal como hoje.

Subgrupo 2

Constituem este subgrupo os verbos *saber* (< lat. *sapĕre*), *prazer* (< *placēre*), *caber* (< *capĕre*) *e dar*, subcategorizados em dois tipos como mostra o quadro seguinte:

Lexemas dos tempos do não perfeito	Verbos	Lexemas dos tempos do perfeito
sab-	a. SABER	soub-
praz-	PRAZER	proug-
cab-	CABER	coub-
d +VT*a*	b. DAR	d +VT*e*

Nos verbos do *tipo a*, o lexema do perfeito se caracteriza pela ditongação herdada de sua história (lat. *sapui-, placui-, capui-*), depois ocorre a metátese do *u*, marca do "perfectum" latino, para a primeira sílaba, constituindo o ditongo do lexema. No português arcaico o lexema dos tempos do não perfeito de *saber* e de *caber* exigiria a variante *saib-, caib-* para o SbPr – *saiba, caiba,* mas no período arcaico *sábha* (lat. *sapeat*) ou *sábia* (acento indicando sílaba acentuada de nossa responsabilidade), *cábha* (lat. *capiat*) ou *cábia* indicam que a metátese da semivogal, originalmente VT no latim, para o lexema ainda não ocorrera:

- quero que *sábia*...
- como quer que *sábias* (exemplos do *DSG*)

O verbo *dar* (lat. *dare*) se apresenta com VT*a* que se opõe à VT*e* dos tempos do perfeito *(dei, deste, deu; dera; desse; der)*. Historicamente deve-se ao passado deste verbo o *e* dos tempos do perfeito, em oposição ao *a*. No latim há uma base *da-* para os tempos do "infectum" e uma base *ded-* para os do "perfectum". No período arcaico do português este verbo se apresenta como hoje. Williams, contudo, anota as variantes *di, diste* (1961§182.3) para *dei, deste* que seriam de natureza dialetal.

Subgrupo 3

Agrupamos aqui verbos que apresentam um lexema para o IdPr e SbPr e outro, que é a base do lexema dos outros tempos do presente e de todos os tempos do perfeito. Não esgotaremos os itens verbais passíveis de entrar nessa classificação; de fatos esses verbos estão no limite entre os de padrão geral e os de padrão especial, tradicionalmente são classificados como semi-irregulares:

Lexema de IdPr P1 e de SbPr P1 a 6	Verbos	Lexema dos outros tempos e pessoas
a. ouç-	OUVIR	ouv-
peç-	PEDIR	ped-
arç-	ARDER	ard-
meç-	MEDIR	med-
menç-	MENTIR	ment-
senç-	SENTIR	sent-
perç-	PERDER	perd -
b. acaesc-	ACAECER	acaec-
conhosc-	CONHOCER	conhoc-
nasc-	NACER	nac-
cresc-	CRECER	crec

Reunimos no *tipo a* – e o rol apresentado não esgota os verbos desse tipo no período arcaico – verbos que têm o lexema de IdPr P1 e SbPr fechados por sibilante, primeiro africada /ts/, depois fricativa /s/, grafada < ç >, decorrente do étimo latino em que as formas correspondentes apresentam uma semivogal anterior, seguindo a consoante final do lexema (*audio > ouço, petio > peço, ardeo > arço, medio > meço, mentio > menço, sentio > senço, perdeo > perço*). Nos outros casos, a consoante que fecha o lexema latino não está no mesmo contexto fônico, portanto seu destino fonético será outro, resultando os lexemas variantes anteriormente apresentados. Desses verbos, podemos ver que, em alguns, do período arcaico para hoje, outras mudanças ocorreram, resultando em regularização do paradigma – *arço* (arc)> *ardo; menço* (arc) > *mento* (arc > *minto; senço* (arc) *sento* (arc) > *sinto;* enquanto *ouço, peço, meço* mantêm a antiga variação do lexema. A mudança de *perço* para *perco* é difícil de explicar, diz Williams (1961:§191); concordamos com ele. Em variantes *não standard* encontramos per*do*, que regulariza o paradigma de IdPr.

Em *b* reunimos verbos que terminam seu lexema pelo sufixo derivacional incoativo no latim < *-scere* >. Em P1 do IdPr e no SbPr o contexto fônico subsequente /o/ ou /a/ manteve no período arcaico a forma etimológica, cujo lexema é fechado pela consoante velar /k/ (*nasco, nasca; empeesco, empeesca; cresço, cresça; conhosco, conhosca* etc.). Nos outros casos, a vogal anterior /e/ ou /i/, que sucede o lexema, favoreceu a assimilação de < sc >, foneticamente /sk/ em /s/, ou seja, em uma sibilante alveolar surda, na escrita < c >. Esse padrão mais geral motivou a regularização posterior do lexema de IdPr P1 e SbPr na sibilante /b/, na grafia < ç >: *naço, naça; creço, creça* (grafia do período arcaico); *conheço, conheça* etc.).

Subgrupo 4

Este subgrupo reúne verbos cujo PP não segue o padrão geral – LEX + VT + *do*. Esses verbos ou têm um lexema específico de acordo com o seu étimo latino para o PP (tipo *a)*, ao qual se seguem os morfemas nominais de gênero e de número; ou ao lexema único próprio ao verbo se acrescentam apenas os morfemas nominais referidos (tipo *b)*. Ambos apresentam a acentuação no lexema e não na VT como nos regulares, por isso são tradicionalmente chamados de particípios fortes.

No quadro seguinte reunimos verbos desses dois tipos correntes no período arcaico (Said Ali 1964:147-157, Piel 1989:238-239); nele oporemos o lexema do particípio passado ao do infinito:

Lexema do Inf.	Verbos	Lexema do PP.
a. abr-	ABRIR	abert-
acend-	ACENDER	aces-
benz-	BENZER	bent-
cing-	CINGIR	cint-
cobr-	COBRIR	cobert-
colh-	COLHER	colheit-
com-	COMER	comest-
cos-	COSER	coseit-
coz-	COZER	coit-
defend-	DEFENDER	defes-
diz-	DIZER	dit-
erig-	ERIGIR	ereit-
escrev-	ESCREVER	escrit-
faz-	FAZER	feit-
mat-	MATAR	mort-
morr-	MORRER	mort-
nasc-	NASCER	nad-
pō-	PŌER	post-
tolh-	TOLHER	tolheit-
traz-	TRAZER	treit-
ve-	VEER	vist-
b. aceit-	ACEITAR	aceit-
junt-	JUNTAR	junt-
pag-	PAGAR	pag-
salv-	SALVAR	salv-
solt-	SOLTAR	solt-

No período arcaico, alguns desses particípios conviviam com a forma regular, como hoje, nem sempre contudo coincidindo os itens verbais nas duas sincronias. Um estudo sistemático da distribuição sintática, como verbo e como adjetivo, dessas formas variáveis no período arcaico, está por fazer. Nos *DSG* encontramos como exemplo do referido: *aceso/acendudo, junto/juntado:*

- as lampadas *foron acesas* per razon daquel bispo.
- as lampadas *acesas*
- as lampadas *acendudas*
- enmiigo todo espantoso e todo *acendudo*
- todo o mundo *foi juntado e apanhado* ant'os seus olhos
- ... as vira todas *juntas*
- vira todo o mundo *juntado*

Enquanto muitos dos PP do tipo *a* têm sido substituídos pelo particípio regular (*cingido, colhido, comido, cosido, cozido, defendido, erigido, tolhido, trazido*), o tipo *b* continua produtivo e nos surpreende, volta e meia, na fala brasileira (por exemplo: *pego* por *pegado, falo* por *falado, guardo* por *guardado*).

Sobre a VT em verbos de padrão especial

Como se pode observar nos dados analisados, a grande maioria dos verbos de padrão especial, sobretudo os do grupo 1 e 2, são de Vte. A representação da VT merece as seguintes observações:

a. Ocorre uma variação < e ~ i >, em sílaba não acentuada, em P1 e P3 de IdPt2 de *saber, trager, aver, poder: soube/soubi, trouxe/trouxi, ouve/ouvi, pude/pudi*. Com o verbo *saber*, ocorre também a variação em IdPr: *sabe/sabi*. Tal variação pode não ser apenas gráfica, mas refletir a pronúncia da postônica final.

b. Com verbos em que a consoante do lexema pode fechar a sílaba, varia a forma sem VT ou apocopada e a forma com VT e ~ i; a primeira é a que firmou-se no padrão culto do português, quando o lexema é fechado por sibilante: *faze/faz; feze/fez; fize/fiz; pose/pos; quise/quis; dize/diz; jaze/jaz*. Nos *DSG*, por exemplo, quando ao verbo sucede o clítico *o, a, -s,* a forma com VT sempre é a selecionada:

- *Faze-os* homildosos
- *Feze-o* livre
- *Pose-os* todos ante o altar etc.

Nos outros contextos as duas formas variam, predominando a apocopada. Certamente essas regras observadas nesse documento não devem ser generalizadas para o período arcaico. Situações diferentes podem ocorrer.

c. Também é possível a presença/ausência de VT com radical travado por nasal ou líquida etimológica: *pon/põe, sol/soe, sal/sae, val/vale, quer/quere*. Nunes e Williams (1960:283 e 1961§ 193.A) consideram *pon* mais arcaica que *põe*. Nos *DSG*, século XIV, as duas formas ainda convivem:
- A ta entençon pon nome a ta obra
- Jesu Cristo... põe **algũũ** ouro

Sol de *soer* (lat. *solĕre*) e *sal* de *sair* (lat. *salire*) apresentam nessa forma o -*l*- etimológico que desapareceu por regra fonológica geral de apagamento de líquida, em posição intervocálica. *Sol* e *sal* variam com a forma em que a VT *e* está presente (exemplos dos *DSG):*

- *soe* a aver das boas cousas • *sol* acaecer aos grandes senhores
- a alma *sae* do corpo • ... quando deste mundo *sal*

Nos cinco verbos antes mencionados, diferentemente dos travados por sibilante, é a variante com VT que permanecerá na variante padrão do português (*põe, sói, sai, vale*), exceto em *quer*.

Observação final

Alguns verbos que se apresentam com padrão especial no período arcaico já então começam a regularizar-se para tornarem-se, ao longo da história, verbos de padrão geral, tais como: o verbo *sair*, além da variação do lexema anteriormente anotada, ocorre no IdFT1 e IdFt2 com esse lexema e com VT ø: *salrei, salria*; do mesmo tipo, documenta-se *valrei, valria* (depois *sairei, sairia; valerei, valeria*), regularizados com a VT etimológica β e *e*, respectivamente.

O verbo *benzer* (lat. *benedicĕre*) que aparece com o lexema *beeng- ~ being- ~ beng-* em IdP1 e SbPr (*beengo, beenga*) e *beenz-* depois *benz-*, nos outros casos, se regularizará, generalizando-se o lexema *benz-*.

Morrer (lat. vulg. *morrēre*) nos mesmos tempos e pessoas (IdPr P1 e SbPr P1 a 6) apresenta o lexema *moir-*, que varia com *morr-*, e com esta base lexical se regularizará. A variante *moir-* reflete o étimo (IdPr, lat. *morior*, depois - *rio* e SbPr *moriar*, depois *moriam*).

O verbo *aduzer*, mod. *aduzir*, que ocorre no português arcaico com os lexemas *adug- ~ aduz- ~ adu-* (*adugo, aduzes, adurei*) e *aduss-* para os tempos do perfeito (*adusse, adussera* etc.), já aparece com a forma regular com o lexema *aduz-* para todos os "tempos verbais". Outros, certamente, haverá!

Ao observar-se a documentação do período arcaico, outras variações na morfologia verbal, não mencionadas neste capítulo, poderão ser encontradas: nunca serão aleatórias. Decorrerão da história fonética do item, ou de possíveis variações dialetais ou de variações meramente gráficas. As pistas aqui deixadas, cremos, se não esgotam o problema, dão chaves para resolver problemas novos, mas análogos aos aqui apresentados.

Sequências verbais

Sob esse título trataremos de verbos de inventário restrito que se associam às formas nominais – PP, GER. e INF. – e que, associados, constituem o sintagma verbal. Na tradição gramatical, tais sequências são geralmente tratadas como *conjugações perifrásticas,* em geral subcategorizadas nos *tempos compostos* e nas *locuções verbais.*

Os *tempos compostos* fazem parte do sistema modo-temporal verbal e, em geral, mas não exclusivamente, expressam no português o passado concluído – lembre-se de que têm, na sua estrutura o particípio passado; pode-se dizer que são a forma de expressão no português do aspecto perfectivo, que era expresso no latim pela morfologia flexional do verbo, como antes mencionamos. As *locuções verbais* são sequências verbais que expressam conteúdos aspectuais e modais, semanticamente defíniveis. Têm na sua estrutura, ou no GER ou no INF, o chamado *verbo principal* (V) e os verbos que, associados aos principais, formam essas sequências constituem uma subclasse de verbos, de inventário enumerável, denominada de *verbo auxiliar* (v). O *v* é suporte das marcas de modo/tempo, pessoa/número da sequência verbal.

Na tradição gramatical, essa subclasse apresenta verbos constantes em todos os autores, como *ser, ter, haver,* que se associam ao PP e *estar, ir,* que se associam ao GER. Os seguidos de Inf variam de autor para autor, são menos gramaticalizados que os anteriores, já que o sentido geral da locução se centraliza no significado lexical do verbo auxiliar, diferentemente dos outros que, quando auxiliares, seu significado lexical está esvaziado. Nos modelos de análise da linguística moderna, já na estruturalista, mas sobretudo na gerativista, a questão do auxiliar continua em debate. Não entraremos nele, pois extrapola o âmbito deste livro.

Se na análise sincrônica do português de hoje a questão do auxiliar está longe de ser consensual, mais longe de ser resolvida estará no tratamento do problema no período arcaico do português, sobretudo por ter sido pouco explorado, por isso insuficientemente conhecido. Neste item procuraremos apresentar dados do português arcaico sobre a questão e algumas observações sobre o comportamento sintático-semântico dessas sequências verbais.

Ser, haver/ter + particípio passado

Com um subconjunto de verbos classificados como intransitivos, ocorriam no período arcaico e até, pelo menos, no século XVI, sequências constituídas de *ser* + PP, para expressão do "ato consumado" (Dias 1959:250,§326), ou seja, do aspecto concluído ou perfectivo.

São verbos tais como: *nascer, morrer, falecer, passar* (='morrer'), *chegar, ir, correr* (= 'passar o tempo'). Veja-se, por exemplo, o refrão dessa cantiga de Pai Gomes Charinho:

> *Idas som* as frores
> d'aqui bem com meus amores!

e o início desta de Pedr'Amigo de Sevilha:

> Quand'eu um dia fui em Compostela
> em romaria, vi ũa pastor
> que, pois *fui nado,* nunca vi tan bela
> (G. e R. 1983:213 e 233)

Outros exemplos: os três primeiros dos *DSG* (1989 444-447) e os dois últimos de João de Barros (século XVI) (cf. Said Ali 1964:160):

a. – O meu filho *he morto.* Ven tu e resuscita-o.
b. Aquele meu amigo *era passado* deste mundo.
c. Aquele *foi chegado* aa morte per aquela pestelença geral...
d. Lopo Soares *era chegado.*
e. *Era fallecido* el rei Bolife.

Para Dias *(ibid.)* "estas combinações representam literalmente os tempos compostos (='perfectum') dos depoentes latinos", que eram constituídos de *esse* + PP. Os depoentes são definidos, na gramática do latim, como verbos de forma passiva, mas de significação ativa. De fato essas sequências verbais têm no português arcaico uma significação ativa e a estrutura morfológica da passiva analítica, na qual *ser é* o auxiliar, seguido de PP, exigindo contudo a passiva um verbo transitivo. Said Ali *(ibid.),* nos casos acima tratados, considera *ser* verbo auxiliar, entendendo o PP como referindo-se ao sujeito da oração. Como afirma esse autor, veio a prevalecer na língua, com verbos desse tipo, o verbo *ter* seguido de PP (cf. exemplos *b* a *e*); em certos contextos será antes substituído por *estar,* expressando o resultado e não só a ação concluída (cf. *a*).

Se se pode admitir, com E. Dias, "tempos compostos" com *ser,* com esse subgrupo de verbos no período arcaico, os "tempos compostos" com *haver/ter só* se generalizam no português a partir do momento em que o PP deixa de ser flexionado, em concordância com o seu complemento direto, portanto ainda o PP com função adjetiva. Enquanto essa concordância ocorrer há uma construção frasal que põe em evidência um estado de posse, expresso por *haver/ter,* conteúdo semântico próprio tanto a *haver* e a *ter* no período arcaico e herdado do latim. Relembre-se que no latim padrão a estrutura de "tempo composto" com *habere* não existia, mas já é rastreável pelos especialistas no latim imperial.

Os exemplos seguintes são do século XIV, *DSG,* os dois primeiros, e do século XV, os dois outros, da *Crônica de D. Pedro* de Fernão Lopes (Mattos e Silva 1981) e mostram a estrutura com *haver/ter* seguidos de PP concordando com o complemento direto:

- *todolos bẽes* que *mh'á feitos*
- *aquelas cousas* que *ten aparelhadas*
- *os serviços* que *avian feitos* a seu padre
- non ousaron d'entrar na camara por a defesa que el-rei *tinha posta*

Nesses dois textos não há exceção quanto à concordância do PP e o verbo é sempre transitivo. Em outros documentos da primeira metade do século XV a variação já ocorre; vejam-se, por exemplo, estas passagens da *Lenda do rei Rodrigo*:

- e a molher do conde, que já *havia sabido toda sua fazenda...*
- e non sabedes vós *quanto afam e trabalho avedes tomado e quantas espadadas e seetadas havedes levadas* (neste exemplo, em um mesmo enunciado, a concordância e a não concordância do PP ocorrem).

Evidências desse tipo levam a afirmar que a difusão da estrutura própria ao tempo composto se situa na primeira metade do século XV. Vale também ressaltar que estruturas desse tipo com PP de verbo intransitivo vão sendo incrementadas do século XV para o XVI, como demonstram, a partir de textos em prosa, Naro e Lemle no seu artigo sobre difusão de mudanças sintáticas (1977). Note-se, contudo, que já no *Cancioneiro Medieval*, a par das estruturas com a concordância, portanto com PP de verbo transitivo, já ocorrem também aquelas de verbo intransitivo; encontramos dados sobre isso em Huber (1986:§§ 408 e 416). Recolhemos os exemplos que não desmentem Huber na antologia de Gonçalves e Ramos (1987: 290 e 292), ambos de D. Dinis (séculos XIII-XIV):

> E diss: "Oimais nom é nada   E sabedes novas do meu amigo
> de fiar per namorado   aquele que mentiu do que mi *á jurado!*
> nunca molher namorada,   Ai Deus, e u é?
> pois que mi o meu *á errado*"

A questão da constituição dos tempos compostos, aqui esboçada, precisa de que se analisem mais dados do período arcaico para que possam ser considerados ou reconsiderados aspectos desse problema ainda não resolvidos.

Ser, jazer, estar, andar, ir + gerúndio

No período arcaico esses verbos seguidos de gerúndio podem ocorrer semanticamente plenos, com o significado lexical etimológico: *ser* (lat. *sedēre*) 'estar sentado'; *estar* (lat. *stare*) 'estar de pé'; *andar* (lat. *ambitare*) 'deslocar-se com os pés'; *jazer* (lat. *jacēre*) 'estar deita/do'; *ir* (lat. *ire*) 'deslocar-se em direção a'. Na documentação arcaica, em muitos contextos, fica-se na dúvida – e essa dúvida ocorre, em certos casos, no português contemporâneo – se nas sequências desses verbos com gerúndio se tem uma locução verbal ou se se têm duas orações com um desses verbos como principal e o gerúndio como uma subordinada reduzida temporal. Na locução há uma unidade sintático-semântica entre v e V que expressa o aspecto durativo, estrutura que já existia no latim tardio – *"stat spargendo* moedelas" ('está espalhando unguento') (Câmara Jr. 1975 :171).

Os exemplos seguintes dos *DSG* (1989:447-460) ilustram o problema colocado anteriormente:

a. Aqueles que hi *siiam comendo*
b. Achou monges que *siiam lendo*
c. Ele *jaz morrendo*
d. Ele *jazia tremendo* e ferindo a terra
e. *Andava* per muitas cidades e per muitas vilas e per muitos castelos e pelas ruas e pelas casas dos homẽs *dizendo* muitas santas paravoas.
f. O sacerdote *andava podando* sa vinha
g. *Estando* a hũa frẽẽstra *rogando* Nosso Senhor
h. No dia da sa morte *estando* os homens bõõs da cidade onde el era bispo *fazendo* gram chanto sobre el

Note-se a mobilidade dos verbos (cf. *e, g, h)*, nem sempre estão contíguos, o que também favorece a interpretação semântica de verbos plenos. O exame dessas sequências nos *DSG* nos sugeriu que, *jazer* e *seer*, nas sequências com gerúndio, sempre mantinham o significado etimológico. Já *andar* e *estar* podem ocorrer, claramente, sem a acepção etimológica, como em:

- O ferro tornou-se ao mango (= 'cabo') que *andava nadando*.
- Hũa menĩha paralítica, que siia naquela eigraja e jorrava-se pelas mããos, *andou demandando* naquela eigreja.
- Eigreja en que ora eu *estou servindo*.
- Dementre ela se *estava maravilhando* de tam gram lume come vira.

O verbo *ir*, por sua vez, já expressa o aspecto durativo dinâmico, na maioria das ocorrências, sem indicação do seu valor semântico próprio:

- Mais Roma *ir-s'a destroindo* pouco e pouco
- De cincoenta anos adeante *vai* ja homen *folgando* e *assessegando* e *quedando* das tentações

Os dados observados permitem admitir que a locução verbal com gerúndio se deixa ver com clareza com *ir, andar, estar,* nessa ordem, mas dificilmente com *seer* e *jazer,* que comportam seu significado etimológico. Confrontados com o português contemporâneo, vemos que *ser* e *jazer* desapareceram nesse contexto e os outros permaneceram como uma forma de expressar, associado ao gerúndio, o aspecto durativo, já portanto gramaticalizados esses verbos como auxiliares.

A sequência *estar/andar* + *a* + INF, para a expressão desse aspecto durativo, que hoje caracteriza o português europeu em oposição ao brasileiro, não ocorre no *corpus* dos *DSG*, por exemplo; já um texto da primeira metade do século XV, o *Fabulário ou Livro de Esopo*, cópia de manuscrito trecentista, apresenta as duas formas, predominando a de gerúndio, segundo estudo de T. Lobo e D. Lucchesi (1990), por exemplo:

- *andava buscando* phisico
- *estamdo* eles assy *comendo*
- *andava* em hũũ prado *a pascer*
- *estando* esta *a* o *guardar*

Verbos + infinitivo

Para o português contemporâneo, Mattoso Câmara Jr. (1975:172-173) considera que os verbos seguidos de INF não flexionado constituem uma série aberta e que o sentido da construção se centraliza na significação lexical do verbo ao qual o INF acompanha. Considera ainda que de todos os verbos seguidos de INF no português os mais gramaticalizados, isto é, que perderam seu valor de verbo pleno são *ter de* + INF e *ir* + INF. O primeiro com um valor modal de obrigação/necessidade, o segundo ou com um valor modal de intenção ou aspectual de futuro.

No período arcaico *aver de* corresponde *a ter de*, e pode variar com *aver a,* para a expressão da obrigação/necessidade:

- *Ei de fazer* a obra
- *Avia de perecer*
- *Aviam de tomar* logo (= "lugar") (exemplos dos *DSG*)
- ... sse... meu filho ou mia filia que no meu lugar *ouver a reinar* (exemplo do *Testamento de Afonso II*)

Ir + INF já é usado no período arcaico para a expressão de uma intenção a realizar-se:

- *Vau demandar* outro lugar
- *Ia tomar* o pan
- *Foi demandar* muit'agĩha (exemplos dos *DSG*)

A série aberta de verbos aos quais se segue o infinito pode ser subcategorizada com base na semântica lexical desses verbos, subcategorização que não coincide nos autores que a este tópico se têm dedicado. Adotamos a seguinte: *causativos(a), sensitivos(b), aspectuais(c), modais(d).*

No português arcaico muitos deles ocorrem com a variação:

$$V+V_{inf.} \sim V + prep + V_{Inf.}$$

Desses verbos, alguns só podem ser seguidos de INF., outros permitem a construção com INF ou com sentença com tempo marcado (ou pelo INF.Fl. ou por orações subordinadas iniciadas por *que* integrante); no caso de sentença com tempo marcado, é claro, não há possibilidade de se interpretar a sequência verbal como "locução verbal", mas se trata de duas orações.

Seguem, como exemplificação, verbos que ocorrem no português arcaico seguidos de INF. ou de prep. + INF.:

a. *fazer, mandar, enviar, leixar*
b. *ouvir, veer*

c. *começar a ~ começar de ~ começar; tornar a; soer ~ soer a; usar a, vĩir ~ vĩir a; quedar-se de; leixar de*
d. *querer; desejar ~ desejar a; ousar ~ ousar a; cuidar a; atrever a; dever ~ dever a; poder; saber.*

Exemplos com alguns desses verbos (*DSG* 1989:461-469):
- *Con* grande prazer *lhe enviou dizer* a morte de *seu enmiigo*
- *Desejan vencer ~ desejan a seer* perfeitos
- Non *ousavan fazer ~ ousa a preegar* a todolos poboos
- Obra que lhi el *entendesse a fazer*
- Hũũ deles *veo veer o* bispo ~

    Don Libertino *veera a veer*
    aquela menina
- Non *deve demandar os* miragres ~ *Deve a temer a ira* dos bons
- *Começaron tomar* hávito ~ *Começaron a louvar a esteença*

    ~ *Começaron de* morrer
- *Soen vĩir aa gloria do paraiso ~ Soe a aver das boas paravoas*
- *Queria leixar de contar.*

A análise de sequências verbais com INF. no período arcaico precisa ainda de um estudo sistemático sobre documentação do período.

Qualificadores e quantificadores de verbo

Tal como os nomes, núcleo do SN, os verbos, núcleo do SV, podem ser qualificados e quantificados. Dos quantificadores (Qt) tratamos conjuntamente com os Qt dos nomes (cf. *Quantificadores não exclusivos do nome*). Na tradição gramatical aos Ql e aos Qt de verbos correspondem os advérbios de modo e de intensidade, respectivamente.

Do ponto de vista morfológico os Ql de verbo se apresentam como uma série aberta, constituída de Ql de nomes, ou seja, adjetivos na sua forma feminina, seguida esta do sufixo derivativo *-mente*. Na sua origem, *mente* é o substantivo latino *mens, mentis* na forma do ablativo. Esse tipo de derivação já remonta ao latim vulgar, enquanto no latim literário se encontra a construção, ainda não gramaticalizada, em que *mente* tem, portanto, seu conteúdo lexical pleno (Câmara Jr. 1975:123).

A possibilidade de coordenar a forma simples ou curta do Ql à forma derivada ou longa já ocorre no século XV. Está documentada, por exemplo, no *Leal Conselheiro* de D. Duarte, primeira metade do século XV (Harri Meier 1948:55-113):

en todas averssidades e nojos te ajas *pacientemente e homildosa,* e ssejas
en ellas ledo ou contente.

No *corpus* do *DSG* (1989:472:481) em que ocorrem muitos Ql; derivados em *-mente,* essa estrutura coordenada não aparece, mas sim a coordenação entre Ql não derivados da forma do adjetivo latino e Ql derivados em *-mente:*

a. Pera soterra-lo *ben e honradamente*
b. Trage-lo *mal e desonradamente*

Nesse *corpus* ocorrem pares de Ql de verbos curtos e longos, mas não em sintagmas coordenados:

c. O dragon me atormenta mui *forte*
d. O espiritu maano atormentô-a mui *fortemente*
e. Pera poder el hi *morar* mais *seguro*
f. Possan hi depois *seguramente morar*

A forma "curta" mostra a possibilidade dos Ql de nome poderem ser, a depender da sua distribuição sintática, Ql de verbo, mecanismo já corrente no período arcaico, como se pode ver nos exemplos *c* e *e*.

Além desses Ql derivados de formas nominais adjetivas, o período arcaico, como o de hoje, apresenta Ql de verbos que provêm de itens classificados como "advérbios" já na gramática latina. É o caso de *bem* e *mal* (lat. *bene, male*), conforme exemplos *a* e *b*; ou de outra origem, muitas vezes, sintagmas lexicalizados, tais como *adur* (lat. *ad duru*) 'dificilmente'; *adrede* (lat. *ad directu*) 'diretamente'; *ensembra* (lat. *in simul ad*) 'juntamente'; *aginha ~ asinha* (lat. *agina*), "com-pressa", 'depressa', *envidos ~ a envidos ~ anvidos* (lat. *invicte*) 'contra a vontade' (os étimos são de Coutinho 1976:267-268). Exemplos dos *DSG*:

- *Adur* podia mover seus pees
- Obedecera-lhi *aginha*
- Comíamos *ensembra* os dois
- O spiritu lixoso que ali morava partia-se *a envidos* daquel logo que ante fora dele

Tal como o Ql do nome, os Ql do verbo podem estar quantificados e os itens que mais usualmente aí ocorrem são: *muito, mais, tam, quam* (conforme exemplos acima *c, d, e*).

Note-se que alguns derivados em *-mente* não são Ql de verbos, mas "modalizadores" discursivos ou "advérbios de sentença", como são hoje analisados, tais como: *certamente ~ certãamente, verdadeiramente, maiormente maormente ~ moommente ~ mormente,* por exemplo (*DSG*, ibid.):

- E, *certamente*, assi acaeceu.
- *Verdadeiramente,* hoje é dia de Pasqua.
  (Compare-se com "Deu **testemĩho** como vĩra *verdadeiramente*", em que é um Ql de verbo).
- E, *moorrmente*, se homen pode logo aver aprestidados logares

A frase

    Antes nos detivemos na morfologia e morfossintaxe do nome e do verbo, núcleos, respectivamente, do SN e do SV, também na constituição interna dessas categorias sintáticas. Neste capítulo sobre sintaxe, abordaremos a categoria sintática maior em que se estabelecem as relações funcionais entre o SV, predicado, e o SN, sujeito, para a estruturação de frases ou sentenças, unidades básicas do enunciado. Analisaremos, a partir de *tipos de predicado,* as diferentes maneiras de se expressar a predicação verbal na sua relação com o sujeito; em seguida, trataremos de *formas de representação do sujeito,* para depois considerarmos o mecanismo morfossintático, a concordância verbo nominal, que superficializa a inter-relação sintática entre SNsuj. e SNpred. No item *Complementos e adjuntos preposicionados,* abordaremos os sintagmas introduzidos por preposições (PREP) que, na frase, desempenham ou função sintática requerida pelas categorias lexicais (N, V, Adj) – os complementos; ou, então, podem desempenhar a função de adjunto. Nos dois casos nos deteremos nas preposições que introduzem os sintagmas preposicionais (SPrep.). No item *Pronominais,* trataremos dos subsistemas restritos de elementos gramaticais que, para a economia interna da frase, funcionam como substitutos de sintagmas plenos, tanto sujeito, como complemento ou adjunto.

    Procuraremos, sempre que julgarmos necessário, confrontar os dados do português arcaico com o atual, tal como antes fizemos, e, eventualmente, com o latim. Diferentemente do que ocorre com a morfologia arcaica, sua sintaxe tem sido muito pouco estudada. Contaremos, neste capítulo, com pouco suporte bibliográfico, por isso usaremos mais frequentemente o estudo sintático que desenvolvemos nas *Estruturas trecentistas* (1989).

O predicado

O predicado é a função sintática básica ou nuclear da frase. A depender do V, núcleo do SV, que o constitui, vão ser selecionados, tanto do ponto de vista sintático como do ponto de vista semântico, os argumentos – sujeito e complementos – que estruturarão a frase. Baseados nisso apresentaremos uma classificação semântico-sintática de predicados, partindo daqueles que podem ser expressos por subconjuntos restritos de verbos para os que podem ser preenchidos por itens de um inventário aberto, nesta ordem: predicados *existenciais*, *atributivos*, *intransitivos*, e *transitivos*.

Predicados existenciais

Esses predicados, também chamados de impessoais, se caracterizam sintaticamente por não selecionarem sujeito. Expressam-se no português arcaico pelos verbos existenciais *haver* e *ser(a)*; por esses verbos e também *fazer* com SN's semanticamente temporais ou expressões de fenômenos naturais (*b*); por verbos que designam fenômenos naturais (*c*).

    a. Na possibilidade de selecionar tanto *haver* como *seer* reside uma diferença entre o período arcaico e o atual, que excluiu *ser* dessas estruturas. Confrontem-se os exemplos seguintes em que um ou outro verbo foi selecionado. Exemplos dos *DSG* (1989:513-514):
 * Na cidade d'Aconha *foi* hũũ bispo de gram santidade
 * E diz que naquela provincia de Valeria *foi* hũũ bispo que avia nome Sabino
 * Podemos creer que ora no mundo *aja* taes **homẽẽs** como ele.
 * Non *avia* padres santos

No início desta cantiga de Joam Peres d'Avoim, observe-se o *foi* (= 'houve') e ouv' e *ei* (= 'tive' e 'tenho'), isto é, *ser* existencial e *haver* com seu valor etimológico de posse, de que trataremos adiante:

> Mig'*ouv'* eu a que queria bem
> tal sazom *foi*, mas ja'migo non *ei* ('Houve tempo em que eu tive amigo
> a que queria bem, mas já não tenho amigo', cf. G. e R. 1983:163).

Frequentemente *haver* existencial vem seguido do pronominal locativo *hi ~ i ~ y* ('aí'): *á hi aguas, á hi fogo*. Dias (1959:17) apresenta exemplo dessa estrutura, no século XV, *Leal Conselheiro*:

- Quem *hi ha* tam acabado que todo perfeitamente diga e faça?

e considera esse uso no português moderno como "afetação" ou "arcaísmo".

b.
- Non *ha* ainda *quareenta anos*
- *Ha quareenta* anos depois que se ordĩou
- O rio saia da madre quando *fazia as chúvias* mui grandes
- *Tempo* muito esquivo que *fazia*
- Aqueste meñiho per hna tempestade que *ouve* veo a hna enfermidade.

c. Mandou que *chovesse*.

O verbo *existir*, que é corrente hoje como predicado existencial não está documentado nos *DSG;* observamos também que não está no glossário da *Crônica de D. Pedro* de Fernão Lopes (Macchi 1966), nem na versão galega da *Crônica Geral de Espanha* e da *Crônica de Castela* (Lorenzo 1977). Esse conjunto de textos representa bem o português do século XIV para o XV e seus dados são um indicador significativo sobre o verbo *existir* nesse período.

Tal como *ser* deixou de ser comum nessas estruturas no período arcaico, em favor de *haver*, que, de acordo com sua etimologia, é também nesse período verbo próprio às estruturas possessivas, *existir* e mais recentemente *ter* vêm afastando *haver* das estruturas existenciais (cf. *há* muita gente *pobre/existe* muita gente pobre/tem muita gente pobre).

Predicados atributivos

Reunimos, sob esse título geral, as estruturas de predicação em que o verbo e seu complemento predicam ou expressam um atributo ou qualidade próprio ao sujeito. Subcategorizamos os predicados atributivos em quatro tipos: *equativos, descritivos, locativos* e *possessivos*. Neles, do ponto de vista semântico, se parte desde uma relação de identidade entre o sujeito e o complemento (nos equativos), até ao extremo em que uma relação semântica menos estrita entre esses constituintes se estabelece, que é expressa por atributos adquiríveis (como os predicados possessivos que designam a posse alienável). Entre esses limites – identidade/posse alienável – estão os outros tipos de estruturas atributivas, como veremos. Os verbos que podem ocupar o SV desses predicados são de inventário restrito e, além disso, os verbos que definem essas estruturas – *ser, estar, andar, ter, haver* –, em outros contextos sintáticos, podem ser classificados como verbos auxiliares, como já vimos.

Predicados atributivos equativos

Os predicados equativos, por vezes chamados *identificacionais*, se caracterizam, do ponto de vista semântico, pela equivalência referencial entre o sujeito e o complemento do núcleo verbal do predicado. O verbo que ocupa essa posição no período arcaico é *seer*, tal como hoje. A extensão semântica da identidade permite incluir, nesse tipo, verbos que expressam a semelhança ou mesmo a representação e então seriam aí verbos típicos no período arcaico: *semelhar, parecer, representar*. Exemplos dos *DSG* (1989:526-527):

- O filho de Deus *he* hũa das três pessoas da trindade
- Aquel homen *he* meu hortolan
- A asna *he* animalha sen razon
- Fe *he* fundamento das cousas
- Tu *semelhas* as bestas mudas
- Aqueles *semelhavan* pobres
- Esto *parece* a razon daquelo
- *Representa* a eigreja a ressureiçon

O complemento do V equativo é um nominal (SN, N, ADJ), que, na tradição gramatical, é classificado como predicativo do sujeito.

Predicados atributivos descritivos

Esses predicados se caracterizam semanticamente por atribuírem ao sujeito uma qualidade, permanente ou transitória, que se expressa no complemento, sintaticamente, por um nominal (SN, N, ADJ, PP), na tradição gramatical também denominado predicativo do sujeito. Os verbos que ocupam o núcleo do SV são, no português arcaico, *seer, estar, jazer* e *andar*. No português moderno, *jazer* deixou de ser usado nesses contextos e *seer*, que tanto era usado para a expressão de atributos permanentes como transitórios no período arcaico da língua, só ficou sendo próprio aos atributos permanentes. Os exemplos seguintes ilustram o uso arcaico de *seer* como expressão do transitório (dados de Sepúlveda Netto 1989):

1. Eu rei don Afonso pela gracia de Deus rei de Portugal, *seendo sano e salvo* (e não *estando*) – século XIII, *Testamento de Afonso II*.
2. As sas duas irmããs, que *eran mui coitadas* pola sa morte, veeron muit'agĩha ao bispo (e não *estavam*) – século XIV, *DSG*.
3. Sempre me temi d'ele mas ja agora *som seguro* que nunca me dará (e não *estou*) – século XV, *Crônica de d. Pedro* de Fernão Lopes.

Observe-se em 4 e 5 que *estar* ocorre nos mesmos contextos de 2 e 3, respectivamente:

4. *Estando* hũũ dia seu padre e os físicos *mui coitados* con eles (*DSG*).
5. As iffantas suas filhas era certo que *estariam seguras* (*CdP*).

Já no século XVI a oposição *ser/estar* se define, excluindo *ser* desses contextos. Nos exemplos anteriores e nos seguintes pode-se observar a variação entre *ser ~ estar*

- *jazer* - *andar* nos predicados atributivos transitórios. Comparem-se, para isso, 4 e 5 com 6 e 7. Exemplos dos *DSG* (1989:557-571):

   6. E porende *andava* ele *mui coitado* en sa alma porque non podia aver aquelo.
   7. Que ti tolha Deus esta tempestada de que *jazes coitado*.

Nos *DSG* (século XIV), em que essas estruturas foram observadas em todas as suas ocorrências, é *seer* o verbo mais frequente como predicado atributivo descritivo transitório, contexto em que já decresce no século XV, como demonstrou Sepúlveda Netto *(ibid.)*.

Os exemplos seguintes são de *seer* com atributo permanente, tal como hoje:

- Sa mulher Rabeca que *era mañiha*
- Seu padre avia hũa enfermidade a que chaman alefante e *era* tan *perigosa*
- O monte *era mui alto*

Além dos verbos analisados, mas com o traço semântico de "mudança de estado", ocorre nessas estruturas sintáticas o verbo *ficar*, por exemplo:

- El rei *muito ledo ficou*
- Ele disse que *ficara namorado* dela a gram dano de sa alma

Predicados atributivos locativos

Esses predicados se caracterizam semanticamente por apresentarem um complemento que localiza (no espaço, no tempo ou nocionalmente), o sujeito. Essa localização, tal como o atributo de qualidade dos descritivos, pode ser permanente ou transitória. Sintaticamente o complemento locativo pode ser expresso por um SPrep ou por um pronominal adverbial de localização. Os verbos que ocupam o núcleo do SV nessas estruturas são os mesmos dos predicados atributivos descritivos – *seer, estar, andar, jazer*. No português moderno, *jazer* não ocorre nessas estruturas e *seer*, expressão tanto do permanente como do transitório no período arcaico, deixa de ser usado na segunda. Seguem-se exemplos de predicados locativos transitórios (dados de Sepúlveda Netto, 1989):

1. E dos dieiros que mi **remaserũ** de parte de meu padre que *sũ em Alcobaça* (e não *estão*) – século XIII, *Testamento de Afonso II*.
2. Rogoli e pregoli que os meus filios e o reino *segiã en sa comenda* (e não *estejam*) – *ibid*.
3. Oficio *en que sõõ* (e não *estou*) – século XIV, *DSG*.
4. Almas que *son no outro mundo* (e não *estão*) – *ibid*.
5. Que **nenhũũ** razoado homen, *seendo em sua saude e enteiro siso* (e não *estando*) – século XV, *CdP*.
6. ... e que en outro dia *seeriam com ele* (e não *estariam*) – *ibid*.

Observe-se que, em contextos idênticos ou análogos, nos exemplos seguintes 7, 8 e 9 ocorre *estar* em vez de *seer*, como 2, 3 e 5, respectivamente:

7. E todas aquelas cousas que Deus me deu en poder *sten en paz e en folgãcia* (*Testamento de Afonso II*).
8. *Oficio en que estou* (*DSG*)
9. E porém non ha cousa que possa seer, *estando* homen *en sua saude* que lhe cousa notavel esqueça (*CdP*)

Nos exemplos seguintes alternam, no mesmo contexto locativo, *seer, estar, jazer* e *andar*. Exemplos dos *DSG* (1989:528-548):

- Logar que *era oito milhas da cidade*
- Caplem *faz sex milhas da cidade*
- Hũa lagoa que *está de Roma quareenta milhas*
- As almas *andan no corpo*
- A alma *jaz no corpo*
- A alma *he no corpo*

Já no século XIV, *estar* é mais frequente que *seer* nos locativos transitórios; o aumento de frequência de *estar* nessas estruturas foi observado por Sepúlveda Netto (1989) no século XV. Essas evidências permitem afirmar que a exclusão de *ser* como expressão de atributos transitórios se difundiu mais rapidamente nos locativos que nos descritivos.

Na sua história pregressa, *estar* tem como étimo *stare* 'estar de pé'. Nessa acepção está documentado no português até fins do século XIV, enquanto *ser* tem uma história complexa de convergência dos verbos latinos *sedēre*, 'estar sentado' – nessa acepção ainda em uso, pelo menos, até fins do século XIV – e, *esse* 'ser'. Esse fato permite inferir que o traço [+transitório] é o próprio, desde a sua origem, a *estar*, enquanto em *ser* confluem o [+transitório] de *sedēre* e o [+ permanente] de *esse*. Não é sem razão histórica, portanto, que, definida a oposição *ser/estar* no português, foi *estar* o verbo escolhido para expressar a transitoriedade.

Vale recordar, para concluir, que a oposição *ser/estar* não é geral nas línguas românicas, mas comum às línguas ibero-românicas. Segundo Câmara Jr. (1975:236), já no latim vulgar ibérico teria havido uma fase de variação livre *esse e stare*, correspondendo este a "uma situação concreta, proveniente de uma mudança ou pressupondo uma mudança futura possível, ao passo que ser é, do ponto de vista significativo, a forma não marcada geral". Esse dado certamente esclarece a generalização de *ser* no período arcaico para atributos de qualquer tipo, enquanto *estar*, desde a origem expressa a transitoriedade.

Nessas estruturas locativas também ocorrem como núcleo do SV, com o traço semântico de "mudança de estado", verbos tais como: *ficar, mãer* (='permanecer').

Exemplos dos *DSG* (1989:547):

- Non pode *ficar sobrelas aguas*
- *Ficou* en *oraçon*
- Non posso eu *mãer* nen *ficar* fora da mha cela

Predicados atributivos possessivos

Analisamos como atributos possessivos os predicados que têm como núcleo do SV o verbo *(h)aver* que, no período arcaico, comutava com *tẽer/teer*, verbo esse que, provavelmente no século XVI, destituía *haver* desta estrutura. O complemento que segue esses verbos é sempre um SN, que a tradição gramatical classifica como objeto direto (OD), mas que consideramos aqui um atributo do sujeito, tal como nos outros predicados atributivos analisados. Um argumento linguístico que favorece esta análise está no fato de as estruturas possessivas poderem ter atributivas correspondentes com os verbos *ser/estar* (cf. Ele *tem* barbas/ele é barbado; ele *tem* esperança/ ele é esperançoso; ele *tem* casa/ a casa é dele), o que não ocorre com os verbos transitivos, que requerem OD, como veremos adiante.

No período arcaico *(h)aver* e *teer* não estavam, no princípio, em variação livre nas estruturas de posse: *(h)aver* ocorria com complemento de qualquer valor semântico – bens materiais adquiríveis (*a*), qualidades imateriais adquiríveis (*b*), qualidades intrínsecas ao sujeito (*c*). Do século XIV para o XV (Mattos e Silva 1987 e 1990), se pode observar que *tẽer* só ocorria comutando com *(h)aver* com atributos do tipo *a* e, menos frequentemente, do tipo *b*; na primeira metade do século XV aparece *tẽer/teer* nos três "tipos de posse", sendo ainda *(h)aver* mais frequente; já na segunda metade do mesmo século se evidencia o recesso de *(h)aver* e o avanço de *teer* com os três tipos de atributo. Exemplos do século XIV:

- Exemplos de atributos tipo *a*:
  (h)aver pan, remedio, horto, bispado, logares, morada, casa, ovelhas;
  tẽer cireos, espada, cavalo, candea, meezinha, arca, logares, carneiro;
- Exemplos de atributos do tipo *b*:
  preferencialmente com *(h)aver*:
  (h)aver fe, graça, poder, poderio, medo, voontade, avondança, door.
- Exemplos de atributos do tipo *c*, sempre com *(h)aver*: *(h)aver* barvas, ceguidade, cinquenta anos, enfermidade.

Na segunda metade do século XV já encontramos: *a: haver/ter* cousas; *b: haver/ter* paz; *c: haver/ter* oolhos (dados da *Imitação de Cristo* (Cepeda 1962). Os dois verbos já estavam nesse momento em variação livre e *teer* já é mais frequente que *haver*, vindo a substituir *haver* em todos os tipos de posse no correr da história da língua.

A história semântica pregressa dessas formas sugere o curso dessa mudança: no latim o verbo básico para a expressão de posse é *habére* e, segundo Gaffiot (1934, s.v. *habēre)*, a sua acepção primeira é 'ter em sua posse', 'guardar' e, subsequentemente, considera, entre os 'usos figurados' – 'ter na mão'; enquanto *ter (ibid. s.v. tenēre)* tem como acepção básica 'ter algo na mão', 'obter'. Já havia no latim, portanto, a intersecção semântica entre *habēre/tenēre* na referência a algo concreto, 'ter na mão'. Na história documentada do português, como esboçamos, os seus continuadores já aparecem em variação desde o momento recuado na expressão desse tipo de posse, aqui designado por "bens materiais adquiríveis", isto é, a posse alienável. Daí se difunde *ter* para os outros contextos, enquanto *(h)aver* se especializa como verbo existencial, descartando o etimológico *ser*. No correr da história, como já vimos, com *(h)aver* existencial entrará *ter* em concorrência, já até predominando em variantes faladas do português, tendendo, mais uma vez, a descartar *haver*: no período arcaico, das estruturas possessivas e, no atual, das existenciais.

Predicados intransitivos

Diferentemente dos predicados até agora descritos, os *predicados intransitivos*, como também os *transitivos*, de que trataremos a seguir, constituem-se de um rol aberto de itens verbais. Um estudo desses predicados no período arcaico ainda merece uma pesquisa extensiva. Aqui nos apoiaremos no que observamos nos dados dos *DSG* (1989) e em algumas outras informações dispersas.

Do ponto de vista sintático-semântico, os intransitivos se caracterizam por requererem apenas um argumento, realizado por um SN que desempenha a função sintática de sujeito da frase. Levando-se em conta o papel semântico do sujeito, podem ser os intransitivos subagrupados em dois tipos: os chamados de *verdadeiros intransitivos (a)*, em que o sujeito é, semanticamente, *a origem*, mas não o agente do processo expresso pelo verbo (Mateus *et alii* 1989:44 4 172-174), e os verbos *intransitivos neutros (b)*, para outros verbos ergativos, em que o sujeito não é nem origem nem agente. Para alguns autores seu papel semântico é denominado "neutro", para outros é o "tema". Esses verbos do grupo *b* podem requerer um sintagma semanticamente locativo ou instrumental.

Sendo impossível esgotar aqui este problema, exemplificamos com dados dos *DSG* predicados intransitivos que podem ser classificados como *a* e como *b*:

> a. Selecionamos alguns itens desse tipo e os contextualizamos com alguns exemplos: *bafejar, bramir, berregar, rosnar, asseviar, carpir, chorar* etc.
> • Sa companheira pose-lhi a orelha nos narizes para ver se *bafejaria*.
> • O enmiigo antigo começou a dar braados e grandes vozes *bramindo* come leon, *berregando* come boi, *rosnando* come asno, *asseviando* come serpe, *grunindo* come porco.

- Achou XII soldos en ouro e *esplandecian* tan muito come se naquela hora saissen da frávega.

b. Incluímos aqui verbos que se apresentam variando como pronominais ou não (1); outros não se apresentam com essa variação nos dados observados (2), mas não será impossível encontrá-los como pronominais. Said Ali (1964:180) afirma que *subir-se e descer-se,* por exemplo, eram de "uso frequente" no português antigo".

1. *vĩĩr ~ vĩĩr-se, ir ~ ir-se, sair ~ sair-se, partir ~ partir-se, chegar ~ chegar-se* etc.
   - *Veeron* a hũũ logar • *Veo-se* pera casa
   - Aqueles que *van* apoios deleitos • Disse que *se ia* pera o ceu
   - Quando *saia* da casa • *Saia-se* da eigreja
2. *caer, sobir, decer, saltar, levantar, nacer, morrer, enfermar, enfraquecer, ensandecer, envelhecer* etc.
   - Dũũ grão que *cae sô* a terra *levanta* muita messe
   - Aqueles poucos d'azeos d'uvas *amadureceron*
   - Eu *enfraqueci e enfermei* por muitos dias
   - Hũa mulher *ensandeceu*

Consideramos que esses verbos merecem duas observações diacrônicas:

As construções verbo-pronominais de 1, em que o pronome *se* é um reflexo do sujeito, costumam ser interpretadas do ponto de vista histórico como uma das estruturas que continua a chamada "voz medial" do latim (por oposição à voz *ativa* e à *passiva),* que "indica a participação intensa do sujeito no que o verbo expressa" (Câmara Jr. 1975:173); em palavras corriqueiras o *se* será apenas um redobro do sujeito. Nesses casos, o pronome reflexo se apresenta com verbos intransitivos e sua ausência não altera a significação verbal, daí serem denominadas de "medial-expletiva", para distinguir da "medial-reflexiva", de que trataremos adiante.

Observe-se ainda que alguns desses verbos do grupo *b* no período arcaico – *nacer, morrer, partir, chegar,* por exemplo – ocorrem em construções com *ser* + PP (conforme capítulo anterior, *Ser* + particípio passado), nos "tempos do perfectum", forma portanto da passiva, mas com significação ativa, construção que veio a ser desusada pela extensão do uso de *ter.* É esse um argumento sintático que favorece sua interpretação como resíduo histórico, no período arcaico do português, da "voz de/poente" ou "medial" do latim, que tinha morfologia passiva e significação ativa e em que o sujeito não é agente.

Predicados transitivos

Classificamos como *transitivos* todos os predicados que, além do argumento expresso pelo SNsuj, podem requerer pelo menos mais um argumento, expresso por SN ou SPREP, que o complementa.

Trataremos primeiro dos predicados transitivos que, além do SN_{suj}, exigem outro sintagma complemento (1); em seguida os predicados transitivos com mais de um complemento (2) e concluiremos com os predicados transitivos em estruturas do tipo passiva (3).

1. Os transitivos com um complemento se apresentam com um SN (a), tradicionalmente classificado como objeto direto (OD) ou com um sintagma preposicionado (b), denominado tradicionalmente objeto indireto (OI) ou de oblíquo (OBL) (Mateus *et all* 1989:170-175). Com essa última designação se distingue o OBL do OI, que, sintaticamente, pode ser substituído pelos pronominais do tipo *lhe,* o que não é possível com o complemento do tipo OBL.
   a. São verbos transitivos com OD, por exemplo: *amansar, alumear, apremer, alimpiar, atormentar, cozer, çujar, eleger, esmigalhar* etc.
      - *Amansava* per homildade *a sanha do abade*
      - Ele nem sempre *alumea as mentes*
      - Hũũs *apremian os outros*
      - Querian *cozer o pan*

O OD nessas estruturas pode estar representado pelo pronome reflexivo, desde que Suj. e OD sejam correferentes; exemplos de verbos pronominais desse tipo são: *banhar-se, asseentar-se, desnuar-se, alegrar-se, confortar-se, deitar-se* etc. Essas estruturas são a expressão da chamada voz medial com verbos transitivos, também denominada de "medial reflexiva" para distinguir-se da "medial expletiva" de que anteriormente tratamos:

- *Desnuou-se* da vestidura que tragia e *deitou-se* ora antr'as spĩhas ora antr'as ortigas.

No exemplo seguinte pode-se ver o verbo *confortar* com o reflexivo ou com o pronominal não reflexivo:

- Fortunado contava algũũs feitos velhos e antigos e assi *se confortava e deleitava.*
- O homem de Deus o confortou

   b. Os transitivos com o complemento preposicionado do tipo OBL podem ocorrer no período arcaico em variação com o complemento do tipo OD. Nos *DSG* encontramos essa variação com os verbos: *gostar - gostar de; creer - creer a - creer en; duvidar - duvidar de:*
      - Non pode *gostar as cousas* • Bẽẽs *de que gostaron* que lhi cheiran
      - Non *creeran aquelas* • En Cristo criian... que non
        cousas quisesse *creer a sa madre*

- Non posso *duvidar* nemigalha • Non *duvidaron do feito nemigalha*
- Aquelo *que* primeiramente • Non *duvidaron da vida duvidaron*

O exemplo seguinte é *da Imitação de Cristo* (Cepeda 62:99-102): *cuidar - cuidar en:*

- *Cuida nos benefícios* • Pensa e *cuida o presente*

Note-se também que, ao longo da história da língua, verbos que antes eram seguidos de SN passam a ser seguidos de SPREP; o oposto também ocorre. Além disso, verbos que selecionavam determinada PREP passam a selecionar outra. Said Ali trata do assunto, com vasta exemplificação, a partir do século XVI (1964:161-176). Os exemplos seguintes são da *Imitação de Cristo* (século XV):

- *renunciar* + SN (e não *renunciar a* + SN): *Todas rriquezas* renunciaron
- *confiar de* + SN (e não *confiar em* + SN) Nõ queiras *cõfiar dos amigos* nem *dos próximos*
- *ocupar* + *en* (e não *ocupar com/ de* + SN)

2. Os transitivos com mais de um complemento podem ser sub agrupados em três tipos, conforme a natureza semântica e sintática dos complementos que compõem o predicado:

a. São os verbos tradicionalmente classificados de bitransitivos cuja predicação requer um complemento OD, constituído por um SN e um complemento OI, constituído por um SPREP com preposição *a* ou *de*, como: *dar, oferecer, receber, vender, comprar, outorgar, põer, tomar, tirar, filhar, mostrar, amostrar, demostrar, demonstrar, declarar* etc. O OD é substituível pelo pronominal do tipo *o* (correspondente ao caso acusativo latino) e o OI, pelo pronominal do tipo *lhe* (correspondente ao dativo latino). Exemplo dos *DSG* (1989:605 e ss.):

- *Amostrou a cada hũũ* todos aqueles logares
- Mostrou-lhi *hũũ* logar
- *Mostra-mh'o*
- *Ofereci a* Deus pan e vĩho
- *Receber* galardon do seu trabalho

Said Ali (1964:172-173) destaca a regência variável dos verbos *perguntar e rogar* "com dois acusativos" ou "com acusativo de cousa e dativo de pessoa" e apresenta exemplos da *Demanda do Santo Graal*:

- *Perguntaron-no* que demandava • *Perguntou-lhe* que faria
- *Rogaron-no* que lhe dissesse • *Rogou-lhe* que lhe perdoasse

Os exemplos seguintes do mesmo fato são dos *DSG* (1989:617):

... *o* veeron *rogar que quisesse* seer seu padre ... *pera nos* comprir *o* que *lhi rogamos*

b. São os verbos com um complemento OD e outro OBL que se distinguem, sintaticamente, dos verbos do grupo anterior por não ser substituível o OBL por um pronominal do tipo *lhe* e o SPREP, que o expressa pode ser introduzido por outras preposições, além de *a* e *de*: *partir* (= 'repartir'), *asconder, trager, levar*, por exemplo:
- As almas dos justos *parten con eles os* deleitos *e os* prazeres
- Quando *me trages a esta terra*
- *Levô-o pera o oratório*

Há verbos desse tipo com OD reflexivo, isto é, correferente ao SUJ: *nembrar-se de, calar-se de, alonjar-se de*:

- *Nembrou-se da ameaça*
- *Ata que se alonjaron de nós* • ... *me calarei d'algũas cousas*

c. São verbos com um complemento OD acompanhado de um sintagma predicativo, atributo do OD. Verbos como *dizer e chamar* (= 'dar nome'), *tornar*:
- Pecados que *chaman* veniaes
- Moesteiro que *chaman* Banho de Ciceron
- Rio que *dizen* Pado
- Principe que *dezian* Becelino
- O santo homem *tornara* mansa a besta

3. Todos os predicados de verbos transitivos em que o sujeito é semanticamente agente e o OD é, semanticamente, meta ou alvo podem ser expressos pela *passiva analítica*, estrutura que no latim só se aplicava aos "tempos do perfectum", já que nos do "infectum" tinha uma morfologia flexional própria, análoga à da ativa e que depois se generalizou para todos os tempos verbais. Essa estrutura constituída do verbo *ser*, seguido de particípio passado, apresenta como sujeito sintático o OD da ativa correspondente e o sujeito da ativa passa a ser expresso na passiva por um SPREP, com papel semântico de agente, introduzido pela PREP *per* ou *de*. O agente da passiva também pode não estar expresso, ser, portanto ø, o que resulta na não determinação do agente, sujeito semântico da frase; é esse um dos mecanismos de indeterminação do sujeito.

Epifânio Dias (1959:129) defende que a seleção de *per* ou *de* como PREP introdutória do agente da passiva depende do valor semântico do verbo. A observação dos dados dos *DSG* (1989:571-574) não comprova esse ponto de vista e, com um mesmo verbo, pôde ser encontrada uma ou outra preposição:

- Aquel que non quis obedecer ao santo bispo *foi atormentado polo juizo de Deus.*
- A alma *he atormentada daquel fogo* en que jaz e de que he retheuda

Nos *DSG* é muito frequente o emprego da passiva analítica sem agente explícito, resultando assim numa forma usual de expressar o sujeito indeterminado:

- De Libertino como seendo presente non *foi achado*
- E o servo de Deus vio todo esto que *foi feito* e chamou **agĩha** o seu monge.

Na *passiva sintética,* pronominal ou medial-passiva, a ação verbal é referida ao paciente pelo *se* apassivador e o agente nunca está explícito. É utilizada com muita frequência no período arcaico e o verbo, regularmente, concorda com o objeto lógico, mas sujeito sintático, como nos exemplos seguintes *(DSG* 1989:519):

- Todalas cousas que son e foron e an de seer, assi aquelas que *se farán* come aquelas que se nuncafarán pero *se poderian fazer.*

O sujeito

A sequência de exemplos permite observar as possibilidades estruturais do constituinte que desempenha a função de SUJ da frase (exemplos dos *DSG* 1989:508-521):

1. a. *Deus* ti me deu
    - *A serpente* logo se foi
    - *Homens negros* levavam-me per hũũs togares muito escuros
    - *Estas mhas lagrimas* crecen cada dia mais
    - *O nobre homen Venancio* feze-o livre
    - E tanto os atormentou que o souberon *os outros seus companheiros*
    - *O padre e a madre* escarnecian dele

   b. *Aqueste* era rei Totila
    - Como quer que *alguén* tenha ou cuide que *á* graça do Spiritu Santo
    - Ca sen ti *nengũũ* non pode fazer as cousas

   c. Achou *monges antigos* que suam leendo e escrevendo e preguntô-os hu era o abade e *eles* lhi disseron
    - O espiritu maao entrou no corpo da *nora* desta boa dona e *ela* começou a braadar

   d. E que pescado cuidas *tu* ora que ti nós tragamos naquestes montes?
    - *Eu* vos mando en nome de Nosso Senhor Jesu Cristo que vós vaades daqui

   e. Sei eu chããmente e non *duvido* nemigalha
    - E juntaron-se muitos homens e *trouveron-no* legado ao santo bispo
    - *Alimpias* os gafos *e alumeas* os cegos
    - Non *ajades* nenhũũ medo

2. a. Á hi aguas mui frias
- *Avia* preto de duzentos monges
- Na cidade d'Anconha *foi* hũũ homen de gram santidade
- Mandou que *chovesse*

b. Aqui se começa hũũ livro que *dizen* Diálogo
- Veo aaquel templo e derribou o altar en que *fazian* os sacrifiços
- Queria, padre, que me *provassen*

c. E portanto as *homen* cree por mais verdadeiras quanto el foi mais presente
- Ca naquel logar sol *homen* ouvir falar de pescado
- De cincoenta anos adeante vai ja *homen* folgando e assessegando e quedando das tentações

d. De Libertino como seendo presente non *foi achado*
- Aquesta manceba con sa sogra *foi convidada* pera ir aa consagraçon da eigreja

e. Disse que os juizos de Deus non *se podian* compreender Todalas cousas... que *se farán* come aquelas que *se* nunca *farán* pera *se poderian* fazer

Os exemplos do grupo 1 ilustram possibilidades de constituição interna do sujeito determinado: *a.* o SUJ expresso por SN explícito com várias disposições internas possíveis no seu interior; *b.* o SUJ expresso por DET, ou QT, em função substantiva, ou seja, como núcleo do SN; c. o SUJ expresso por um pronominal anafórico, que retoma um SN antes explícito; *d.* o SUJ expresso por pronominais referentes ao emissor ou ao receptor; *e.* o SUJ apenas marcado no morfema flexional número-pessoal do núcleo do predicado.

Os exemplos do grupo 2 ilustram as formas de expressão do sujeito não determinado: *a.* o SUJ ø com verbos existenciais; *b.* verbo na terceira pessoa do plural, expressando um sujeito genérico; c. o pronominal *homen,* próprio ao período arcaico (relacione-se ao *on* francês), que, com muita frequência, expressa a não determinação do SUJ; *d.* a estrutura da passiva analítica, sem agente explícito, que resulta numa forma de indeterminação do sujeito, o mesmo ocorrendo com a passiva sintética (e.), com *se* apassivador e verbo na terceira pessoa.

No exemplo seguinte se pode observar a alternância de *homen* e da *passiva sintética,* em um mesmo enunciado, para a indeterminação do sujeito:

- A quinta he Geometria que fala dos contos e das medidas per que *homen* pode saber as canteas e os espaços da terra; a sexta he a música que fala en como *se devian* mudar e mesurar as vozes

O *se* impessoal, com verbos intransitivos e transitivos, afirma-se ter começado a difundir-se nos começos do século XVI (Naro 1968:105-106). No *corpus* trecentista que analisamos os dados confirmam essa assertiva. O *se*, em estruturas de SUJ indeterminado, é em todas as suas ocorrências interpretável como uma passiva sintética: sempre com verbo transitivo e com concordância do verbo com o objeto lógico, mas sujeito sintático (conforme exemplos de 2.e), sendo o *se* o sujeito lógico, também chamado de sujeito semântico.

A concordância verbo-nominal

A primeira formulação prescritiva da gramática do português – a de João de Barros, em 1540 – já apresenta a concordância verbo-nominal como uma regra categórica:

> Tem mais o nome ũa concordância quando está em o caso nominativo, que há-de convir com o verbo em número e pessoa, como quando digo: eu amo. (Buescu 1971:351)

É a concordância verbo-nominal o mecanismo sintático que estabelece a coesão sintática entre o SN_{suj} e o V núcleo do predicado, já que ambos devem estar no mesmo número e referir-se à mesma pessoa gramatical. No período arcaico essa regra é geralmente obedecida. Está documentada, contudo, a variação na concordância sujeito/verbo. Huber na sua *Gramática do português antigo* (1986:§§446, 447 e 448) apresenta os seguintes exemplos, em que não se aplicou a regra prevista:

1. E per esta guisa *morreo o lobo e a raposa*
2. A *enjuria e vergonça* nom *he* d'aquell que a recebe, mays *he* daquelle que a faz
3. *Se ajuntaron* diante de Santo Antonio *tamanha multidom*
4. E hi *morreo grandes gentes*

A observação dos dados dos *DSG*, do *Livro das Aves (LA,* Rossi 1965), das *Vidas de Santo (VS,* Castro 1982-1983) e da *Vida de Santo Aleixo* (VSA-Allen, 1953), permitiu levantar os seguintes contextos em que a variação na aplicação da concordância verbo-nominal podia ocorrer (Mattos e Silva 1990). Exemplificaremos a seguir esses contextos com dados em que a regra não é seguida:

 a. Sujeito composto de parassinônimos ou sujeito composto, cujos componentes podem ter uma interpretação semântica única (conforme exemplo 2 de Huber):

5. Ca *todo conhocer e todo mover* não *pode* ser sen Deus (LA)
6. *Sua mãcibia e sua fremosura o tornava* en pouco siso e en vaydade *(VS)*
7. A qual *luz e claridade steve ẽ* cima delle *(ibid.)*

 b. Sujeito semanticamente coletivo (conforme exemplo 3 de Huber):

8. *Campanha grande* dos lombardos que *veeron* veer a morte do santo *(DSG)*
9. *Muita gente* que primeiramente *oraran* os idolos *(DSG)*

 c. Distância entre sujeito e verbo núcleo do predicado:

10. *A maldade* dos que *fican* no mundo *mereceron* que... *(DSG)*
11. Em na boca daquella besta eran *grandes chamas* de fogo que sayam pela garganta delia *e queimava* as almas *(VS)*

d. Posposição do sujeito (conforme exemplos 1 e 4 de Huber):
12. E aos braados *veo o bispo e todos aqueles (DSG)*
13. E pelas moradas d'algũũs a que *tangia a nevoa e o fedor (DSG)*

Do conjunto de dados observados, nos textos dos séculos XIV e XV referidos, podemos inferir que a variação na concordância decorria de fatores semânticos *(a e b)* e de fatores sintáticos *(c e d)*. Observem-se os exemplos: com exceção de 5, 6 e 11, não se pode atribuir a não aplicação da regra geral a um lapso de escrita em que a marca de nasalidade *(~)* tenha sido omitida. Na documentação sobre a variação na concordância que reunimos, a presença/ausência ocorre tanto com verbos em que a distinção fônica entre o singular e o plural da terceira pessoa é mínima (apenas o travamento nasal distingue singular e plural do verbo), mas também com verbos em que a distinção mórfica é "saliente", como destacamos anteriormente. Parece assim que o fator fônico não interferia na variação analisada.

Uma observação diacrônica para concluir: o latim falado fazia uso mais frequente da concordância *ad sensum* do que o latim culto (Maurer Jr. 1959:93-94), pelo menos com sujeito coletivo e sujeito composto em que o primeiro membro está ligado ao seguinte pela preposição *cum*. Essa informação é significativa porque, em parte, coincide com o observado no primeiro período documentado do português. Essa possibilidade de variação continua já menos restrita no período arcaico, quando além da variação por sínese se atesta o fator sintático de posição do sujeito em relação ao verbo, que, entretanto, não é de se descartar, poderia também ocorrer no latim corrente, embora isso não mencione Maurer Jr.

Complementos e adjuntos preposicionais

Como bem diz Jean Collart na sua *Histoire de la langue latine,* as preposições passaram por uma "promoção singular" (1980:64) do latim clássico para o latim corrente no Império Romano e daí para as línguas românicas. De partículas acessórias para a expressão de adjuntos adverbiais que já estavam marcados pela seleção do caso morfológico ablativo ou acusativo, as PREP vão ser utilizadas, introduzindo o SN – já perdida, como vimos, a morfologia flexional nominal para a expressão dos casos ou funções sintáticas – para marcar, com exceção do SUJ e do OD, todas as outras funções sintáticas: complementos verbais e nominais, também os adjuntos adverbiais e adnominais. Tornam-se, portanto, as preposições elementos básicos na estrutura sintática da frase do português, como de todas as línguas românicas. São a utilização da PREP, como demarcador de função sintática, e também a ordem dos constituintes no interior da frase, mais rígida que no latim, os recursos sintáticos que funcionarão nessas línguas em lugar da morfologia casual que era suficiente para a indicação da função sintática na frase latina.

Quando o português aparece documentado, a reestruturação descrita já tinha se processado e o sistema de preposições já funcionava como hoje, com diferenças no inventário e na seleção das PREP's: introduziam sintagmas com função de complementos verbais e nominais (1) e com função de adjuntos adverbiais e adnominais (2).

Denominamos aqui complementos (COMPL) a função sintática requerida e selecionada por um constituinte verbal ou nominal da frase; são por isso considerados, se não obrigatórios, pelo menos necessários à completude sintática e semântica da frase. Os adjuntos (ADJT) são mais livres, não são estritamente requeridos por um constituinte, serão antes decorrentes de mecanismos de seleção, também necessários, mas ao que se quer transmitir, daí serem considerados sintaticamente não obrigatórios. Sobre essa dicotomia – complemento/adjunto – tem perpassado muita discussão teórica, decorrente sobretudo do fato de se tornar por vezes difícil de estabelecer o limite entre COMPL e ADJT (cf., por exemplo Perini 1989 e Azeredo 1990).

Preposições em SPREP complemento

Ao tratarmos dos *predicados transitivos* destacamos aqueles verbos que requerem COMPL preposicionado. Retomemos aqui esses dados:

Com verbos que além do SUJ requerem um OBL, preposicionado, este aparece, frequentemente, em variação com COMPL não preposicionado, como: *gostar* SN ~ *gostar de* SN; *creer* SN ~ *creer a* SN ~ *creer en* SN etc.

Outros verbos desse tipo ocorrem no período arcaico com uma PREP e posteriormente selecionam outra: *confiar de* (arc)/ *confiar em: ocupar em* (arc)/ *ocupar com* etc.

Com verbos que requerem além do OD um OI, preposicionado, as PREP's que geralmente precedem OI são *a* ou *de*, se o papel semântico do OI for, respectivamente, recipiente ou origem: *oferecer, dar, mostrar + a* ou *receber, comprar + de*, por exemplo.

Com verbos em que além do OD ocorre um OBL, preposicionado, como em *levar* + OD + *para* SN, *trazer* + OD + *de* + SN, *partir* + OD + *com* SN, a seleção da PREP decorre de traços semânticos do próprio verbo.

Com transitivos na estrutura passiva analítica, a função de agente da passiva é introduzida pelas PREP's *per ou de*, no período arcaico.

Tal como os verbos, há entre os nominais – substantivos e adjetivos – aqueles semanticamente inter-relacionáveis a verbos que se apresentam com um comportamento sintático que requer COMPL preposicionado, são os chamados na tradição gramatical de *complementos nominais*. Exemplos de Huber (1986:263):

- Ei gram *temor da morte*
- *Poderoso de te mostrar* tua filha

Exemplos dos *DSG:*

- Acharon o penedo *alongado dele* (= 'longe dele')
- No *amor de Deus* firme e arraigado
- *Comprido de* muitas *vertudes* (= 'completo de...')

Se observarmos os dados aqui apresentados veremos que as PREP's que introduzem os complementos considerados constituem um rol restrito: *de, a, en, per, con, pera*. Note-se que todas elas, com exceção de *pera* (arc), depois *para*, provêm de PREP's do latim *(de, in, per, cum, ad); pera* já é resultado de aglutinação de duas preposições *per* + *ad,* processo que será básico, como também o da aglutinação de PREP + ADV para a formação de novas preposições e locuções prepositivas, já que grande parte das latinas não continuaram nas línguas românicas ou, então, subsistiram como prefixos na composição lexical (Câmara Jr. 1975:179).

Outras preposições simples – algumas delas já aglutinações de PREP's latinas – documentadas no período arcaico, com suas variantes, são: *ata ~ ataa ~ atẽe ~ atẽes; após ~ empós; antre ~ entre ~ ontre: contra ~ escontra; des; salvo; segundo; sem; sô; sobre, tirado* (dados de Huber e dos *DSG*). Essas preposições e numerosas locuções prepositivas marcam SPREP's adjuntos, como veremos a seguir.

Preposições em SPREP adjunto

Adjuntos adverbiais

Todas as preposições simples, como também as locuções prepositivas, introduzem SPREP adjunto. Veiculam esses SPREP's noções de natureza adverbial ou circunstancial de vários tipos, desempenham a função sintática tradicionalmente chamada de *adjuntos adverbiais*. Na classificação das preposições que segue nos inspiramos em Mattoso Câmara Jr. (1975:183-184). A grande maioria dos dados, mas não exclusivamente, estão nos *DSG* (1989:623-649).

    a. Origem (tanto espacial (E), como temporal (T), nocional (N): *de, des (< de + ex)*:
- Nasceu *do líagen* mais fram e mais livre e mais rico que avia
- Aqueste *des sa mancebia* ouve coraçon de velho

    b. Direção (E, T, N): *a, pera, ata ~ atẽe ~ atẽes*
- Veo *a Roma*
- Propos en coraçon d'ir *ao deserto*
- Enviaron-no *pera Roma*
- Estendia-se *atẽes-no ceeo*
- Falando *ata* a manhã (sobre o étimo de *até/ata* tem havido divergências entre os romanistas: do latim ou do árabe *hatta? Cf.* Maia 1987:856).

    c. Percurso (E, T, N): *per, por (per* do lat. *per* 'através de' e *por* do lat. *pro* 'posição dianteira', 'em favor de'). De étimo distintos, *per e por* entrecruzaram-se ao longo da história, permanecendo *por,* enquanto *per* ficou apenas na forma aglutinada ao artigo (*pelo, -a, -s,* que, no período arcaico, era *polo, -a, -s,* construída sobre *por*). No primeiro dos exemplos se vê *per e por* em contextos análogos:
- - Conhosco, padre, que aqueste santo homen Constancio foi grande d'aa de fora *polos miragres* que feze, mais foi maior aa de dentro *per homildade* que ouve.
- Foi prelado *per muitos anos*
- E hũũ ladron soía a sobir *per hũa sebe*

As locuções, com núcleo nominal, *per razon de, per oficio de* ocorriam, frequentemente, quando apenas a PREP simples poderia ser selecionada, por exemplo:
- Homen muito honrado con que avia gram prazer *per razon da idade* que avia e *per razon das obras* que fazia e *per razon da simplicidade* en que vivia.

d. *Associação/exclusão: con, sen, fora ~ foras, tirado, salvo.* As duas primeiras de PREP's latinas (*cum, sine*), as duas últimas de étimo verbo-nominal, particípio passado de *tirar* e *salvar*. Quanto a *fora ~ foras* é de origem adverbial, do lat. *aff oras* (Cunha 1982: s.v. *fora*)
- Dava pan *con sa mão*
- Passou *sen embargo*
- Mandou que se fossen, *tirado ende hũũ menĩho* pequeno
- Hi non avia outras cousas, *salvo aquelas* que veemos
- Isto seya outrossi das forras, *fora ende* que casen hu poderẽ (ex. do *Foro Real* 1987: vol. II, 140).

C. Maia (1986:869) documentou como sinônimo de *exceto* e *salvo: eyxente, enxente, salvante, sainte,* do particípio presente de *exir* 'sair', *salvar* e *sair*.

e. *Situação* (E, T, N): *en* é a PREP situacional por excelência.
- Aquel que *en religion* vivia
- Estou *en Manna ena riba* do mar
- *En outro dia* avia de parecer ao juiz

Há várias possibilidades de especificação da situação expressas por SPREP's que funcionam com ADJT.ADV:

Anterior/posterior: ante (< *ante*) ~ *ante a ante de; perante; deante; depós ~ despois ~ depois de/ depois a; após ~ empós a; cabo de~~ acabo de:*
- E *ante seis dias* que morresse
- ... que *depós dous dias* veesse
- fazer hüü moesteiro *cabo da cidade*

Próxima/distante: preto de ~ a preto de; cerca de; longe de
- A *preto do seu moesteiro* moravan hilas monjas
- Estava *preto daquel logar*

Interior/exterior: dentro en/a; fora de
- Era *dentro na cidade*
- Quanto merecimento *dentro a sa alma* avia

Superior/Inferior: sobre (< *sŭper*); *de/en/per a cima de; sô* (< *sŭb*); *en fundo de*
- A candea que sê *sobelo candeeiro* (= 'sobre o')
- Estavan *en cima do monte*
- Sobiu San Beento *a cima do monte*
- Morava *sô hũũ* penedo

Circundante: arredor de ~ derredor de
- Hũa mérloa começou a andar *derredor dele*
- A mérloa andava *arredor del*

Intermediária: antre ~ entre ~ ontre (< ĭnter):
- O meñiho foi juiz alvidro *antre ambos*

Confronto: contra, escontra (< *ex contra*). Sobre a semântica de *contra* Said Ali (1964:21) diz: "usou-se esta preposição a princípio com o sentido de 'face a face', 'frente a frente'. Da era camoniana para cá substituiu-se sempre em tais frases a preposição por outra (*para, a*), entendendo-se que *contra* denotava sentimento de inimizade ou atos de ameaça e resistência". Confiram-se os exemplos:
- E alçou ela os olhos *escontra o ceo* e vio Jesu Cristo
- Como o bispo Marcelino *poseron contra o fogo*
- Se juntaron *contra el* pera matá-lo

f. Adequação: segundo. Parece que *consoante* e *conforme* não são usuais no período arcaico: os *DSG, o Foro Real, a Versão Gallega da Cronica Geral de España e da Cronica de Castella* não as apresentam. Esse conjunto de dados é significativo para o galego-português dos séculos XIII-XIV.
- Era mui fremoso *segundo a fremosura* do mundo

Observações finais sobre PREP e SPREP em adjuntos adverbiais:

1. Como se pode observar nos dados anteriores, a constituição morfológica de muitas preposições e das locuções prepositivas é formada de mais de uma PREP; muitas vezes é formada das PREP's chamadas, tradicionalmente, essenciais (*a, en, de, per*), têm como núcleo um elemento adverbial ou nominal e pode ser fechada pela mesma ou por outra PREP essencial. Cf.: *des, escontra, depós, despois, depois de, ante a/de, deante de, en fondo de, de/em/per a cima de* etc. Um estudo sistemático da morfologia das preposições e locuções prepositivas na história da língua ainda não foi feito.

2. Muitas das locuções prepositivas são analisadas como advérbios, quando não seguidas de um SN, portanto em contexto ø, à direita, como por exemplo:
   - *depós* + SN: *depós* ø
   - *perto de* + SN: *perto* ø
   - *longe de* + SN: *longe* ø
   - *no fondo de* + SN: *en/a/pera fondo* ø
   - *dentro en* + SN: *dentro* ø
   - *fora de* + SN: *fora* ø
   - *de/acima de* + SN: *de/acima* ø
   - *derredor de* + SN: *derredor* ø
   - *deante de* + SN: *deante* ø

As ilustrações seguintes são dos *DSG:*

... que a deitassen *a longe* ... que o recebessen *dentro* ... a terra *de cima*
- Terra que está *en fondo*
- Já fezera ir *deante*

Em face dessas duas distribuições sintáticas, alguns autores, com razão, consideram esses elementos como PREP's transitivas se seguidas de SN e de PREP's intransitivas quando não seguidas de SN (cf. Lemle 1984:160-161), em vez de distingui-las como duas classes diferentes de palavras, PREP e ADV, respectivamente, como o faz a tradição gramatical.

3. No período arcaico, tal como hoje, variam sintagmas adjuntos, em geral semanticamente temporais, precedidos ou não de PREP, quando o núcleo do SN é constituído de N semanticamente referente a 'tempo cronológico', como: *hũũ dia, hũa noite, hũũ tempo, hũa vegada* (= 'vez'), *o dia d'oonte, aquel dia, aquela hora, outro tempo, outra vegada, tantas vegadas, cada ano, todo o ano, todo aquel dia;* esses ocorrem nos *DSG*, contextualizando-os, por exemplo:
- Acaeceu *hũũ dia* que
- Rogo-te que *esta noite* non me desempares ... passar *aquel ano* que tan menguado era ... per que se avia de manter *todo o ano*

a par de:
- *Naquela hora* foi a monja sãã
- Quanto pode comer *naquel dia*
- ... quanto triigo despendia *per todo o ano*

Adjunto adnominal

É a preposição *de* que vai expressar "a subordinação de um nome substantivo a outro nome substantivo"; em outras palavras, um SN a outro SN, relação que no latim era expressa pelo caso genitivo. Essa estrutura é analisada na sintaxe como *adjunto adnominal*. Em geral tem o valor de *posse* ou de *origem*.

Continuando a citar Mattoso Câmara Jr., no *de* português se fundem quatro noções distintas, diferentemente expressas no latim:

> A noção de 'afastamento' em *de* estava limitada ao 'movimento de cima para baixo'. A ideia de 'proveniência' cabia *a ab* e a de 'movimento de dentro para fora' se expressa por *ex*. A preposição *de,* oriunda de *dē;* passou em português a todas as três funções, e a própria ideia de posse, que está na base do seu emprego na relação de subordinação de um substantivo a outro, firmou-se para *de* como uma extensão da noção de 'proveniência' (1975:180).

Dessa convergência histórica resulta a altíssima frequência do *de* no português. Verificamos isso ao descrever os *DSG* (1989:625). Esse fato também ficou demonstrado no estudo estatístico de Ferreira para o *Foro Real* (1987:475); nele, *de* ocorre 2.779 vezes, enquanto *a,* 963; *en* 863; *per,* 610; *por* 504; *com 228.*

Nesta curta sequência dos *DSG:*

- Aqui se acaba o Primeiro Livro do[i] Dialogo de[2] San Gregorio papa da[3] cidade de[4] Roma da[5] vida e dos[6] miragres dos[7] santos.

encontramos sete ocorrências de *de,* em que, exceto a 5[4] e a 6[.4], em que *de* equivale a 'a propósito de' (↔ 'proveniência nocional'), todas as outras expressam o adjunto adnominal, isto é, a "subordinação" de um SN a outro SN. Os dois exemplos seguintes também ilustram a PREP *de* como marcador do adjunto adnominal:

- **Lĩagen** *dos senadores de Roma*
- O enmiigo antigo tomava ousança na *casa do homen bõõ*

Pronominais

Trataremos aqui dos *pronominais pessoais* (1) e dos *pronominais adverbiais* (2). Os primeiros se referem ao emissor (E), ao receptor (R), são chamados pronomes de primeira e de segunda pessoa; os de terceira pessoa substituem sintagmas nominais já referidos, são, portanto, os pronomes anafóricos. Do ponto de vista sintático, tais pronomes podem desempenhar a função de sujeito (distribuição 1); a função de complemento não preposicionado (OD) e preposicionado do tipo OI, são os chamados pronomes clíticos (distribuição 2) e a função de complemento preposicionado do tipo OBL ou adjunto adverbial (distribuição 3).

Adiante trataremos de subsistemas de *pronominais adverbiais* que funcionam como substitutos de sintagmas semanticamente locativos, temporais e modais. Na tradição gramatical esses pronominais são classificados como advérbios de lugar, tempo e modo.

Pronominais pessoais

A estrofe seguinte, de Joam Garcia de Guilhade, exemplifica pronominais pessoais nas três distribuições acima referidas:

> Tam gram sabor *ouv'eu* de *lhe* dizer
> a mui gram coita que sofr' e sofri
> por *ela!* mais tam mal dia naci,
> se *lh'o oj'eu* nom fiz entender,
> ca *me* tremia 'ssi o coraçom
> que nom sei se *lh'o* dixe [ou] se non.
> (cf. G. e R. 1983:154)

No quadro que segue estão reunidos o sistema desses pronominais com as alomorfias correntes no período arcaico:

Referência	Distribuição	Gênero	Número Singular	Número Plural
+E(1ª pessoa)	1	–	eu	nós*
	2	–	me ~ mi m' mh'	nos
	3	–	(PREP) min comigo ~ migo	(PREP) nós conosco ~ nosco
+R (2ª pessoa)	1	–	tu	vós
	2	–	te ~ ti t' ch'	vos
	3	–	(PREP) ti contigo ~ tigo	(PREP) vós convosco ~ vosco
-E-R (3ª pessoa)	1	masc. fem.	ele ~ el ela (h)omem omê, ome	eles elas
	2	masc. fem.	o ~ u lo no a ~ la na lhe ~ lhi se ~ si s' xi' x'	os ~ us los nos as ~ las nas lhes ~ lhis
	3	masc. fem.	(PREP) ele ~ el ela (PREP)si consigo	eles elas

* O sinal de acentuação é nosso, tal como o apóstrofo.

O quadro seguinte apresenta formas aglutinadas de mais de um pronome (função OI e OD) da distribuição 2, decorrentes de elisão de vogal final ou de sua semivocalização (representada pelo < h >, frequentes no período arcaico:

mo, -a, -s	~	mh'o, -a, -s
to, -a, -s	~	ch'o, -a, -s
–		xo, -a, -s
lho, -a, -s	~	lhillo, -a, -s
nolo, -a, -s		–
volo, -a, -s		–

Observações sobre os pronominais pessoais
Distribuição 1

Destaca-se a alomorfia *ele ~ el*, que não é condicionada foneticamente, tal como os demonstrativos *aquel ~ aquele*. A forma apocopada parece ser a mais frequente no período arcaico: nos *DSG* (1989:220) há uma frequência de 82% para 28% e no *Foro Real* (Ferreira 1987:387) há 194 de *el* para uma única de *ele*. Eventualmente podem ocorrer no período arcaico as grafias *elle, elhe*.

Nós e vós como *nos e vos* vêm do lat. *nōs, vōs*. Segundo Williams (1961:§140.1 e 2 e 142.C), o timbre aberto desses pronomes na função sujeito decorre da analogia com os possessivos *nosso, vosso* e o fechado, na função complemento, teria uma razão fonética: a posição átona na frase.

(H)omen, de que já tratamos a propósito do sujeito indeterminado, é corrente no período arcaico e ainda é atestado no século XVI (Dias 1959:94).

Distribuição 2

As variantes *me ~ mi, te ~ ti* ambas ocorrem como OI, isto é, correspondendo ao dativo latino *(mihi, tibi)*; já *me* e *te* são a forma usual como OD (< lat. *m̄e, t̄e*):

- muito *me* praz ~ muito *mi* praz
- rogo-te que *me* digas ~ rogo-te que *mi* digas (*DSG* 1989:215)

Lhi (< *illī*) é, pelo menos nos *DSG* e no *Foro Real*, mais frequente que *lhe*.

As variantes apocopadas *m', t', lh', s', x' e mh', ch'*: as primeiras indicam o apagamento da vogal final do pronome e as outras a formação de um 'glide' ou semivogal da vogal final:

- se *m'eu* for
- *rogo-t'eu* que...
- que *mh'ora* dissisti
- contar-*ch'ei* (*DSG* 1989:218)

As formas com 'glide' indicado pelo < h > aparecem com mais frequência, parece-nos, na documentação mais recuada do período arcaico.

Lhillo ~ lhilo, lhilla ~ lhila / lho, lha: as primeiras são mais arcaizantes; ambas, contudo, convivem nos *DSG*:

- Aquelas santas molheres rogaron-no... e o homen bōō *lhillo* outorgou (= 'lhes o')
- Se a ameaça que el faz aos pecadores non he verdadeira e non *lhila* faz senon... (= 'lhes a')

Nessas formas o étimo de o, *a* (< *illŭ-* , *illă-*) fica transparente pela presença do < -l->. *Lho* e *lha* são formações em que ao *lhe* se aglutina a forma portuguesa o, *a*.

Lo, la e *no, na* são variantes condicionadas que até hoje permanecem, embora mais generalizadas no período arcaico, desde que o contexto fônico fosse para isso qualificado.

As variantes com l- pressupõem um contexto precedente /r/ ou /s/: depois de infinito; na mesóclise no futuro do pretérito e do presente; com formas verbais de P4; seguindo *pois, eis, nos, vos*. Por exemplo: *entrega-lo, vee-lo; vee-lo-ia, conta-lo-ei; soterramo-lo, faremo-lo; poilo, nolo, volo*:

- *poilo* honrava (= 'pois o')
- *poilo* viu viĩr
- e eu *volo* gracirei (exemplos dos *DSG*)

No, na seguem um contexto nasal: *nōno, quẽno, cōno* e formas verbais de P6 (*amaron-no, interrogavan-no*).

As variantes *u, us* não são obrigatórias como *no, lo*, desde que no contexto adequado, mas ocorrem, em geral, com verbos de P3 do IdPt2 da Cl: *achoou-u, rogoo-u, deitô-u* (*DSG* 1989:226-228).

As variantes palatizadas de *te* e *se*, isto é, *che* / tʃ / e *xe* /ʃ/ que se encontram na documentação galego-portuguesa mais recuada, teriam resultado das formas aglutinadas *te + o, se + o*, contexto em que se cria o ditongo crescente, cuja semivogal condicionou a palatalização das dentais /t/ e /s/.

Distribuição 3

Essas formas pronominais frequentemente ocorrem reforçando os pronomes átonos da distribuição 2:

- Aqueste *me* contou *a min*
- ... que *lhi* a *el* Deus dera (exemplos dos *DSG*)

Convivem a forma redundante *comigo, contigo, consigo* com a etimológica *migo, tigo, sigo* (lat. *mecum, tecum, secum*). Na seguinte estrofe de Martin Codaz (G e R 1983:263), temos um excelente exemplo disso:

> E nulhas gardas ei *comigo,*   *(gardas:* 'proteção')
> ergas meus olhos que choram *migo!*   *(ergas:* 'a não ser')
> E vou namorada.

Nos *DSG*, além das formas redundantes e das etimológicas, ocorreu

- O ben aventurado San Beento morava *con si* meesmo

É frequente a forma tônica do pronome numa posição sujeito, em frases em que o verbo está elíptico como, por exemplo, depois do segundo termo da comparação:

- He moor ca *min* de dias *(ca =* do que)

Encontra-se, por vezes, a afirmativa, nos que estudaram o período arcaico, de que *ele, -a, -s* ocorrem na documentação arcaica como OD, tal como hoje no português brasileiro. No vasto *corpus* dos *DSG* que analisamos encontramos a seguinte e única ocorrência:

- E o ermitan, pois vio *ele e* seus companheiros e falou com eles muitas cousas, perguntou-os.

Nenhuma pesquisa sistemática sobre esse tópico no período arcaico investigou essa questão, mas julgamos que a interpretação de Mattoso Câmara Jr. sobre isso é acertada:

> Isso aparece esporadicamente na língua literária do português arcaico como recurso de ênfase, dado o volume e a tonicidade da forma *ele*. (1975:102, nº 5)

Esse recurso de usar formas tônicas, em vez das átonas, sem a PREP, por ênfase, se encontra nos *DSG* com outros pronomes:

- Pera lhi ensinar como *rega si* e os outros
- *Tirou si* e muitos

No *Livro do Esopo* (Lobo 1990:21) se encontra:

- Ca eu non *temo ty*
- Disse ao alcaide... que *enforcarian ell*

Dias (1959:71) também chama a atenção para estruturas desse tipo.

Pronominais adverbiais

Tratamos estes elementos, tradicionalmente classificados como advérbios de lugar, tempo e modo, como *pronominais adverbiais,* pois, do ponto de vista funcional e semântico, são itens do léxico de frequência alta, que funcionam como sucedâneos lexicais ou substitutos de SPREP's plenos que desempenham a função sintática de adjunto adverbial. Adotamos aqui os étimos propostos por Pottier e Darbord (1988:207-209) e também por Lima Coutinho (1976:263-268).

Locativos

Dêiticos e anafóricos

O português arcaico apresenta duas séries simétricas correlacionáveis aos demonstrativos *este* e *aquele*, referindo-se portanto a uma localização no âmbito do emissor/receptor (I) e no âmbito externo ao eixo E/R (II). Esses dêiticos também podem funcionar como anafóricos, referindo-se, no âmbito do enunciado, a algo já antes mencionado.

```
      I                         II
aqui ( < *accu hic) : ali ( < a illic)      'neste lugar': 'naquele lugar'
acá  ( < *accu hac): alá ( < ad illac)
acó  ( < *accu hoc): aló ( < a illoc)
```

Exemplos dos *DSG* (1989:232-236):

- – Eu vim *aqui* pera comer
- E dá *acá* todalas cousas deste homen que tomasti
- – Eu ti mando eno nome de Jesu Cristo que guardes esta entrada e non leixes *acó* entrar homen que do mundo seja
- – *Ali* en aquel castelo estava um templo muito velho
- – ... veer a cidade de Jherusalém celestial nos seus cidadãos que conosco viven e fazen ja obras daqueles que *aló* som.
- – E pera saberes que ti digo verdade, afirmando que foi no ceo, sabe que me deron *aló* don pera poder falar todolos **lenguagẽes**

Para estabelecer as distinções entre os elementos de I e entre os de II será necessário que se faça uma pesquisa sistemática na documentação pertinente neste sentido. Note-se, entretanto, que a frequência de *aló* e *acó* é rara em relação aos outros itens.

Aquende (< *accu illinc de) : alende (< a illinc de), depois *aquém, além* 'para cá ou para lá deste lugar' situam algo em ponto mais distanciado no âmbito externo ao eixo E/R.

Participam ainda desse conjunto de locativos: *alhur ~ algur (< alior* do lat. *aliorsum): nenhur ~ nenlhur,* equivalentes a 'en algum lugar' e 'em nenhum lugar':

- – Hu comestes?
- – *Nenlhur,* padre *(DSG* 1989:251)

São típicos do período arcaico, já começando a desaparecer na documentação ao longo do século XV: *hy ~ hi ~ i (< ibi ou hic)*, 'aí, e *en ~ ende (< inde)*, 'disso, nisso'. Referem-se a algo já antes mencionado, são portanto anafóricos, como se pode perceber nessas estrofes de Joam Soares Coelho e de Dom Gil Sanches (G *e* R 1983:169 e 130):

... e se m'ela fazer	... ca en tal ora nado
quisesse bem, nõno queria ser	foi que – mao-pecado! –
rei, nem seu filho, nem emperador	amo-a endõado (= 'em vão')
Se per *i* seu bem ouvess'a perder	e nunca *end'* ouvi ai!

Exemplos dos *DSG:*

- E alguns as veen por seu proveito, ca melhoran *i* sa vida
- Non queiras tomar trabalho en ir a Roma hu el he, ca muito cansarias e gram nojo receberias *ende.*

É do anafórico *i* que se constituirá o dêitico *aí*, que não é próprio ao período arcaico, mas da série moderna tricotômica – *aqui*, aí, ali. Quanto ao caráter dicotômico do sistema dos locativos dêiticos no período arcaico, tal como parece também, o dos demonstrativos, demonstra-o P. Teyssier (1981), no seu estudo desses sistemas nos séculos XIV, XV, XVI, e defende que o sistema de três posições se firma pelo século XV.

Locativos interrogativos

São *hu ~ u* (< *ubi*) e *onde* (< *unde*). *Hu* se refere ao lugar em que algo se localiza ou ao lugar para ou por onde se desloca, associado ou não ao PREP's; *onde* (< *unde*) se refere ao lugar de que algo provém. Também pode ocorrer *dhu ~ du* para 'de onde'. Assim *hu é* o termo geral para o locativo interrogativo, tanto em interrogativas diretas como indiretas. Exemplos dos *DSG* (1989:240-248):

- – *Hu* he ora o Deus de Elias?
- – E preguntô-os hu era o abade
- – *Hu* vas?
- – Achou a carreira *per u* o ladron soía vĩir
- – Preguntei-o mui de coraçon *onde* era e el mi respondeu que era da cidade de Tuderte.

Temporais

Tal como os locativos, há temporais correlacionáveis aos demonstrativos *este* e *aquele*, ou melhor, ao 'não este'.

Ora ~ agora (< *hac hora*): *enton* (< *in tunc*)
'neste momento Ø: 'noutro momento'

- Esto, Pedro, que ti eu *ora* quero contar
- Pois el, seendo **meñiho**... fazia Deus por el *enton* tan grandes maravilhas como estas de que *ora* falamos.

Já: ainda ~ inda; pode-se distinguir *já¹* de *já²* (< lat. *jam*). *Já¹*, equivalente a 'antes deste momento', se compatibiliza com verbo no passado e expressa um fato acabado, perfectivo:

- *Acaeceu*, padre, *ja* **algũa** cousa nova por que choras mais que sooes?
- E pois que *ardera ja* hũa peça da cidade tomaron...

Já² equivale a 'a partir deste momento' e se compatibiliza com verbo que indica um fato não acabado, imperfectivo:

- E pois acabou e se vinha *ja* pera o enfermo
- *Ja* entendo, padre, sequer pouquetiho que testemõio deve aver

No exemplo seguinte os dois *já*:

- – Padre, porque tardasti non queiras *ja* cansar, ca o enfermo a que ias *ja* morto he.

Ainda (< *ad inde ad* ou *ad hinc de ad*) pode ser considerado como equivalente a 'antes e para além deste momento':

- E porque non achou logar en que se retevesse está *ainda* en si.
- Ben sei eu *ainda* algũa cousa deste santo homen

Nunca (< *nunquam*): *sempre* (< *sempre*) 'em nenhum momento': 'em todos os momentos'

- Ca algũũs deles que Deus apartou do mundo *sempre* os teve lfmpios e são e *nunca* lhis quis dar nen hũa honra no mundo.

Modais

Consideramos que *assi* (< *ad sic*): *outrossi* é um par de modais também de natureza dêitica. Equivalem a 'nesta maneira' : 'na mesma maneira'. Os exemplos seguintes são dos *DSG*. Observem-se os exemplos 1 e 1a.:

1. E *assi* o santo homen defendeu os seus discipulos.
1a. Ca en *esta maneira* as ordihou ele

Na sequência seguinte *assi* se contrapõe *a outrossi*:

- Ca *assi* como scrito he do Spiritu Santo que spira hu quer e hu lhi praz, *assi* pode homen entender que *outrossi* spira e ven quando lhi praz.

O seguinte exemplo deixa bem claro o valor de *outrossi*:

- Enton o abade deitou-se aos pees do monge Libertino e o monge Libertino *outrossi* deitou-se ante os pees de seu abade.

A observação de *outrossi* no *corpus* dos *DSG* permite dizer que para um leitor de hoje equivaleria a *também*. De interesse como dado para a história do português é que *também* não ocorreu nesse *corpus*; Huber (1986) não o cita entre os advérbios; não está no glossário das *Cantigas de Santa Maria* (Mettmann 1972), século XIII, nem no do *Orto do Esposo* (Maler 1964), século XIV, mas já aparece na *Imitação de Cristo* de 1468 (Cepeda 1962).

Nos *DSG* (1989:277-279) procuramos mostrar que *outrossi* pode alternar com *er*, em muitas de suas ocorrências. *Er* é um pronominal, talvez variante de *al ~ ar* do lat. *aliud*, que desaparece no período arcaico e para o qual muitos valores semânticos são atribuídos na tradição filológica. Veja-se o exemplo seguinte em que *assi* se contrapõe a *er*, tal como vimos ocorrer com *outrossi*:

- E *assi* non acharon nengũũ que podessen fazer bispo, nen *er* ficou gente nenhũa na cidade de que fosse bispo.

Conexão de frases

Abordaremos, de maneira sumária e destacando, sobretudo, diferenças entre o período arcaico e o atual, os processos sintáticos estruturais de conexão de frases.

Trataremos, na seguinte ordem, da subordinação completiva ou substantiva (1), relativa ou adjetiva (2) e circunstancial ou adverbial (3); da coordenação (4) e da correlação (5).

Subordinação completiva ou substantiva

As subordinadas completivas, como sua designação sugere, desempenham sempre uma função sintática, que também é cumprida por um SN, requerida por algum constituinte da frase ou oração a que se subordina: complemento de verbo, sujeito, complemento de nominais ou predicativo. As completivas podem ser introduzidas por conjunção subordinativa e trazer o verbo em tempo finito ou serem realizadas por verbo na forma infinitiva, precedido ou não por preposição própria ao constituinte de que é dependente. O subordinante, por excelência, das completivas é a conjunção *que,* classificada como *integrante.*

No período arcaico o *que,* integrante, varia com *ca,* mas essa variante tem frequência baixa em relação a *que* e começa a deixar de ser documentada já no século XV. Nos dados analisados dos *DSG* (1989:733), para 453 ocorrências de *que* há 18 de *ca.* Além desses subordinantes, que não têm traço semântico específico, desempenham apenas o papel sintático de conectores de frases, há conectores que não são exclusivamente integrantes, como veremos, com traços semânticos específicos nestas estruturas. São eles: *se* (dúvida), *como* (modo), *porque* (causa), *quanto* (quantidade), *cujo* (posse), *hu* (lugar), *quen* (pessoa), *quegendo ~ quejendo ~ quejando* (qualidade).

Os exemplos seguintes da subordinação integrante são dos *DSG:*

1. Rogo-te *que* mi digas
2. Di-lhe *ca* eu bevo a poçonha
3. Demandaron *se* poderian achar outro cavalo
4. Non vejo *como* se move
5. Perguntaron-no *porque* tragia a face tan inchada
6. E podes entender *quanto* val a homildade
7. Non sabemos *hu* nós somos
8. Non sei *quen* o queria seguir
9. Preguntou *cuja* era aquela carreira
10. Ouvi e aprende *quegendo foi* dentro en sa alma

Em todos esses exemplos, a completiva funciona como COMPL. do verbo da frase subordinante. Os exemplos 3, 5 e 9, do ponto de vista semântico, são a expressão de interrogação indireta. Os exemplos 9 e 10 apresentam possibilidades sintáticas não mais usadas hoje: *cujo* como núcleo de um SN em sentença com verbo *ser* e *quegendo,* desaparecido desse rol. Segundo Nunes (1960:260), provém *quegendo* "do lat. *quid genitu,* o qual se referia às propriedades existentes nas pessoas ou cousas"; não muito frequente na documentação do período arcaico, veio depois a desaparecer.

As completivas com a função sintática de COMPL verbal são as mais frequentes, já que muitos verbos podem requerer complemento oracional.

Como SUJ, ocorrem com verbos do tipo *semelhar, parecer, acaecer, comprir, prazer, convir:*

    11.   *Semelha que* a mha alma anda per hũũ mar.
    12.   Assaz *parece que* a tentaçon da carne é na mancebia
    13.   Prougue-lhi *que* morasse comigo
    14.   Conveo-lhi *que* dissesse

As *completivas nominais* são requeridas por nominais, semanticamente transitivos, e seguem-se a expressões como: *aver esperança, aver cuidado, aver fe, seer certo, meter mentes* etc.

    15.   Non *ouveron esperança que* nunca o ferro podesse aver
    16.   *Aviam fe* que este enfermo podia seer são
    17.   E *son certos que* á hi outra vida
    18.   *Meter mentes en como* o Deus livraria da prison *e como o* trouvera sen perigoo

As *predicativas* seguem verbos do tipo *seer:*

    19.   Natureza da alma *he que* se son possa veer.

As completivas com verbo no infinitivo podem ou não estar precedidas da PREP requerida pelo constituinte que elas integram.

Observe-se nos exemplos 20 a 23, a presença ou ausência da PREP em completivas em estruturas com subordinante ou com verbo no infinitivo:

    20.   E pera se saber guardar do contrário que *he falar* mal e desaposto
    21.   Gram trabalho nos *he de decer* cada dia aa lagoa

e, por exemplo, 22 e 23:

    22.   Ávi *cuidado en como* se deve reger o reino dos vandalos
    23.   E Paulino ouve *cuidado de lavrar o* horto

O estudo da presença/ausência de PREP's nas completivas no período arcaico está por fazer. A observação dos dados do *DSG* (1989:747) permite dizer que a PREP parece ser facultativa diante de completivas com verbos no INF., como vimos, também parece ser facultativa diante de completivas introduzidas pelo *que* e, ainda, parece mais usada a PREP quando a completiva é introduzida por *como*. Observem-se os exemplos anteriores de 15 a 17, em que a PREP não precede a completiva; e o 18 e 22, em que a PREP precede *como*. Entretanto, note-se, se o COMPL é um SN, e não uma oração, as preposições ocorrem *(esperança en Deus, fe en Deus, certo de seus feitos).*

Confirma, de certa forma, a observação feita sobre os *DSG*, o fato de Huber (1986:§504), ao tratar de completivas que requerem PREP, apresentar exemplos em que a integrante não é *que*. Exemplos de Huber:

- Muito *me pagava de como* mia senhor disse
- *Maravilha sõõ de como vivo*
- *Cuid' en quanto* mal mi ven
- Viv' en mui gram *tormento* dona Orrac'Abril *per como* a quer casar seu pai.

Nos seguintes exemplos dos *DSG* se documenta a possibilidade de presença/ausência da PREP, com complemento oracional e a presença da PREP com complemento SN:

24. *Nembrou-se que* seu **sobrĩho** vendera

mas

25. *Nembrou-se do que* lhi dissera

a par de: *se nembrara dos seus irmãos; se nembrara da enfermidade*

26. *Duvidando que* faria

a par de: *duvidar desta demanda, duvidando das cousas*

27. *Maravilhou-se que* era aquele que fazia

a par de: *non te maravilhes desta cousa; maravilharon-se daquelo*

Verbos como esses (exemplos 24 a 27) requerem COMPL do tipo OBL. Quando preenchidos por SN, em geral estão precedidos da PREP, embora, no período arcaico, possam ocorrer sem PREP, como vimos no item "Predicados transitivos". Esses fatos permitem admitir que não havia uma norma rígida para o emprego de preposições em complementos, quer oracionais quer nominais, do tipo classificado como OBL.

Outro aspecto da subordinação integrante que está por ser estudado é o da seleção das estruturas com subordinante e verbo com tempo finito ou INF. Fl ou INF. não flexionado. Tal seleção vai depender das propriedades do verbo regente. Uma pesquisa acurada sobre esse tópico, na história do português, está também à espera de um autor. Não entraremos nele, portanto, aqui.

Ainda sobre a sintaxe das completivas vale chamar a atenção para o fato de Huber (1986§476) afirmar que *"se o que* que introduz a oração objetiva estiver separado por uma oração intercalada do resto da oração objetiva, *é em regra* (grifo nosso) repetido ainda mais uma vez". Apresenta o exemplo seguinte:

28. Seede certos *que,* se alguem de vós de my fora partido, *que* eu cuidara que fora descuberto.

No *corpus* analisado dos *DSG,* encontramos raros casos dessa repetição (cf. exemplo 29) e também da repetição enfática que Huber afirma também ser frequente (exemplo 30). Disso se pode concluir apenas que essa possibilidade existia, mas não era "frequente" nem uma "regra" geral.

29. Cuidas, padre Gregário, *que* aqueste homen tan santo Libertino, de que tantas maravilhas e vertudes contaste, *que* leixou alguen antre tantos monges que o seguisse?
30. Foi a seu moesteiro e ante que chegasse a el mandou-lhi dizer *que* el *que* a ia veer.

Subordinação relativa ou adjetiva

As subordinadas relativas ou adjetivas, como sua designação sugere, retomam, através do *pronome relativo,* que as introduz, um nominal antes referido na frase ou sentença de que dependem, cumprindo a função sintática de um adjunto adnominal oracional. Os pronomes relativos são, portanto, do ponto de vista semântico, de natureza anafórica e desempenham sempre uma função sintática específica na frase, além de serem conectores de sentença.

Que, no período arcaico, como hoje, é o "pronome relativo primário em português. Representa; historicamente, um nivelamento do nominativo latino *que* (masc.), *quae (fem.), quod* (neutro) e dos acusativos *quem, quam, quod* também" (Câmara Jr. 1975:114). Na documentação do período arcaico, embora pouco frequente, o relativo *que* ocorre grafado *ca,* tal como ocorre com a integrante *que.*

Nessas duas sequências dos *DSG* (1989:762-763) vemos o *que* como conector de relativas, desempenhando funções sintáticas diversas:

- Esto, Pedro, *que* (OD) ti eu ora quero contar, aprendi-o dũũ homen muito honrado *a que* (OBL) dezian Fortunado, *con que* (ADJT.ADV) eu avia gram prazer per razon da idade *que* (OD) avia e per razon das obras *que* (OD) fazia e per razon da simplicidade en que (ADJT.ADV) vivia
- E o seu bispo daquela eigraja, *que* (SUJ) avia nome Constâncio, feze-o trager per todalas eigrejas dos martires *que* (SUJ) eran en seu bispado.

Além desse relativo "primário" ou geral, sem traço semântico específico, há os relativos: *quen* (humano), *cujo* (posse), *hu, onde* (lugar), *como* (modo), *quanto* (quantidade), *quegendo ~ quejendo ~ quejando* (qualidade). Há ainda explicitações do *que,* com marcas de gênero e número do seu referente, *(o, a) qual (os, as) quaes,* e os "ampliativos", segundo a terminologia de Said Ali (1964:110): *quen quer que, hu quer que* etc. Exemplos dos *DSG:*

1. En quam alto monte siia *quen* tan pouco dava por perder.
2. E o nome do santo homen por *cujo* rogo o enmiigo devia sair do corpo.

3. E o nobre Venancio *cuja* era a vila (= 'de quem era a vila')
4. Levaron-no per aquel logar *hu* ardia a cidade (= 'onde ardia')
5. E era oito milhas da cidade *onde o* bispo avia de viir (= 'de onde')
6. Vejamos as lides novas que o santo homen ouve con o enmiigo e a maneira *como o* venceu
7. Todo lh'era prazer *quanto* lhi o abade fazia
8. Cedo mi fez saber *quejandas* noites faz aver Amor a quen el preso ten (= 'que especéies de noites...') Exemplo de Huber (1986§348.6)
9. Tan gram prazer *qual* non poderia recudir de nen hũa cousa temporal
10. E começou a dizer con grandes braados *quaaes os* ela ja podia dar
11. Pera tanto era a lediça que avia *quen quer que o* visse cada dia
12. Andava seguro *hu quer que* ia

O exemplo 2 mostra *cujo* como DET de N, tal como hoje, mas o 3 exemplifica um uso de *cujo,* que veio a desaparecer, pelo menos nas variantes padrão do português, em que está como núcleo de SN, numa função substantiva. Essa distribuição de *cujo* ocorre sempre com o verbo *ser* e funciona como um predicativo do sujeito. Os exemplos 4 e 5, com relativos locativos, equivalentes, respectivamente, a 'lugar em que' e 'lugar de que'. O 8, com o relativo *quejendo,* que, tal como *cujo* em 2, tem a função de DET, também veio a desaparecer nas relativas, como nas completivas.

Os exemplos 9 e 10 mostram ocorrências de *qual/quaes,* quando hoje usaríamos *o qual, os quaes,* também usuais no período arcaico. Ao analisar o processo de relativização em texto do século XV – o *Fabulário português* ou *Livro de Esopo* – Lucchesi (1990) observa o emprego desses relativos, que ocorrem frequentemente deslocados por extraposição (exemplo 13) e muitas vezes a eles sucede o nominal a que se refere (exemplo 14):

13. Conta-sse que no tempo d'ell rey Ciro, rrey da Persia, *este autor* vivia *o quall* sse chama Exopo Adelpho
14. E vio a ssombra da carne que levava na boca, *a qual sombra* parecia a elle que era duas

Para o referido autor, estruturas como 14, reforçam a "natureza demonstrativa" e o "poder anafórico" do relativo e considera que seriam mais usuais na documentação mais recuada. Utiliza, para demonstrar isso, exemplificação retirada dos documentos jurídicos editados por Maia (1986). Vale notar, contudo, que, até hoje, na chamada linguagem jurídica são comuns estruturas como 14.

As relativas extrapostas, ou seja, quando o relativo não segue imediatamente seu antecedente, podem ocorrer também com outros relativos. Exemplos dos *DSG:*

15. E por esso diss'el que *aqueles juizos* de Deus pronunciou el *que* sairan ja da sa boca

16. Acharon-no a morto, ca *aqueles o* levaron consigo *cuja* vista o mem~ho non pode sofrer.

Tal como hoje, se podem distinguir as relativas apositivas ou explicativas (17) das restritivas (18). Exemplos também do *Fabulário* (Lucchesi, 1990).

17. O rrato da çidade, *que* ssabha o custume da casa, fugio loguo
18. **Algũus** vilãos *que* hy estavan acerqua ouveron gram temor

Se ocorrem seguidos os dois tipos de relativas, a restritiva precede a apositiva. Exemplos do *Fabulário (ibid.)*:

19. Devemos tomar exemplo da ave que **algũa** vez come de huu fruyto *que* ha nome taxo, *que* armarga muito
20. E levou-lho a hũa cozinha *onde* elle morava, *na qual* avia muitas gallinhas e carne de porco.

As relativas podem ocorrer com verbos nas formas nominais, tradicionalmente denominadas de orações reduzidas, sem o pronome relativo e com o verbo no GER (exemplo 21) ou no INF (exemplo 22):

21. Homen mui de santa vida cujo criado eu fui e *vivendo* en religion fezeron-no bispo
22. Achou hũa serpente *andar* pelo horto

No exemplo seguinte se encontra uma expressão corrente – *de suso dito* – que pode ser interpretada como uma relativa reduzida de particípio passado e que alterna na documentação do período com a relativa desenvolvida – *de que suso disse/falei/fiz mençon*:

23. Hũa sergente de Deus que vivia no moesteiro daquelas virgés *de suso dito* que ele avia de veer entrou no horto.

Observação sobre as interrogativas:

Os mesmos conectores que introduzem completivas e relativas, antes referidos, podem ocorrer seguindo verbos do tipo *perguntar*. São essas estruturas classificadas como *interrogativas indiretas*, a que já nos referimos em 1. Também eles ocorrem na *interrogação direta*. Há, portanto, uma interrelação entre *completivas, relativas, interrogativas*, distinguindo-se, contudo, cada uma delas, por suas configurações sintáticas e semânticas específicas. No conjunto (a), a seguir, estão interrogativas indiretas; a estes exemplos se acrescentem os de nº 3, 5 e 9 do item 1. No conjunto (b), estão exemplos de interrogativas diretas. Exemplos dos *DSG*:

(a) • Perguntou *qual* deles era o abade
• Preguntou aaqueles *quen* avia d'ir per ela
• Preguntou *que* homen era

(b) • – *Que* he o que eu figi?
   • – *En que sõõ* eu culpado?
   • – *Por que* mentides ora assi?
   • – *Quen* soube o siso ou entendimento de Nosso Senhor?
   • – *Pera qual* deles guardar estaria con eles pois todos maaos eran?
   • – *Como* ousas a preegar e propoer a paravoa de Deus?
   • – *Hu* comestes?
   • – Se el ante consigo non era, *onde* tornou a si?
   • – *Cuja* he esta fogueira?

Nas interrogativas, como nas relativas (cf. 2, exemplo 3), vemos que *cujo* como núcleo do SN podia ocorrer. Vemos, também, *hu e onde* com seu valor etimológico, tal como nas estruturas a essas inter-relacionadas, completivas (exemplo 7) e nas relativas (exemplos 4 e 5).

Subordinação circunstancial ou adverbial

As subordinadas circunstanciais, também classificadas como adverbiais, cumprem a função sintática de adjunto adverbial oracional e, de acordo com a relação semântica que estabelecem com a frase de que dependem, podem expressar tempo, causa, fim, modo, consequência, condição, concessão. Partindo desse critério semântico é que se tem classificado essas subordinadas como temporais, causais, finais, modais, consecutivas, condicionais, concessivas.

Tal como nas completivas e nas relativas é o *que* o conector primário na subordinação circunstancial. No processo de constituição das línguas românicas, a partir do latim corrente, poucas das conjunções subordinativas do latim clássico permaneceram – *que < quid, como < quomodo, quando < quando, se < si, ca < quia*. Esta última é corrente na documentação escrita até o século XVI.

É o *que*, entretanto, o elemento mórfico que estará na base das numerosas locuções conjuntivas que se constituíram no português, como nas outras línguas românicas.

Considerando-se o *que* completivo ou integrante, o *que* relativo e o *que* formador dos subordinantes do tipo locução conjuntiva, é exato o que afirma Tarallo:

> O sistema português, assim, no que toca aos processos hipotáticos de conexão sentencial, passou por um estágio de afunilamento (no sentido de *que* ter assumido basicamente todos os mecanismos hipotáticos existentes no latim) e de ampliação (com o florescimento das locuções conjuncionais). (1990:167)

Os processos morfológicos de construção de novas conjunções subordinativas são múltiplos (Costa e Barreto 1990), podendo-se dizer, em linhas gerais, que, somando-se um *que*, muito mais raramente um *como*, a preposições, advérbios, pronominais, nomes e verbos novas conjunções subordinativas se fazem. Por exemplo: *des que* (arc), *desde que, sem que, ante que* (arc), *antes que; assim que, ainda que, já que, por tal que, tanto que; de modo que, de sorte que; non embargante que* (arc), *visto que* etc.

As gramáticas históricas do português e a *Gramática do português antigo* de Huber (1986) não esgotam o rol desses itens conjuncionais no período arcaico. Apresentam-se, nesse período, extremamente diversificadas as possibilidades dessa classe de palavras, não só pelo polimorfismo e pela polissemia que apresentam, como pelas possibilidades estruturais que se realizam na documentação remanescente. Posteriormente, a tradição normativa procurou regularizar e estabelecer um inventário fechado canônico, passível de memorização. Independente disso, *o que* pode ocorrer, como hoje aliás, conectando sentenças de interpretação semântica vária, indicando ele apenas a subordinação sintática, como na seguinte em que se pode interpretar como uma relação causal:

- Dereito juizo de Deus foi que aquela podesse mais *que* mais amou (DSG)

De todas as circunstâncias expressas pela subordinação adverbial é a *temporal* que apresenta as mais ricas nuances expressivas para a localização no tempo: *quando* é o temporal menos marcado; partindo-se daí, podem ser expressos, por conectores específicos: o momento inicial, o anterior, o durativo, o imediato, o iterativo, o posterior, o foral. Exemplos dessas conjunções temporais:

- *des que, des quando, d'hu; ante que; mentre - ementre - dementre - dementres - domentre (< lat. dum interim), enquanto; sol que, logo que, toste que, tanto que, cada (vez) que; pois - pois que, depois, depós - depois que - depós que - depois que ti despos que, empós que; ata que.*

Muitos desses desapareceram ou se apresentavam polimórficos no período arcaico como *demetre* (= 'enquanto'), *depois*. *Pois/pois que* deixaram de ser temporais ao longo do século XV – é esse o seu valor etimológico, provêm do temporal lat. *post* – para tomarem-se explicativos; exemplos de *pois/pois que* temporais *(DSG)*:

- E *pois* o meníĥo piedoso e religioso San Beento vio a sa alma chorar, doeu-se dela muito.
- E *pois que* o usso vio o santo homen Florêncio, amergueu a cabeça a terra.

As *causais*, por sua vez, não apresentam um inventário rico: *porque* é a mais usual, a par de *ja que, porquanto:*

- E el perdoou-lhi logo, *porque* entendeu que eles non farian nen hũa maldade, pois el tod'aquelo que eles fazian sabia.

As *finais* são frequentemente expressas apenas pelo *que*, como nestes exemplos dos *DSG*:

- E dezia que se lhi non enviassen Basilio monge *que* a saasse logo morreria.
- Deron-lhi seus filhos *que* os curasse pera serviço de Deus.

Também como finais ocorrem *por que, per que, por tal que*. Note-se que então *por/per* poderiam equivaler *a pera* (arc), moderno *para*. Exemplos de Huber (1986:§491):

- Fery o meu servo *por que* ele aja medo e tome exemplo
- Enviou 6 fraires ao reino de Marocos *por tal que* pregassen a santa

As *modais* apresentam como conectores: *assi como ~ assi come, como, assi que, segundo como, en guisa que, en tal que*. As duas últimas deixaram de ser usadas:

- Caeu con el e logo lhi quebrou a perna *en guisa que* o osso se partiu
- Quis dar a seu filho molher **manĩha** *en tal que* fosse acabada a promissa que Nosso Senhor prometera.

As *consecutivas* são em geral iniciadas por *que* e apresentam sempre, na frase de que dependem, um QT a que estão relacionadas: *tan, tanto, tal, tamanho*. Também são consecutivas: *en maneira que, en tal guisa que*.

- *Tanta* era a fama da santa preegaçon *que* veo aas orelhas do papa
- A fraquesa era *tamanha que* non podia ja mais andar.
- Choravan *en tal guisa que* toda a cidade fazia doo por ella (exemplo de Huber 1986:§488.1)

Nas condicionais, o *se* (< lat. *si*) é o conector básico, mas ocorrem também *com esta condição que, como, como se* (conforme Huber 1986:§493). O exemplo seguinte é do primeiro documento remanescente em português, *o Testamento de Afonso II*, de 1214:

- E *ssi* este for morto sen semmel, o maior filio agia o reino... *e ssi* filio barō nō ouvermos, a maior filia agia-o.

Das concessivas, Huber (1986:§501) apresenta um vasto rol: *ainda que, como quer que, macar ~ macar que ~ maguer, non embargando que, non embargante que, pero, pero que*. Excetuadas as duas primeiras, as outras são próprias ao período arcaico. *Embora*, hoje a concessiva talvez a mais usual, não está documentada no período arcaico. Para *macar*, que veio a desaparecer, propõe-se como de origem grega – *makarie* 'feliz' – (conforme Darbord e Pottier 1988:209). *Pero*, como veremos, é no período arcaico polissêmico: etimologicamente um SPREP *(per hŏc)* explicativo, toma-se adversativo e ocorre também como concessivo (Mattos e Silva 1984):

- Eu cuido que me non possades valer ja, *matar vus* queirades (exemplo de Huber, *ibid.*)

- E tanto creceu a agua derredor da eigreja *e pero* as portas da eigreja estavan abertas e a agua corresse derredor, non entrou dentro na eigreja *(DSG* 1989:670-671)

No extenso *corpus* dos *DSG* as concessivas usuais são *ainda que* e *como quer que*.

As relações circunstanciais também se expressam por estruturas com verbos nas formas nominais: GER e INF. As temporais (exemplos 1 e 2) e as causais (exemplos 3 e 4) são as que ocorrem com mais frequência com GER, por vezes precedido de PREP. Exemplos dos *DSG* (1989:725-729):

1. *Andand'* eu mui triste en hũũ dia poios preitos dos homens *e achando-me* sen aquela devoçon... apartei-me en hũũ logar
2. Ca, *en se nembrando* homen dos feitos e das vertudes, non se embarga porende o bõõ estudo.
3. E non *querendo* el comer as carnes que os outros comian, o padre e a madre escamecian dei
4. *En querendo* carregar estes que correiçon avorrecian, leixava e despreçava pela ventuira si meesmo.

Huber exemplifica concessivas, modais e condicionais reduzidas de GER (1986:§§ 481 a 503).

Com INF, são muito frequentes furais precedidas de *pera* (exemplo 5) e causais introduzidas pelas PREP's *per e por* (exemplo 6).

5. Non dizes tu esto senon *pera* non *fazeres* o que te homen roga
6. Ca todas aquelas vezes que nós *per* muito *cuidar* saímos fora de nós caemos en tan grandes cuidados.

A coordenação

As frases ou sentenças coordenadas se distinguem das subordinadas por não preencherem, como essas, função sintática na frase a que estão conectadas. Não são, portanto, sintaticamente dependentes.

A coordenação por excelência é do tipo *aditivo ou copulativo* e a conjunção que a expressa é o *e* (lat. *et*). Na documentação do período arcaico o *e*, além de ligar frases, ocorre como conector de enunciados, isto é, como elo encadeador do discurso. Além disso o *e* pode coordenar quaisquer constituintes da sentença, como aliás outras conjunções aditivas e disjuntivas. No exemplo seguinte dos *DSG* (1989:655), o primeiro é um encadeador discursivo, enquanto o seguinte coordena sentenças:

- – Ide-vos a bõa ventura, ca non ei eu mester cavalo. *E* eles deceron das bestas *e* poseron-no contra sa voontade en cima de seu cavalo de que primeiramente derribaron.

Segundo a classificação tradicional, além das *aditivas,* a coordenação pode expressar *a disjunção, a oposição, a conclusão e a explicação.*

Das conjunções coordenativas latinas permaneceram no português, além de *e, ou* (< *aut),* arc. *vel* (< *vel), nem* (< *nec),* arc. *ca* (< *quia),* arc. *ergo* (< *ergo).* As outras coordenativas, em geral, ou provêm de advérbios ou de sintagmas preposicionados lexicalizados.

A disjuntiva básica é *ou, ou... ou;* ocorrem também *quer, quer... quer* e a disjunção negativa *nem, nem... nem.* Esporadicamente *vel.* Maia (1986:878), com base no fato de *vel* ocorrer no *Cancioneiro Profano* e também no *Mariano,* considera provável que *vel* não fosse apenas um latinismo, como se costuma afirmar. Seguem-se exemplos dos *DSG* (1989:660):

- – Por que, Pedro, scrito he que o justo e o bōō, qualquer morte que moira *quer que* a ferro, *quer a* fogo *quer a* agua *ou* outra qualquer.
- *E nen* comia *nem* bevia todo aquel dia
- Que romeu en Salas *vel a* santos seus altares hia oferenda desse (exemplo das *C. de Santa Maria,* nº 172) (Mettmann 1964-1972).

A oposição, ou contraste, é expressa pelas chamadas *conjunções adversativas.* A básica, já no período arcaico, é *mais,* menos frequentemente grafada *mas.* Provém do adv. *magis.* Pero ~ peró (prováveis as variantes quanto à silaba tônica) do SPREP *per hŏc* (= 'por isso') ocorre com frequência alta na documentação arcaica, tanto como adversativa, como explicativa, que é o seu valor etimológico, além do valor concessivo, que já mencionamos. A par de *pero* ocorre também *porende ~ poren* (< lat. *per ĭnde),* com as possibilidades semânticas, de adversativa e explicativa, mas não concomitantes: pelo século XV, *pero* já é usado só como adversativo, não é mais explicativo e no século XVI entra em desuso, enquanto *porende/poren,* por sua vez, só do século XV para o XVI é adversativo, acepção que mantém até hoje, tendo perdido seu valor etimológico. Sobre essas mudanças gêmeas tratamos em artigo de 1984.

Os exemplos seguintes, dos *DSG,* mostram os dois valores de *pero:*

- Achô-os andar na fogueira e non queimou o fogo os seus corpos *e pero,* porque os achou andando e ante foron legados, entendemos que o fogo queimou aquelas cousas (= 'por isso')
- – Ide e por amor de Deus dade-lhi que cómia e que beva, *pero* sabe Deus que morto he (= 'mas')

Nos seguintes exemplos estão *porende/poren* no seu valor etimológico de *por isso:*

- E porque se non achegou a seu marido senon come a outro homen qualquer, *porende* caeu en pecado mortal
- Toda aquela mengua se tornaria en avondança *e poren* non avian de seer tristes.

Outras adversativas correntes no período arcaico são *mais pero, empero, mais empero*. No *Foro Real*, século XIII, há duas ocorrências de *todavia* (Ferreira 1987:475) e na documentação analisada por Maia (1986:882) ocorre como conjunção e advérbio. Huber arrola ainda como adversativas, mas sem dar exemplo: *ante, se non* e também *vel* (1986:§268).

Como *conclusivas: portanto e ergo*, que veio a desaparecer, e que, no período arcaico, apresenta a variante *erga*, com o valor de *se não*. *Logo*, que veio a ser corrente como conclusiva, não ocorre nos *DSG*, no *Foro Real*, na lista de Huber nem na documentação de Maia (1986). Ocorre ainda como conclusiva o pronominal adverbial *onde* (= 'donde'). Exemplos dos *DSG*:

- E pois o Padre e o Filho e o Spiritu Santo son hũũ Deus e hũa sustança. *Ergo* porque o filho de Deus disse que verriã eles o Espiritu Santo?
- Mais porque aqueles que son de pequena fe poden duvidar... *portanto* faz mester aas vegadas que façan maiores maravilhas.
- *Onde* pelas razões que de suso ditas son entendemos que...

A coordenação *explicativa* tem como conectivo mais corrente na documentação arcaica o *ca*, cujo étimo em geral proposto é o *quia* do latim. Mantém-se presente até o século XVI, mas se perderá em proveito de *pois*, etimologicamente um temporal (< lat. *post*). A princípio se mantém no período arcaico a polissemia de *pois*, temporal/ explicativo, deixando de ser usado na sua acepção etimológica no século XV.

Vale chamar a atenção para o fato de que este *ca*, homógrafo do *ca* integrante e relativo antes referidos, remete, diacronicamente para o *quia* latino, enquanto os outros, para os étimos já apresentados. Pode-se, contudo, supor que < ca > ~ < que > na escrita, poderiam representar uma mesma sequência fônica, do tipo [k ∂], com valores semânticos diferenciados que, em parte, a escrita captava, selecionando *ca* como explicativa e preferencialmente *que* como integrante e relativa; seguem-se exemplos de *ca* e *pois* explicativos nos *DSG*:

- Padre, aqueste por que me tu rogas vejo eu que non he monje, *ca* o seu coraçon junto anda con os enmiigos do linhagen d'Adam.
- E sa madre o soía a trager mal porende, *ca* dezia que non era guisado que, *pois* ele pobre era, as vestiduras que tragia desse a outros pobres e ficasse desnuado.

Optamos por analisar *ca* e *pois* como explicativos e não causais, como ocorre em alguns autores, não só por seu valor semântico ser mais abrangente do que o estritamente causal, mas sobretudo porque *o ca* ocorre em uma distribuição sintática típica de coordenantes; pode, por exemplo, seguir-se a um ponto, o que indica independência sintática, impossível aos subordinantes.

Além disso, *ca*, muito frequentemente, e o *pois*, mais raramente, ocorrem tal como *e* como encadeador do discurso. De tal modo, pode-se admitir que as explicativas e causais estão no limite entre coordenação e subordinação, se se admitir que esses mecanismos representam um *continuum* de possibilidades que vai da subordinação plena, como é o caso das completivas, marcadas, sobretudo, pelo *que*, constituinte essencial à sentença de que depende, até à coordenação plena que é a adição simples, marcada pelo *e*.

Correlações

Na documentação arcaica ocorrem nexos entre frases que podem ser classificados como *correlações conjuncionais*. Dessas são mais frequentes as *comparativas e as proporcionais*. Essas correlações apresentam os elementos que as identificam nas duas sentenças correlacionadas.

São do tipo *comparativo: mais... que ~ ca; mẽos... que ~ ca; assi/tal/tan... como,' come*. Costuma-se propor como étimo desse *ca* o lat. *quam*.

- A tentaçon da carne *mais* he na mancebia *que* en outro tempo.
- *Mais* desejavan amor de Deua *ca* avian.

Da *proporcional* encontramos nos *DSG* (1989:723): *quanto mais... tanto mais; quanto mais... meos; tan mais pouco... quanto moor; quanto mais... tanto mais pouco; quanto mais... tanto meor*. Nesse exemplo dos *DSG* se pode observar o seu uso:

- E quando torno mentes empós min, vejo a riba do mar de que me parti e sospiro por ela e *quanto a mais* desejo *tanto mais* andando per esse mar a posso *meos* aver, ca do ben que perdeu aquel que en religion vivia *tan* toste *mais pouco* acorda *quanto moor* tempo vive enos bẽes e nos prazeres do mundo.

Huber (1986:286) apresenta a correlação que classifica como aditiva: *non (tam) soomente (~ solamente)... mais ainda*:

- Deus *non tam solamente* nos barões, *mais ainda* nas femeas obra tam grandes maravilhas (exemplo de Huber)

Nos *DSG* ocorre, pelo menos 15 vezes, uma variante dessa correlativa: *non solamente... mais* (1989:666-667):

- *Non solamente* non-no queria *mais* non-no podia ouvir

Os dados aqui selecionados deixam entrever a complexidade morfológica, semântica e sintática das conjunções subordinativas, coordenativas e as correlações no período arcaico do português.

A ordem dos constituintes na frase

Na análise do sintagma nominal e do verbal informamos, em vários momentos, sobre a disposição interna dos elementos desses constituintes. Aqui trataremos da posição do sujeito, do verbo e do complemento no interior da frase (1) e, em seguida, da posição do complemento pronominal átono (2).

Sujeito, verbo e complemento

Perdidas as marcas flexionais que expressavam o caso ou a função sintática dos nominais no latim, o que lhe permitia uma ordem gramaticalmente livre, embora, estilisticamente, privilegiasse o verbo na última posição, o português, tal como as outras línguas românicas, passa a ter uma ordem básica gramaticalmente mais fixa, condicionada por restrições tanto gramaticais como funcionais ou estilísticas (Tarallo 1990:147-152).

No período arcaico, tanto Huber na sua *Gramática* (1986:§§451-453), como Pádua (1960), em uma das raras monografias sobre sintaxe desse período, na qual analisa a ordem em frases com verbos transitivos, afirmam que nesse período a ordem "direta" ou "normal" é a SVC, isto é, sujeito, verbo, complemento. Ambos destacam também as outras possibilidades de ordenação dos constituintes. A seguir as seis possibilidades com a exemplificação de Huber, exceto a última:

- SVC: O lobo abrio a boca
- SCV: Quando Eufrosina esto ouvio, prougue-lhe muito
- VSC: E enton chamou o abade hũũ monge
- VCS: E cercou a cidade Nabucodonosor
- CVS: Quando o vio o moço, rogou que veesse
- CSV: Todas estas cousas as gentes demandou (exemplo de Pádua 1960:84)

Esta última possibilidade é "muito pouco usada no português arcaico" e é "raríssima em orações principais". São afirmativas de Pádua que vimos confirmadas na análise do *corpus* dos *DSG* (1989:781-837), em que não ocorre a ordem referida nas principais e raramente nas subordinadas, exceto, é claro, nas relativas em que o relativo é o COMPL.

Utilizaremos a seguir os dados dos *DSG* sobre a ordem dos constituintes, a fim de chegar a algumas conclusões sobre o tópico.

Observamos, em 1.277 frases, a ordem no *corpus* dos *DSG*, destacando orações principais declarativas, negativas, interrogativas e subordinadas relativas, completivas, circunstanciais e levando em conta, em cada um desses tipos de frase, o tipo de verbo: transitivo, existencial, cópula, isto é, verbos com complemento e intransitivos, ou seja, verbos sem complemento. Esses foram os fatores gramaticais principais levados em conta na análise, além do tipo de SUJ:SN, pronome e sujeito marcado na flexão verbal.

Os dados da tabela seguinte constituem uma adaptação resumida da ordem de frequência das disposições que encontramos, sem destacar tipos de frases, como fizemos no estudo original (1989:837):

Ordem	(S)V(C)	(S)CV	(C)VS	CSV	VSC	VCS	T
N	768	278	102	85	31	13	1277
%	60.14	21.77	7.99	6.66	2.43	1.01	100

Na tabela, o SUJ, entre parênteses, indica que pode estar marcado na flexão verbal; o COMPL, entre parênteses, indica que estão aí incluídos verbos com e sem COMPL.

Sem podermos aqui desenvolver com maiores detalhes esta análise consideramos que merecem esses dados os seguintes destaques: a ordem (S)V(C) é, disparadamente, a mais frequente, portanto é a ordem menos marcada; a (S)CV só se apresenta com o percentual de 21.77, por causa das relativas iniciadas por COMPL relativo e das frases com COMPL pronominal, que sempre precede o verbo nas subordinadas, como veremos em 2. A ordem CSV só apresenta 6.66 também por causa das relativas iniciadas por COMPL relativo, senão se nivelaria com VSC e VCS. Queremos com isso dizer que, em relação a SVC, a frequência das outras possibilidades é baixa e condicionada, sobretudo por fatores gramaticais.

Além desses destaques gerais, vale ressaltar, considerando apenas as frases declarativas não subordinadas: aquelas com verbos com COMPL, de 247 ocorrências, 199 se apresentam com a ordem SVC, sem posposição do SUJ. Só 48, portanto, com o sujeito posposto. As frases com verbos intransitivos, de 42 ocorrências apenas 8 ocorrem na ordem SV e 34 na VS. Esse dado indica que a inversão seria mais usual com verbo intransitivo do que com verbo do tipo transitivo, o que é fácil de compreender, já que, tendo os intransitivos apenas um SN como seu argumento, não haverá possibilidade de ambiguidade. Fato que pode ocorrer com verbos com SUJ e COMPL, se a concordância não resolver a ambiguidade. Aqui também é um fator gramatical que favorece a não ocorrência da ordem mais geral.

Merece ainda observação a posição de COMPL, não pronome relativo, na primeira posição – CVS. Sempre que se documenta CVS, há um destaque estilístico para o COMPL, que se toma enfatizado e pode ser considerado o tópico da frase:

- *E todo o contrario fez a Escritura*
- *Taaes custumes* avian eles
- *Maravilhosas son* estas cousas

Muitas vezes o COMPL anteposto é retomado pelo pronome clítico:

- *A verdade daquesta profecia* mais claramente *a* veemos cada dia
- *Todas aquelas cousas* poinha-o ante os meus olhos
- E *o poderio* tolheron-mh'*o*

Tanto Huber (1986:§452) como Pádua (1960:69-70), chamam a atenção para essa estrutura e Pádua a considera mais frequente na prosa quatrocentista.

Nos dados analisados dos *DSG,* o verbo na última posição em frases declarativas principais só ocorreu uma vez:

- Obra de mui trabalho *he*

As conclusões a que chegamos na análise desenvolvida nas E*struturas Trecentistas* (1989), considerados os tipos de frases e de verbos já referidos, podem ser sintetizadas como segue:

a. Em todos os tipos de frase é constante a predominância do SUJ marcado no verbo;
b. Quando o SUJ é um SN ou pronominal, predomina a ordem SVC;
c. Sendo o SUJ ou SN ou pronominal predomina sua contiguidade ao verbo, tanto anteposto como posposto;
d. O SUJ posposto é mais frequente nas frases de verbo intransitivo; nas frases de verbo com COMPL, notou-se que a presença de circunstanciais no início da frase pode favorecer a posposição; também com verbos do tipo "dicendi":
   - *Assi* temian *todalas bestas* a agua
   - E *pela sa vinda* entenderon *os homẽes* que...
   - *Con tanta paceença* sofre *ela* esta enfermidade
   - *Diremos nós* ora, padre, que...
e. O deslocamento para a primeira posição do COMPL, representado por SN, adquire um destaque estilístico;
f. A posposição do verbo para depois do SUJ e do COMPL é rara, exceto nas relativas em que o COMPL é o relativo e a ele se segue o SUJ; com menos frequência ocorre essa posposição quando o relativo é o SUJ:
   - Vertudes *que os homens* en este mundo *fezeron*
   - Cousas *que* corpo *am*
g. Nas interrogativas iniciadas pelo interrogativo, o SJ pode preceder ou suceder o verbo (SV/VS):
   - – *En que sõõ eu* culpado? *En que sõõ eu* culpado?
   - – Que he *o que eu* figi? Que he *o que eu figi?*

Nas interrogativas sem o pronome há uma única ocorrência em que o SUJ precede o verbo. Sobre a interrogativa sem inversão, diz Pádua (1906:102) que "dá um contraste especial à frase e implica uma certeza". O exemplo dos *DSG* confirma essa afirmativa:

- – Eu non ti dixi ontem que se nos logo non fossemos hoje non nos poderíamos ir?

Destaca-se, contudo, no conjunto das interrogativas, o SUJ marcado no verbo, podendo-se admitir, portanto, que a entoação própria seria suficiente para a formulação da pergunta, que poderia estar marcada nas escritas medievais com o sinal de interrogação, como acontece nos *DSG*:

- – Por que *mentides* assi?
- – E non *ouves* o rogo que ti fez teu padre espiritual?

Essas conclusões sobre os dados dos *DSG,* as informações de Huber e o estudo de Pádua (1960) não excluem a necessidade de um estudo acurado sobre a ordem dos constituintes no período arcaico do português, também, aliás de muitos outros tópicos, como procuramos destacar no percurso deste livro.

A posição do complemento pronominal átono

Seguiremos a tradição na análise da colocação do pronome complemento átono (posição 2, no Quadro do item *Pronominais pessoais)* que toma como ponto de referência o verbo da frase e considera *enclítico* pronome sucedendo e adjacente ao verbo; *proclítico,* o pronome antecedendo o verbo e *mesoclítico,* ou no interior do verbo, estrutura possível apenas com o futuro do presente e do pretérito, por causa de sua constituição morfológica histórica, de que tratamos no capítulo "O verbo e o sintagma verbal" deste livro.

De fato, o pronome clítico depende sintaticamente do verbo que o requer. No entanto, como bem destaca Lobo (1990) – em trabalho em que analisa os clíticos no *Fabulário Português,* texto do século XV – do ponto de vista fonológico, no período arcaico pelo menos, os clíticos "pareciam ter maior autonomia para parasitar em outras categorias, ou, quando menos, a possibilidade de não estarem adjacentes ao verbo" e reporta-se a Meyer-Lübke, citado por Huber (1986:178), que, já em 1897, chamara a atenção para esse fato. Também Mattoso Câmara Jr. ressalva que no "português arcaico a partícula pronominal não formava necessariamente corpo com o verbo, mas também podia deslocar-se para antes do sujeito" (1975:256). Veremos, mais adiante, em que contextos sintáticos tal deslocamento, que marca a sintaxe do período arcaico, pode ocorrer.

Apresentaremos, em síntese, os fatos que observamos sobre a posição dos clíticos nos *DSG* (1989:838-859) – analisadas 489 frases com COMPL pronominal – e que se confirmam nos dados de Lobo (1990) sobre texto do século XV. Nossos dados também não desconfirmam o que está em Huber (1986:§§433 a 443). Embora fatores fonológicos certamente interferissem na posição dos pronomes na frase, limitar-nos-emos a fatores sintáticos.

Próclise

Nas subordinadas, a anteposição do pronome complemento é a regra geral: além de anteposto se apresenta contíguo ao elemento subordinante (a), uma vez que, ocorrendo outros constituintes se interpõem eles entre o pronome e o verbo (b). Pode-se, por isso, considerar que o pronome estivesse enclítico, mas ao subordinante (SUB):

    a.
- *Horto en que* o poseron
- Confesso *que mi* praz muito
- ... *porque* o rogaron mui aficadamente

    b.
- *Assi como lhis* el prometer
- *Ata que lhi a alma* saisse do corpo
- ... de seu cavalo de *que* o primeiramente derribaron
- Graça *que lhi Deus ante* dera
- Aqueles *que se a Nosso Senhor* chegan
- E que pescado cuidas tu ora *que ti nós* tragamos naquestes montes?

Excepcionalmente, nos *DSG* ocorre entre o SUB e o pronome algum outro constituinte:

- Vira *que todos* os pesseguian   e não: ...*que os todos*...

Dizemos, excepcionalmente, já que de 236 ocorrências de clíticos em subordinadas só há dois casos em que o pronome não segue imediatamente o SUB.

Nas subordinadas o pronome pode ocorrer enclítico, apenas quando retoma um constituinte topicalizado ou em frase clivada, ambos, portanto, contextos estilisticamente enfáticos. Tanto Huber como Lobo destacam também essa possibilidade de colocação:

- *Diz que todos aqueles* que Jesu Cristo receberon *deu-lhis* el poderio
- A outra *he ca*, se bõõ he, homilda-se mais

A próclise é categórica nas frases negativas, quer subordinadas, principais ou coordenadas. Nas subordinadas, no entanto, os pronomes estão sempre contíguos ao SUB, como em 1., (a), nas outras o pronome sucede a negação (b). Quando nas subordinadas vem outro constituinte além da negação e o pronome, ou fica o pronome contíguo ao subordinante ou ao verbo (c):

    a.
- Mandou *que o non* dissessen
- E *porque se non* achegou a seu marido
- Outras cousas *que se non* podem veer

    b.
- –*Tu non te* partirás
- *Mais os* santos martires *non lhi* quiseron dar
- *Mais pero non se* fez cristão

    c.
- Recebeu o seu *que se* primeiramente *non* pudera mudar
- ... *a que se* rem *non* asconde
- ... crer o *que* pelos olhos *non se* pode veer

Ênclise ou próclise

Nas frases principais, a ênclise ao verbo é constante se o verbo está em posição inicial absoluta ou inicial, embora não seja a principal a primeira oração (a). Se o verbo não está em posição inicial, há a variação ênclise/ próclise (b). Se há próclise, o pronome fica, em geral, contíguo ao verbo. No *Fabulário* (Lobo 90), com ADV e QT, como *ainda, tanto, o* clítico fica a ele adjacente, como ocorre com os SUB:

a.
- – Ide-*vos* a boa ventura
- Foi-*se* de noite per aquel logar
- ... polo preço que lhi davan, deu-*lhos* sen preço
- Depois que disse sas matilhas, veo-se pera o leito

b.
- **Hũũ** seu arcediagoo trabalhou-*se* de...
- O seu homen *lhi* disse
- Naturalmente leixou-se sô si
- E tan fortemente e tanto tempo *os* atormentou
- Ainda nos este doutor ensina *(Fabulário)*

Nos dois exemplos seguintes, note-se a possibilidade de ênclise/próclise quando o pronome retoma um COMPL topicalizado:
- *Homen de mui santa vida* fezeron-*no* bispo
- *A verdade daquesta profecia* mais claramente *a* veemos

Nas frases coordenadas há o predomínio da ênclise. Se os coordenantes são *e, mais e pero* há sempre ênclise (a); se entre o coordenaste e o verbo ocorrem outros constituintes a próclise predomina e o pronome fica contíguo ao verbo, mas não exclusivamente (b). O exemplo da última possibilidade é do *Fabulário,* onde ocorre o deslocamento do clítico para junto de ADV ou QT (Lobo 90), como vimos poder ocorrer nas principais. Nos dados dos *DSG* o *ca*, classificado, geralmente, como coordenativa, atua como subordinativa, pois é a próclise que ocorre, mas, no entanto, não requer que, havendo outros constituintes, o pronome esteja a ele contíguo, como ocorre com o SUB (c):

a.
- Deceron das bestas *e* poseron-no contra sa voontade en cima de seu cavalo
- *Mais* rogo-te que me digas
- *Pero* matoo-*u* a poçonha da sa maldade

b.
- *E pero* eles *o* apregoaron
- *E os monges se* foron
- *E tan gram ferida lhi* deu
- Caeu con el e *logo lhi* quebrou a perna
- *E assim se* compriu per graça de Deus
- *E todos nos* este ventre come *(Fabulário)*

c.
- *Ca lhi* semelhava que...
- *Ca* o leixava a *San* Beento
- *Ca* el logo *se* queria ir
- Ca a fe *nos* faz creer as cousas

Nas frases reduzidas de gerúndio a ênclise é constante (a); nas reduzidas de infinito, precedido de PREP ocorre ênclise e próclise (b). Quando o infinito segue outro verbo, o pronome fica proclítico ou enclítico ao verbo que precede o infinito de acordo com o que se observou para subordinadas, negativas, principais e coordenadas (c). As estruturas do tipo c, isto é, sequências verbais, merecem, contudo, um estudo de detalhamento que dê conta da complexidade dessas sequências.

a.
- E *leixando-a* sobrela mesa
- *Deleitando-se* sempre em Deus nas orações... cuidando en Deus *e desejando-a e amando-a*

b.
- *Pera apaga-lo,* tanto se mais acendia
- Entendeu que lhe enviara Deus *pera a servir*

c.
- Barril *que os podia abastar*
- ... *que se* primeiramente non pudia mudar
- *Non me devo calar*
- *Mandou-lhis pedir*
- E tomara-se muit'agĩha *e acharon-no jazer*
- *Ca* a fe *nos faz crer*

Quanto às frases com gerúndio, diz ainda Huber (1986:343.B): se seguindo *andar, ir, ser, estar* "o pronome não se encosta ao gerúndio"; se o gerúndio é precedido de negativa, como seria de esperar, ocorre a próclise; se o gerúndio é precedido de PREP pode ocorrer a ênclise ou a próclise. Os exemplos seguintes são da *Gramática* de Huber:

- E *andava-o lambendo*
- *Non vos vendo*
- E, *em lhe seendo* assi fallando, bateram aa porta
- E, *en dando-lh'a*, lhe disse

Mesóclise, ênclise ou próclise

A mesóclise, que só pode ocorrer com verbos no futuro do presente e do pretérito, pelas razões já conhecidas, não é obrigatória com essas formas verbais: nas subordinadas ocorre a próclise (a); nas principais com o verbo em posição inicial absoluta ocorre a mesóclise ou a ênclise (b) e precedido o verbo de outros constituintes as três possibilidades atuam (c); nas coordenadas também as três posições ocorrem (d). Não desconfirmam, quanto à ênclise e à próclise, o que se observou nas frases cujos verbos estão em outros tempos/modos, essas frases com o futuro do presente ou do pretérito:

a.
- Aquelas *que se faran*
- *Pero que se poderian fazer*
- E disse *que lhi daria*

b.
- *Direi-ti os* nomes **dalgũũs**
- *Prazer-m' ia* de me razoar e falar **hũũ** *pouco* convosco *(Fabulário)*

c.
- Se o alguen non conhocesse, *terria-se* por despreçado
- Se non ouvessen paceença, *acaecer-lhes-ia* que...
- Aquesto, Pedro, que tu dizes, *diria-se* dereitamente
- D'*algũas cousas me calarei*

d.
- – Escólhi **hũa** morte qual quiseres *e dar-ch'a-erros*
- ... ende creceria *e faria-se* maior
- *Pero contar-ch'ei,* Pedro, **hũũs** poucos de miragres.
- *Ca* aquele *a poderia saar* de sa enfermidade

Tais dados indicam que a presença do futuro do presente e do pretérito não é condição suficiente para a mesóclise. Além disso, tanto nos *DSG* (1989:859) como no *Fabulário* (Lobo 90) a mesóclise apresenta frequência baixa.

Os fatos analisados mostram que, no período arcaico, a possibilidade de colocação variável – proclítica, enclítica, mesoclítica – do pronome complemento átono é maior do que a colocação categórica. Esta só se verifica na ênclise ao verbo, quando este está em posição inicial absoluta; e, na próclise, nas subordinadas e nas negativas, onde é geral, exceto nos contextos enfáticos destacados, e em que a colocação sempre contígua ao SUB é uma marca característica da sintaxe do período arcaico.

Dessa época até agora, tanto na variante de Portugal como na do Brasil, mudanças ocorreram, sendo este um dos fatos sintáticos que fazem divergir o português das duas margens do Atlântico.

Para encerrar este livro

Vamos encerrando este livro. Embarcamos nesse trajeto, como de início dissemos, apoiados na descrição apresentada nas *Estruturas trecentistas* (1989), que funcionou para nós como trabalho de campo e laboratório, além da bibliografia disponível, que é bastante para a morfologia, mas escassa para a sintaxe, tanto que, por isso, não excluímos trabalhos ainda não impressos, embora já divulgados.

Ressaltamos, ainda uma vez, que a observação e a reflexão sobre o período arcaico do português são muito significativas para a melhor compreensão do percurso histórico da Língua Portuguesa, porque sob a letra se esgueira a voz, já que corria livre a escrita das normas gerais impostas pelos gramáticos prescritivos e transferidas para e pelo ensino escolar, a partir da segunda metade do século XVI. A documentação do período arcaico é, certamente, essencial para se entrever o caminhar da língua nos séculos subsequentes: caminhos que se definiram nas variantes existentes do português estão ali já esboçados, na aparente desordem da variação que as escritas medievais documentaram.

E terminamos na estimulante companhia de Fernão de Oliveira, que também escolhemos para começar:

> E não desconfiemos da nossa língua porque os homens fazem as línguas,
> e não a língua os homens. (1975:43)

Que fique claro, contudo, que as interferências dos homens não são aleatórias, mas parecem estar restringidas pelos limites que permitem as possibilidades da buscada *faculté du langage*, hoje também chamada de *grammar* ou de *internal language*.

Na busca das intervenções dos homens e também dos possíveis/impossíveis da *grammar*, investe hoje a Linguística e, nela, também a Linguística Histórica, a fim de compreender e explicar como se fazem as línguas.

Complementar e essencial, a nosso ver, aos avanços teóricos da ciência da linguagem, torna-se a observação dos dados empíricos da história das línguas, de agora e de outrora, para que se possam entrever as rotas dos seus percursos, no perene constituir-se das línguas humanas. Procuramos aqui contribuir para isso.

Referências bibliográficas

Arrolamos nesta bibliografia títulos citados no corpo do texto, de acordo com a edição utilizada. Estão agrupados em quatro itens a depender da natureza do livro ou artigo.

Obras abrangentes sobre a história do português

COUTINHO, I. de L. *Pontos de gramática histórica*. Rio de Janeiro: Acadêmica, 1976.

DIAS, E. A. da S. *Syntaxe histórica portuguesa*. Lisboa: Livraria Clássica, 1959.

HUBER, J. *Altportugiesisches Elementarbuch*. Heidelberg, Carl Winters Universitätsbuchhandlung, 1933 (Trad. port.: *Gramática do português arcaico*. Lisboa: Gulbenkian, 1986).

MATTOSO CÂMARA JR., J. *História e estrutura da língua portuguesa*. Rio de Janeiro: Padrão, 1975.

NUNES, J. J. *Compêndio de gramática histórica portuguesa*. Lisboa: Livraria Clássica, 1960.

SAID ALI, M. *Gramática histórica da língua portuguesa*. São Paulo: Melhoramentos, 1964.

SILVA NETO, S. *História da língua portuguesa*. Rio de Janeiro: Livros de Portugal, 1950.

TARALLO, F. *Tempos linguísticos, itinerário histórico da língua portuguesa*. São Paulo: Ática (Série Básica Universitária), 1990.

TEYSSIER, P. *História da língua portuguesa*. Lisboa: Sá da Costa, 1982.

WILLIAMS, E. *Do latim ao português*. Rio de Janeiro: I. N. L., 1961.

Estudos específicos sobre o período arcaico

Castro, I. (ed.) *Sete ensaios sobre a obra de J. M. Piel*. Lisboa: Instituto de Linguística da Faculdade de Letras de Lisboa, 1988.

Cintra, L. F. L. *A linguagem dos Foros de Castelo Rodrigo*: seu confronto com a dos Foros de Alfaiates, Castelo Bom, Castelo Melhor, Coria, Cáceres, Usagre. Contribuição para o estudo do leonês antigo e do galego-português do séc. xiii. Lisboa: C. E. F., 1959.

_____. "Les anciens textes non-littéraires. Classement et bibliographie". *Révue de linguistique romane*. Paris, 27:40-58, 1963a.

_____. "Observations sur l'ortographe et la langue de quelques textes non-littéraires galiciens-portugais de la seconde moitié du xiiie siècle". *Révue de linguistique romane*. Paris, 27:59-77, 1963b.

Costa, A. de J. "Os mais antigos documentos escritos em português; revisão de um problema histórico-linguístico". *Revista Portuguesa de História*, Coimbra, 17:263-340, 1979.

Costa, S. B. e Barreto, T. M. "Relação entre advérbios, preposições e conjunções em dois momentos sincrônicos do português: século xiv e século xx". Comunicação ao ix Congresso da Alfal. Campinas, 1990.

Cunha, A. G. *Vocabulário histórico-cronológico do português medieval*. T. i e ii. Rio de Janeiro: Casa de Rui Barbosa, 1986/88.

Cunha, C. F. *Estudos de poética trovadoresca; versificação e ecdótica*. Rio de Janeiro: I. N. L., 1961

Cruzeiro, M. E. *Processos de intensificação no português dos sécs. xiii a xv*. Lisboa: C. E. F., 1974.

Gonçalves, E. e Ramos, M. A. *A lírica galego-portuguesa* (Textos escolhidos). Lisboa: Editorial Comunicação, 1983.

Lapa, M. R. *Miscelânea de língua e literatura portuguesa medieval*. Rio de Janeiro: I. N. L., 1965.

Lobo T. "A colocação dos pronomes átonos: um estudo comparativo". Comunicação ao vi Encontro Nacional da alp. Porto, 1990.

Lobo, T e Lucchesi, D. "A morfologia verbal de um manuscrito do século xv". Trabalho apresentado ao Seminário de Linguística Portuguesa Histórica. Lisboa: Faculdade de Letras – Universidade Clássica de Lisboa, 1990.

Lucchesi, D. "Considerações sobre a análise das relativas no português contemporâneo e algumas incursões na história dessas estruturas". Comunicação ao vi Encontro Nacional da alp. Porto, 1990.

Maia, M. C. *História do galego-português; estado linguístico da Galiza e do noroeste de Portugal desde o século xiii ao século xvi* (com referência ao galego moderno). Coimbra: I. N. I. C., 1986.

Mattos e Silva, R. V. "Um aspecto do auxiliar no português arcaico". *Tulane Studies in Romance Languages and Litteratures*. Tulane, 10:93-109, 1981.

_____. "*Pero e porém*: mudanças em curso na fase arcaica da língua portuguesa". *Boletim de Filologia*. Lisboa, XXIX:129-151, 1984.

_____. "Caminhos de mudanças sintático-semânticas no português arcaico". Comunicação ao V Encontro da Anpoll. Recife, 1990.

_____. "A concordância verbo-nominal facultativa no português arcaico". Comunicação ao IX Congresso da Alfal. Campinas, 1990.

_____. *Estruturas trecentistas*: elementos para uma gramática do português arcaico. Lisboa: IN – CM, 1989.

NARO, A. J. *History of portuguese passives and impersonals*. Massachusetts: MIT, 1968. Mimeo. (Tese de doutoramento).

_____. *Estudos diacrônicos*. Petrópolis: Vozes, 1973.

NARO, A. J. e LEMLE, M. "Syntactic diffusion". *Ciência e cultura*. São Paulo, 29(3): 259-268, 1977.

PIEL, J. M. *Estudos de linguística histórica galego-portuguesa*. Lisboa: IN – CM, 1989.

SEPÚLVEDA NETTO, M. S. *Ser/estar: um estudo de variação e mudança em curso no português antigo*. Salvador, 1989. Mimeo. (Dissertação de Mestrado).

TEYSSIER, P. "Le système des déictiques spatiaux en portugais aux XLVe, XVe et XVIe siècles". *Cahiers de linguistique hispanique médiivale*. Paris, 6:5-39, 1981.

Edições de textos*

AFONSO X. *Cantigas de Santa Maria*. Edição crítica e glossário de W. Mettmann. Coimbra: Acta Universitatis Conimbrigensis, 1959/1973, 4 volumes.

_____. *Foro real*. Edição crítica, estudo linguístico e glossário de J. A. Ferreira. Lisboa: INIC, 1987, 2 volumes.

ALLEN Jr, H. D. *Two old portuguese versions of "The life of saint Alexis"*. Urbana: The University of Illinois Press, 1953.

BARROS, J. de. *Gramática da língua portuguesa*. Edição de M. L. Buescu. Lisboa: Faculdade de Letras, 1971.

CANCIONEIRO DA AJUDA. Edição critica de C. Michäelis de Vasconcelos. Halle: s/n, 1904, 2 volumes.

CANCIONEIRO DA VATICANA. Reprodução fac-similada com introdução de L. F. L.

CASTRO, L. et alii "Vidas de santos de um manuscrito alcobacense". *Revista Lusitana* Lisboa, 4:5-52, s/d. (Nova Série).

CEPEDA, M. I. A *linguagem da "Imigração de Cristo"*. Lisboa: Publicações do Centro de Estudos Filológicos, 1962.

CINTRA. *Cantigas de Santa Maria de Afonso X, o sábio*. Edição critica e glossário de W. Mettmann. Coimbra: Acta Universitatis Conimbrigensis, 1959/1973, 4 volumes.

CINTRA, L. F. L. *Cronica geral de Espanha de 1344*. Introdução e edição critica. Lisboa: Academia de Ciências, 1951/71, 3 volumes.

CUNHA, C. F. *O cancioneiro de Martim Codax*. Edição critica, introdução e glossário. Rio de Janeiro: s/n, 1956.

GONÇALVES, E. e RAMOS, A. M. A *lírica galego-portuguesa, textos escolhidos*. Lisboa: Editorial Comunicação, 1983.

LAPA, M. R. *Cantigas d'escarnho e de mal dizer dos Cancioneiros medievais galego-portugueses*. Edição crítica, introdução e glossário. Vigo: Galáxia, 1965.

LOPES, F. *Cronica de d. Pedro*. Edizione critica, con introduzione e glosario a cura de G. Macchi. Roma: Ateneo, 1966.

LORENZO, R. *La traducuión gallega de la Cronica General y de la Cronica de Castilla*. Edição crítica, introdução, glossário. Orense: Instituto de Estudos Orensanos, "Padre Feijó", 1975/1977, 2 volumes.

MALER, B. *Orto do Esposo*. Glossário. Estocolmo: Almqvist Wiksell, 1964.

OLIVEIRA, F. de. *A gramática da linguagem portuguesa*. Introdução, leitura actualizada e notas de M. L. Buesco. Lisboa: IN – CM, 1975.

PÁDUA, M. P. *A ordem das palavras no português arcaico*: frases de verbo transitivo. Coimbra: Universidade de Coimbra, 1960.

PIEL, J. M. e NUNES, I. F. *A demanda do Santo Graal*. Edição crítica com introdução de Ivo de Castro. Lisboa: IN – CM, 1988.

RUBECAMP, R. "A linguagem das Cantigas de Santa Maria de Afonso x". *Boletim de Filologia*, Lisboa, 1:273-356 e 2:141-152, 1932/34.

TAVANI, G. *Ensaios portugueses*: filologia e linguística. Lisboa: IN – CM, 1988.

VASCONCELOS, C. M. "Glossário do Cancioneiro da Ajuda". *Revista Lusitana*. Lisboa, 23 (1-4):1-95, 1920.

VASCONCELOS, J. L. de. *Lições de filologia portuguesa*. Rio de Janeiro: Livros de Portugal, 1959.

Outros títulos citados

AZEREDO, J. C. *Iniciação à sintaxe do português*. Rio de Janeiro: Jorge Zahar Editor, 1990.

COLLART, J. *Histoire de la langue latine*. Paris: PUF, 1980. (Coleção Que sais-je?).

CUNHA, A. G. *Dicionário etimológico Nova Fronteira da língua portuguesa*. Rio de Janeiro: Nova Fronteira, 1982.

DARBORD, D. e POTTIER, B. *La langue espagnole*: elements de grammaire historique. Paris: Nathan, 1988.

FARACO, A. C. *Linguística histórica*: uma introdução ao estudo da história das línguas. São Paulo: Ática, 1991. (Série Fundamentos).

GAFFIOT, F. *Dictionnaire illustré latin-français*. Paris: Hachette, 1934.

LABOV, W. "Building on empirical foundations". In LEHMANN, W. e MALKIEL, Y. (eds), *Perspectives on historical linguistics*. Amsterdam/Philadelphia: J. B. Publishing Company, 1982, pp. 17-92.

LEMLE, M. *Análise sintática*: teoria geral e descrição do português. São Paulo: Ática, 1984. (Coleção Ensaios).

Machado, J. P. *Dicionário etimológico da língua portuguesa*. Lisboa: Confluência, 1967.
Mateus, M. H. et al. *Gramática da língua portuguesa*. Lisboa: Caminho, 1989.
Mattoso Câmara Jr., J. *Estrutura da língua portuguesa*. Petrópolis: Vozes, 1970.
Meter, H. "Meu pai – o meu pai". *Boletim de Filologia*. Lisboa, 9:175-1990.
Meillet, A. *Esquisse d'une histoire de la langue latine*. Paris: Librairie Hachette, 1928.
Perini, M. A. *Sintaxe portuguesa*: metodologia e funções. São Paulo: Ática (Série Básica Universitária), 1989.
Pottier, B. *Grammaire de l'espagnol*. Paris: PUF, 1974.
Teyssier, P. *La langue de Gil Vicente*. Paris: Klincksieck, 1959.
Lausberg, H. *Linguistica románica*. Madrid: Gredos, 1966, 2 volumes.

* Obs.: Neste item introduzimos pelo autor os textos de autoria expressa; pelo título da coletânea os cancioneiros medievais portugueses; pelo editor, os outros.

Agradecimentos

Agradeço ao bolsista Luís Gomes por sua inestimável ajuda na revisão da primeira e segunda provas deste livro.

CADASTRE-SE
EM NOSSO SITE,
FIQUE POR DENTRO DAS NOVIDADES
E APROVEITE OS MELHORES DESCONTOS

LIVROS NAS ÁREAS DE:

História | Língua Portuguesa | Educação
Geografia | Comunicação | Relações Internacionais
Ciências Sociais | Formação de professor
Interesse geral | Romance histórico

ou
editoracontexto.com.br/newscontexto

Siga a Contexto
nas Redes Sociais:
@editoracontexto